Mit dieser Auswahl aus Werfels Gesamtwerk werden Schlaglichter auf einen der großen Autoren der Klassischen Moderne geworfen. Zu entdecken ist dabei ein packender Geschichtenerzähler, ein emphatischer Zeitzeuge des 20. Jahrhunderts, ein Lyriker und Briefautor, der sich immer wieder mit den existenziellen Grundfragen – der Suche nach Heimat und Glück, dem Rätsel von Liebe und Tod – auseinandergesetzt hat.

Franz Werfel, 1890 in Prag geboren, veröffentlichte schon 1908 erste Gedichte. 1912 verließ er seine Heimatstadt und arbeitete als Lektor im Leipziger Kurt Wolff Verlag. Während des Ersten Weltkrieges war er Soldat, im Spätsommer 1917 wurde er ins Wiener Kriegspressequartier versetzt. In den 1920er und 1930er Jahren avancierte Werfel zu einem der meistgelesenen deutschsprachigen Autoren. 1938 emigrierte er nach Frankreich, 1940 über Spanien in die USA. Dort starb er 1945 in Beverly Hills.

Unsere Adresse im Internet: www.fischerverlage.de

FRANZ WERFEL

Das große Lesebuch

Fischer Taschenbuch Verlag

Ausgewählt von Sascha Michel

Originalausgabe
Veröffentlicht im Fischer Taschenbuch Verlag,
einem Unternehmen der S. Fischer Verlag GmbH,
Frankfurt am Main, März 2008

Alle Rechte dieser Ausgabe liegen beim
Fischer Taschenbuch Verlag, Frankfurt am Main
© Fischer Taschenbuch Verlag, ein Unternehmen
der S. Fischer Verlag GmbH, Frankfurt am Main 2008
Quellenhinweise am Ende des Bandes
Satz: ottomedien, Darmstadt
Druck und Bindung: Clausen & Bosse, Leck
Printed in Germany
ISBN 978-3-596-17798-1

Inhalt

Briefe

Gedichte

Prag gebar mich

Prag gebar mich, Wien zog mich an sich. Wo immer ich liege
Werd ich es wissen? Ich sang Menschengeschicke und Gott.

Erster Frühling

Geht man heut' durch den Stadtpark, ist das Stroh von den Beeten weg,
Und schon schwillt stellenweise aus dem Braun des Rasens ein grüner Fleck.

Auf dem noch unüberkieselten Weg liegt Laub, Spreu und anderes Zeug verstreut.
Ihr starken Luftgeräusche! Woran erinnere ich mich heut'?

An mein Kinderzimmer, wenn jemand an der Nähmaschine saß.
Vergessenes Duett; Nähmaschine und fistelndes Gas!

Lagen da nicht auch, wie heute, Laub, Spreu und anderes mehr, –
Bunte Streifen, Flicken, Bänder, Volants und Seidenreste umher?

Wie nach dem Regen

Ich bin wie nach dem Regen
Der Stadtpark vor dem Haus.
Der Wind hat ausgekeucht,
Doch Bäum' und Beete sind noch feucht
Und wiegen mir und hegen
Die schönsten Tropfen Regentaus. –

Ich bin so ganz voll Feuchtigkeit,
Voll nassem Grün und Regenglück,
Weil ich dich heut' gesehn.
Darum möcht' ich auch nah und weit
Und wohl ein gutes Gartenstück
In mir spazieren gehn.

Das interurbane Gespräch

Alles kam. Die Wohnung dehnte sich aus den Fugen,
Vergangene Worte sprangen auf, erloschne Gelächter schlugen.
Versunkene Stimmen von Dienstmädchen und Kohlenmännern
    kamen,
Und ganz verwehte Violinstunden nannten mich schüchtern beim
    Namen.
Die oftbetretene Treppe tappte treuherzig heran,
Und alle Türen ächzten im Zauberbann.
Auch die Reden der Mutter, der Schwestern waren nicht weit,
Und wandelten doch in der lange verlorenen Zeit.
Wie Mägde, eh' sie ins Zimmer treten, die Hand in die Schürze
    wischen,
Verbeugten sich alle Gerüche in allen Ecken und Nischen.
Geruch verrauschter Gastmähler und die Gerüche
Der Schulfrühstücke entliefen der lieben Küche.
Auch ein vergessenes Regenwetter stand am Apparat,
Das den verlorenen Sohn um Erinnerung bat. –
Die Zeiten und Weiten brachen aus Uhr und Stein.
Und wie schon jauchzend alles zusammenschäumte,
Riß der Gott der Ferne, der wild sich bäumte,
Uns auseinander und ließ mein Weinen allein.

Kleine Ballade an die Schwester

Liebe Schwester, liefen wir durch große Wiesen?
Ist es wahr, daß wir den Löwenzahn
Selbst versonnen in die Sonne bliesen?
Lachten wir uns unter Reisig an?
Knirscht im Park noch immerdar der Kies?
War einmal ein Leierkastenmann, der Pan Radecky hieß?
Wuchsen einst vor unsern ganz zerschlafenen Blicken
Leise Gletscherberge auf wie weiße, weite Blechmusiken?

Saßen wir an sonnentollen Tischen
Mit dem Lachen großer Gliederfraun?
Kruzifixe schreckten uns in Lampennischen,
Tief aus unserm Traum trat der Fluß Traun.
Standen wir, zwei Seelchen, an den Seen?
Sahen Liebe ahnend wir den Rauch der kleinen Dampfer wehn?
Lebten wir ins Klingeln einer Heimfahrt urverloren?
Aßen wir am Abend unter Hirschgeweih bei den Drei Mohren?

Ach, warum, wenn Bäume mich mit Schmerzenslaub berühren,
Eine Fichte mich durchraucht mit lang verwirktem Dunst,
Müssen böse Hände meine Kehle schnüren,
Geister häufen falschen Schrei und Worte zwischen uns?
Und ich weiß nicht, wer ich war und wer ich bin!
Meine Seele spannt sich wie Geschwür und fiebert hin.
Und die Schläfe, wie jetzt meine Hände drüberstrichen,
Ach, sie brannte, Schwester, so von unsern toten
    Sommerbienenstichen.

Der dicke Mann im Spiegel

Ach Gott, ich bin das nicht, der aus dem Spiegel stiert,
Der Mensch mit wildbewachsner Brust und unrasiert.
    Tag war heut so blau,
    Mit der Kinderfrau
Wurde ja im Stadtpark promeniert.

Noch kein Matrosenanzug flatterte mir fort
Zu jenes strengverschlossenen Kastens Totenort.
    Eben abgelegt,
    Hängt er unbewegt,
Klein und müde an der Türe dort.

Und ward nicht in die Küche nachmittags geblickt?
Kaffee roch winterlich und Uhr hat laut getickt.
    Atmend stand verwundert,
    Der vorher getschundert
Übers Glatteis mit den Brüderchen geschickt.

Auch hat die Frau mir heut wie immer Angst gemacht
Vor jenem Wächter Kakiz, der den Park bewacht.
    Oft zu öder Zeit
    Hör im Traum ich weit
Diesen Teufel säbelschleppen in der Nacht.

Die treue Alte, warum kommt sie denn noch nicht?
Von Schlafesnähe allzuschwer ist mein Gesicht.
    Wenn sie doch schon käme
    Und es mit sich nähme,
Das dort oben leise singt, das Licht.

Ach, abendlich besänftigt tönt kein stiller Schritt.
Und Babi dreht das Licht nicht aus und nimmt es mit.
    Nur der dicke Mann
    Schaut mich hilflos an,
Bis er tieferschrocken aus dem Spiegel tritt.

Das Malheur

Als das Mädchen die Schüssel fallen ließ, blieben alle Gäste anfangs
  stumm,
Nur die Hausfrau sagte etwas und drehte sich nicht um.

Das Mädchen aber stand regungslos, wie in unnatürlichen Schlaf
  gesenkt,
Krampfhaft die Arme zu einer rettenden Geste verrenkt.

Dem verlegenen Mitleid der Gäste hatte sich scheues Erstaunen
  zugesellt,
Denn sie sahen plötzlich Eine mitten in ein Schicksal gestellt.

Kamen schon die Stubenmädchen mit Tüchern und Besen,
  der Diener und selbst der Herr vom Haus.
Sie aber ging ganz wunderschön von Kindheit und Heimweh
  hinaus.

In der Küche setzte sie sich auf die Kohlenkiste, legte die Hände
  in den Schoß,
Und weinte vielfach, in allen Lagen, nach aller Kunst, voll Genuß,
  laut und grenzenlos.

Als man dann spät und geräuschvoll Abschied nahm,
War sie es, die wie aus Ehrfurcht das reichste Trinkgeld bekam.

Lesbierinnen

Wenn abends Heimkehr endlos durch die Gassen geht,
Erhebt ihr euch von eurem täglichen Gerät.
Zwei süße Näherinnen, noch vom Radgesang umspült,
Jetzt wandelt ihr, von Wind und Müdigkeit gekühlt.

Entfacht daheim, ihr Kinder, euren Samowar,
Und löst das leichte, luftverspielte Haar!
Wie ruht der kleine Mond- und Lampenkreis
Auf Wand und Boden eures Zimmers weiß!

Nun gebt den Glanz der langen Glieder frei,
Umschlingt euch langsam, haltet euch ihr Zwei,
Und zu des Himmels nachtverebbtem Stahl
Schweb' eurer Küsse schwärmerische Zahl!

Für andere zieht nach Arbeits Fluch und Pein
Ein Abend blaß und aller Armut ein.
Wenn alle an zerwalkten Tischen stehn,
Euch ist bereitet Schönheit und Vergehn.

Nun geht im Haus der biedere Verräter um,
Die Nachbarinnen sind euch höhnisch stumm.
Doch ist auf jeder Lippe Tod und Rache da,
(O der verruchten Küsse angeklagte Kette!)
Schlaft ein,
Schlaft ein in eurem Bette!
Dem tausendfachen Geist der Liebe seid ihr nah.

Eine alte Frau geht

Eine alte Frau geht wie ein runder Turm
Durch die alte Hauptallee im Blättersturm.
Schwindet schon, indem sie keucht,
Wo um Ecken schwarze Nebel wehen.
Wird nun bald in einem Torgang stehen,
Laute Stufen langsam aufwärts gehen,
Die vom trägen Treppenlichte feucht.

Niemand hilft, wie sie ins Zimmer tritt,
Ihr beim Ausziehn ihrer Jacke mit.
Ach, sie zittert bald an Händ' und Bein'.
Schickt sich an mit schwerem Flügelschlagen,
Aufgehobene Kost von alten Tagen
Auf des Kochherds armes Rot zu tragen.
Bleibt mit ihrem Leib und sich allein.

Und sie weiß nicht, wie sie schluckt und kaut,
Daß in ihr sich Söhne aufgebaut.
(Nun, sie freut sich ihrer Abendschuh'.)
Was aus ihr kam steht in andern Toren,
Sie vergaß den Schrei, wenn sie geboren,
Manchmal nur im Straßendrang verloren,
Nickt ein Mann ihr freundlich »Mutter« zu.

Aber, Mensch, gedenke du in ihr,
Ungeheuer auf der Welt sind wir,
Da wir brachen in die Zeiten ein!
Wie wir in dem Unbekannten hängen,
Wallen Schatten mit gewaltigen Fängen,
Die ins letzte uns zusammendrängen.
Diese Welt ist nicht die Welt allein.

Wenn die Greisin durch die Stube schleift,
Ach, vielleicht geschieht's, daß sie begreift.
Es vergeht ihr brüchiges Gesicht.
Ja, sie fühlt sich wachsender in allem,
Und beginnt auf ihre Knie zu fallen,
Wenn aus einem kleinen Lampenwallen,
Ungeheuer Gottes Antlitz bricht.

An den Leser

Mein einziger Wunsch ist, Dir, o Mensch, verwandt zu sein!
Bist Du Neger, Akrobat, oder ruhst Du noch in tiefer Mutterhut,
Klingt Dein Mädchenlied über den Hof, lenkst Du Dein Floß
   im Abendschein,
Bist Du Soldat oder Aviatiker voll Ausdauer und Mut.

Trugst Du als Kind auch ein Gewehr in grüner Armschlinge?
Wenn es losging, entflog ein angebundener Stöpsel dem Lauf.
Mein Mensch, wenn ich Erinnerung singe,
Sei nicht hart und löse Dich mit mir in Tränen auf!

Denn ich habe alle Schicksale durchgemacht: Ich weiß
Das Gefühl von einsamen Harfenistinnen in Kurkapellen,
Das Gefühl von schüchternen Gouvernanten im fremden
   Familienkreis,
Das Gefühl von Debutanten, die sich zitternd vor den Souffleur-
   kasten stellen.

Ich lebte im Walde, hatte ein Bahnhofsamt,
Saß gebeugt über Kassabüchern und bediente ungeduldige Gäste.
Als Heizer stand ich vor Kesseln, das Antlitz grell überflammt,
Und als Kuli aß ich Abfall und Küchenreste.

So gehöre ich Dir und Allen.
Wolle mir, bitte, nicht widerstehn!
Oh könnte es einmal geschehn,
Daß wir uns, Bruder, in die Arme fallen!

Der Reim

Der Reim ist heilig. Denn durch ihn erfahren
Wir tiefe Zwieheit, die sich will entsprechen.
Sind wir nicht selbst mit Aug-, Ohr-, Lippenpaaren
Gepaarte Reime ohne Klang-Gebrechen?

Das Reimwort meinst du mühsam zu bestechen,
Doch wird es unversehens offenbaren,
Wie Liebeskräfte, die zerspalten waren,
Zum Kuß des Gleichklangs durch die Fernen brechen.

Allein nicht jede Sprache hat geheiligt
Den reinen Reim. Wo nur sich deckt die Endung,
Droht leeres Spiel. Der Geist bleibt unbeteiligt.

Dieselben Silben lassen leicht sich leimen.
Doch Stämm' und Wurzeln spotten solcher Blendung.
Im Deutschen müssen sich die Sachen reimen.

Gebet um Sprache

Gib mir nicht Macht über die Sprache,
Gib mir der Sprache Macht über mich!
Ich mag nicht mit flinkem Fingerspiel
Silben fädeln wie geglättete Kugeln.
Laß mich an überraschender Biegung
Dir begegnen im Dornbusch des Wortes,
Im stotternd zerrissenen Strauch,
Der mit der bläulichen Flamme
Deines Gleichnisses brennt!

Gebet in der Dämmerung

Wenn ich schreibe, Herr, sei ich Dein Stift,
Tauch mich in mein Blut als Deine Feder,
Wolle schreiben mich mit schöner Schrift!

Denn mein eigner Sinn ist voll Entweder
Und voll Oder, voll Sowohl-Alsauch,
Stören und verstören kann mich Jeder.

Aber wenn ich in den Winterrauch
Durch das Fenster starre ins Vertagen
So wie jetzt, belebt mich fremder Hauch.

Überm Blatt vernehm ich Dein Weissagen
Flüsternd zu Dir selbst. Leicht wird mein Leib,
Denn er ist durchdrungen und getragen ...

Herr, hier bin ich! Faß mich an und schreib!

Der Dichter

Ich, nur ich bin wie Glas,
Durch mich schleudert die Welt ihr schäumendes Übermaß.

Die Andern sind, wie Eisen und Holz,
Auf ihren festen Charakter, die Undurchstrahlbarkeit stolz.

Manchmal schaun sie zu mir hin,
Und sehn mich nur, wenn ich vom durchdringenden Strom
    blind und qualmig bin.

Pause

Warten muß ich warten,
Bis du mich berührst
Und mir mit der harten
Hand die Kehle schnürst.

Dann erst kann's gelingen,
Daß mein Eis mir taut.
Aus der Brust darf dringen
Der geformte Laut.

Ohne dein Beginnen
Mein Beginn ist weit.
Durch die Finger rinnen
Laß ich tote Zeit.

Elternlied

Kinder laufen fort.
Lang her kanns noch gar nicht sein,
Kamen sie zur Tür herein,
Saßen zwistiglich vereint
Alle um den Tisch.

Kinder laufen fort.
Und es ist schon lange her.
Schlechtes Zeugnis kommt nicht mehr.
Stunden Ärgers, Stunden schwer:
Scharlach, Diphtherie!

Kinder laufen fort.
Söhne hangen Weibern an.
Töchter haben ihren Mann.
Briefe kommen, dann und wann,
Nur auf einen Sprung.

Kinder laufen fort.
Etwas nehmen sie doch mit.
Wir sind ärmer, sie sind quitt,
Und die Uhr geht Schritt für Schritt
Um den leeren Tisch.

Fremde sind wir auf der Erde alle

Tötet euch mit Dämpfen und mit Messern,
Schleudert Schrecken, hohe Heimatworte,
Werft dahin um Erde euer Leben!
Die Geliebte ist euch nicht gegeben.
Alle Lande werden zu Gewässern,
Unterm Fuß zerrinnen euch die Orte.

Mögen Städte aufwärts sich gestalten,
Ninive, ein Gottestrotz von Steinen!
Ach, es ist ein Fluch in unserm Wallen:
Flüchtig muß vor uns das Feste fallen,
Was wir halten, ist nicht mehr zu halten,
Und am Ende bleibt uns nichts als Weinen.

Berge sind und Flächen sind geduldig,
Staunen, wenn wir dringen vor und weichen.
Fluß wird alles, wo wir eingezogen.
Wer zum Sein noch Mein sagt, ist betrogen.
Schuldvoll sind wir, und uns selber schuldig,
Unser Teil ist: Schuld, sie zu begleichen!

Mütter leben, daß sie uns entschwinden.
Und das Haus ist, daß es uns zerfalle.
Selige Blicke, daß sie uns entfliehen.
Selbst der Schlag des Herzens ist geliehen,
Fremde sind wir auf der Erde alle,
Und es stirbt, womit wir uns verbinden.

Gestammel in elfter Stunde

Ich muß die Brust mir schlagen,
Mich wider mich anklagen!
O Gott, hör, was ich lalle:
– Ich fiel in jede Falle,
Ich konnte mich vom Bösen
Nicht einen Tag lang lösen.
Ich heuchelte Erbarmen
Und übersah die Armen.
Ich zeigte Glut und Wärme,
Doch das war nur Geschwärme.
Mein Klima war der Winter,
Frost, Stroh und nichts dahinter.
Versprochen hieß gebrochen,
Im Ich lag ich verkrochen
Wie unter Federbetten.
Gleich allen Erz-Koketten
Mißbraucht' ich noch die Reue,
Daß ich mich meiner freue.
So reim ich hier und leire,
Damit ich selbst mich feire,
Um wichtig mich zu machen
Vor Dir als Feig' und Schwachen.
Anschmeißen und Anbiedern,
Das ja, doch was erwidern,
Wenn Du zum Ernst Dich wendest,
Und einen Blick hersendest?
Was werd ich dann noch haben
Von allen guten Gaben,
Die ich bis auf die letzte
Beim Teufel längst versetzte?

Vielleicht blieb von dem Gute
Nur *die* und *die* Minute,
Wo ich mich Dir im Weinen
Ekstatisch durfte einen!
Wo ich, ein All der Wonnen,
Verdienstlos, war durchronnen
Vom Hymnus: »Heilig – Heilig.«
Da war ich Dein! – Dieweil ich
Noch wähnte, daß ich glaube,
Lag längst ich schon im Staube.
Ich habe im Besitze
Nur diese kurzen Blitze.
Sie sind die letzten Gulden,
Die meine Laster nicht stahlen.
So kann ich Dir nur zahlen
Die Schuld mit meinen Schulden.

Wann und wo ich gelebt?

Wo und wann ich gelebt? Gleichviel! Denn bleib ich am Leben,
Lebt im Buch mit mir fort Wo und Wann ich gelebt.

Erzählungen

Der Tod des Kleinbürgers
Novelle

I

Die Wohnung besteht aus Zimmer, Küche, Kabinett im vierten Stock eines Hauses der Josefstädterstraße, dicht am Gürtel. Das Ehepaar Fiala schläft im Kabinett, Klara, Frau Fialas Schwester, hat einen Strohsack in der Küche, in der allerdings kein Raum mehr für ein zweites Lager wäre, und Franzl darf sich im Zimmer auf dem Wachstuchsopha betten. Dieses Zimmer geht nicht auf die Straße hinaus, sondern auf einen größeren Lichthof. Aber wenn der lichtspendende Hof seinem Namen auch keine Ehre macht, so behaupten geduldigere Anwohner doch, daß in seiner sagenhaften Tiefe ein Akazienbaum sein Fortkommen finde und die Wohnräume zwar finster, aber dafür ruhig seien. Heute übrigens, da frischer Winter die Straßen füllt, hat die Sonne hierher einen Vorstoß unternommen und ein paar fiebrische Flechten Lichts an die Wand des Zimmers geworfen im Augenblick, da es Herr Fiala betritt.

Der Mieter mustert seinen Raum nicht unbefriedigt. Andern geht es schlechter. Wie viele liegen auf der Straße! Und Herrschaften, die unendlich höher gestanden haben als er: Offiziale und Majore! Was da geschehen ist in diesen Jahren, wer kann das verstehen?! Stillhalten muß man, das ist das Einzige. Und ein Glück ist es, wenn einer mit Vierundsechzig noch einen Posten hat. Es ist zwar nur eine Halbtagsarbeit, aber die Firma baut täglich ihre Angestellten ab. – Gott ist gnädig und der Lohn eines Magazinaufsehers zu klein zum Abbauen! – Alles geht ja ganz gut. Ein Vierundsechziger und eine Zweiundsechzigjährige haben nicht viel Hunger. Die Klara, das Luder, verköstigt sich in den Häusern, wo sie bedient. Bleibt nur das Unglück mit dem Franzl.

Der Gedankenablauf Herrn Fialas, täglich und nächtlich der gleiche, ist an sein Ende gekommen. Und nun schickt er sich an zu tun, was er immer tut, wenn er nach Hause und in das Zimmer tritt. Zuerst geht er zu dem Ständer mit den Pfeifen. Er fährt mit der Hand über die Porzellanköpfe. Niemals hat er Pfeife oder etwas anderes geraucht. Der Ständer ist das Geschenk eines früheren Vorgesetzten, der auf diese Weise seine Wohnung von der ominösen Rauch- und Schmuckgarnitur befreien wollte. Herrn Fiala freuts, die Glasur der Pfeifen zu berühren. Es fühlt sich kostbar und gemütlich an. Man greift bessere und langvergessene Zeiten mit der streichelnden Hand. Von den Ständern weg wendet sich nun der Alte und tritt zum Tischchen, das vor dem Fenster steht. Es ist dem Anschein nach ein Nähtisch, dessen Zweckmäßigkeit durch allerlei kühne Architekturen getrübt ist. So laufen die vier Kanten der Platte in vier Fabeltiere aus, Seepferdchen oder gotischen Wasserspeiern ähnlich. Auf dem Tische liegt aber kein Nähzeug, sondern eine Schreibmappe und daneben eine Löschpapierwiege. Auf diese Wiege stützt sich Herr Fiala ein wenig, als ginge von dem gebildeten Gegenstand ein leises Wohlbehagen aus, das ihn stets erquicken möchte. Die zwei Armsessel hingegen am Nähtisch beachtet er nicht. Denn er steht jetzt stolz vor seiner Kredenz. Sie hat er nicht hergegeben beim Verkauf der anderen Möbel. (Ehedem hatten Fialas vier eingerichtete Zimmer besessen, von denen sie zwei vermieteten.) Die Kredenz kann sich sehen lassen. Mit Säulen, Köpfen, Türmen steht sie da wie eine Festung. Sie stammt noch aus dem reichen Zuckerbäckerhause in Kralowitz, wo er seine Frau hergeholt hat. Wer diese Kredenz sein nennt, ist nicht verloren. Wenn er sie verkauft hätte, wären wohl zwei Millionen Kronen zu dem übrigen Erlös hinzugekommen. Aber man will doch ein Mensch bleiben. Ein schönes Geld hat ja der Verkauf seiner alten Wohnung getragen, Gott sei Dank! Aber wer kann in diesen Zeiten dem Gelde trauen? So dumm war er nicht, wie seine dumme Frau meint, es auf ein Sparkassabuch zu legen. Was seine zwei Sparkassabücheln wert waren, das hatte er erleben müssen! Wenn das Letzte verlorenging, was würde dann die Zukunft sein, was würde aus der Frau werden, was aus dem Franzl!? Für Marie das Versorgungshaus in Lainz, für den Buben die Anstalt am Steinhof! Was das heißt, weiß Herr Fiala sehr wohl. Haben die älteren Leute nicht immer von den Leiden der Versorgung gemunkelt? So schrecklich soll das Leben draußen sein, daß die alten Menschen aus dem Fenster springen, nur um ein Ende zu machen! »Tag und Nacht fahren die Leichenwagen hin und her.« Wenn das auch nur dumme Geschichten sein mögen, so ist und bleibt das Versorgungshaus Schande. Seinen Eltern, die anständige Leute waren und etwas gehabt haben, will er diese Schande nicht antun. Er war niemals ein Bettler und hatte immer zu essen. Seine Familie soll nicht in Lainz enden!

Hier ist Fiala, während die knorpligen Hände über den Bord der Kredenz wischen, bei seinem Geheimnis angelangt. Herr Schlesinger hat ihm den Weg gewiesen, Herr Schlesinger, Versicherungsagent bei der ›Tutelia‹, ehemaliger Landsmann und seit Jahren Wohnungsnachbar. Die zufriedene Stimmung Fialas hängt an dem Geheimnis, das er mit Schlesinger teilt. Ein Rest von Unruhe ist wohl der Zufriedenheit beigemischt. Aber sein Kopf ist müd und mürbe, das Mundwerk Schlesingers hingegen rasch und geübt. Und dann, Geheimnisse vor Weibern bewahren, ist das denn eine leichte Sache? Schlesinger hat recht gehabt: Nur sich nichts dreinreden lassen! Das Dümmste an den Weibern ist ihr Mißtrauen.

Herr Fiala reißt sich von der Kredenz los, um seinen gewohnten Zimmerrundgang dort zu beschließen, wo sein Herz sich am wohlsten fühlt, wenn es allein ist.

Ziemlich niedrig hängt die Gruppenphotographie, von uralten Zweigen umkränzt, deren braungläsernes Laub den Flügeln riesiger Insekten gleicht. In goldenen Lettern trägt sie den Aufdruck: »Herrn Karl Fiala, die Beamten der Finanzlandesprokuratur, Wien 1910.« Diese Gabe ist keine Gewöhnlichkeit, denn in der Regel lag es nicht, daß die vorgesetzten Herren ihr Bild einem Subalternen zum Geschenke machten. Wie oft dürfte es vorgekommen sein, daß die beiden mißgelaunten Hofräte selbst, mit geduldig-lächelnder Nachsicht zu einem ähnlichen Zweck ihr Antlitz dem Photographen überlassen haben? Aber an der Auszeichnung berauscht sich Herr Fiala jetzt nicht. Auch der Rechtfertigung, die ihm durch diese Photographie zuteil geworden ist, weiht er nur einen flüchtigeren Gedanken als sonst. Schuld an der vorzeitigen Pensionierung ist gewiß der Personaldirektor und Oberoffizial Pech gewesen. Wer weiß, wenn der Herr Oberoffizial damals sein Protektionskind nicht hätte unterbringen wollen!? Mit fünfzig Jahren geht man doch nur gezwungenermaßen in Pension. Und wäre er damals wirklich so krank gewesen, würde er dann heute noch leben? Hätte der Arzt, dem er auf Schlesingers Geheiß sich gestern vorstellen mußte, trotz findigster Auskultation ihn sonst für gesund erklärt? Nun, Gott weiß, ob Herr Pech, der böse Mensch, samt seinem Protektionskind nicht tiefer gestürzt ist als er!

Diese Dinge aber beschweren im Augenblick den Betrachter der photographischen Abschiedsgabe wenig. Er ist leidenschaftlich ins Anschauen der Person vertieft, die zwischen den beiden mageren Hofräten dasitzt, üppig und pomphaft. Diese Person hat als einzige auf dem ganzen Bilde den Kopf bedeckt, und zwar mit einem großen, silberbetreßten Dreispitz. Die Person trägt ferner einen dicken und verschnürten Pelz am Leib, der ihr Ansehen verdoppelt und verdreifacht. Die Manschetten des Pelzes sind goldgebortet wie bei einem General. Zu alledem halten die dickbeschuhten Hände der Person einen langen schwarzen Stab, der mit einer Silberkugel gekrönt ist. Im ganzen wirkt die Person wie ein stattlicheres Ebenbild einer anderen und allerhöchsten Person, die in jenen streng geregelten Zeiten das Reich regiert hatte. Und dieser Mann sollte damals ein Kranker gewesen sein? Er, der ruhig und gemessen aus seiner Portierloge trat, um wachsam fast das ganze Torbild des Amtsgebäudes zu füllen? Er, zu dessen einsamer Höhe die vorbeiwandelnden Schulkinder nur scheu emporblickten, er, der sich schon in seiner Kraft und Herrlichkeit leicht verletzt fühlte, wenn er in Ausübung seines Dienstes von den Parteien nach Stiege, Stockwerk und Büro gefragt wurde? Er, der seine Auskünfte nur mit eisig gedämpfter Stimme gab, nachdem er vorher dem Frager ein schmerzlich-nachsichtiges Ohr geneigt hatte?

Herr Fiala saugt den Nachhall dieser Majestät ein. Er denkt nicht daran, den alten abgeschabten Menschen, der vor dem Bilde steht, in Beziehung zu setzen zur breiten Prachtgestalt von Einst. Die

Prachtgestalt und der Magazinaufseher heute, der im geflickten Kittel von anno dazumal schlottert, das ist zweierlei Menschheit. Nur daß diese beiden Wesen dieselbe Barttracht noch tragen! Aber wer dürfte den weitausgezogenen, selbstbewußten Kaiserbart des Uniformierten vergleichen mit den demütigen Bürstenbüscheln rechts und links, die heute dünn und grau von den Backen hängen?

Fiala selbst tut es am allerwenigsten. Er schaut nur und schaut. Das Bild ist ein Altar. Kraft und Freude strömt es aus. Darum auch schämt er sich und hat immer Angst, in seiner Versunkenheit betreten zu werden. Auch heute und jetzt drehte er sich furchtsam um, ob die Tür zur Küche nicht plötzlich aufgehe.

Und nun erst gewahrt er, daß eine festliche Veränderung in seinem Zimmer vorgegangen ist. Denn der Tisch vor dem Wachstuchsopha ist gedeckt. Mit einem feinen roten Kaffeetuch gedeckt. Servietten liegen sogar auf und die schönen Tassen sind hervorgeholt, die der Schwiegermutter gehört haben, der Zuckerbäckerin in Kralowitz.

»Wo die Weiber das Zeug nur immer versteckt haben?«

Solch eine Frage etwa will in Fiala entstehen. Aber es kommt nicht dazu. Sondern eine Wolke angenehmen Gefühls, rötlich fast wie das Kaffeetuch, umnebelt ihn. So war es ja immer gewesen, sonntags, ehe der Krieg kam. Was ist denn geschehen? Diese Tassen, diese Servietten, dieses Tischtuch, das ist ja die Auferstehung des Mannes auf der Gruppenphotographie in all seiner pelzverbrämten Kraft. Herr Fiala, noch immer fassungslos und rosig umwölkt, gibt sich ungläubig dem Traum hin. Das Geheimnis, der Pakt, durch Schlesinger getätigt, durch ärztlichen Machtspruch besiegelt, steigert die Freundlichkeit des Augenblicks. So kann man doch noch auf ein anständiges Ende hoffen. Dies und jenes ist da. Feine Tischwäsche darunter. In ihrer sauberen Faltung ruht aufbewahrt die alte Zeit, da man groß und gesund in einem Tore stand, da alles umsonst war und kein Mensch Entbehrungen kannte. Mit Gottes Hilfe wird alles wieder so werden, wie es gewesen ist. Das Versorgungshaus wirft keinen Schatten mehr über den Weg, und auch Franzl wird immer soviel besitzen, daß er nicht in eine Anstalt muß.

In seiner wohligen Geistesabwesenheit steht Herr Fiala noch immer da, als seine Frau mit dem Kaffeebrett sich durch die Tür müht. Er staunt dieses Brett an, denn es trägt nicht nur zwei niemals in Gebrauch befindliche Kannen für Kaffee und Milch, sondern auch einen Aufsatz mit künstlichen Bäckereien, Spanischem Wind, Nußkipferln, Kollatschen und Schnitten. Hierin ist Frau Fiala, die Zuckerbäckerstochter, Meisterin. Aber für wen hat sie diesmal ihre Kunst aufgeboten? Sonst bäckt sie doch nur, wenn sie sich bei den reichen Damen, die sie kennt und die ihr hie und da Wohltaten erweisen, bedanken will. Ganz verlegen ist Frau Fiala jetzt, da sie doch auch etwas sagen muß und ihr die feierliche Jause, auf die sie sich den ganzen Tag über gefreut hat, selbst ganz merkwürdig vorkommt.

»No, Karl, weils dein Namenstag ist!«

Aber plötzlich scheint ihr die Begründung nicht mehr stichhältig genug zu sein, denn sie schüttelt den Kopf über sich selber. Es war ihr der Einfall und die Lust ganz plötzlich gekommen. Die gute Wäsche besitzt sie ja noch. Und der Mann plagt sich, kommt immer traurig nach Hause. Nie geht er aus, nie verlangt er etwas. Er raucht nicht, er trinkt nicht. Das war ihr alles nahegegangen heute vormittag. Der Mensch muß doch auch einmal seine Freude haben, selbst wenn er alt ist. Vielleicht aber wars nicht nur dieser Gedanke. Vielleicht hat auch sie einen Blick auf die Gruppenphotographie geworfen und das Ihre dabei empfunden.

Herr Fiala hat sich noch immer nicht erholt. Er blinzelt wie aus dem Schlaf seine Frau an. Was ist das für eine schwarze Seidenbluse mit Jettknöpfen? Die stammt auch noch aus jener Zeit! Und ihr falsches Gebiß hat die Frau im Munde, was doch sonst nicht vorkommt, da es ihr mittlerweile zu groß geworden ist.

Herr Fiala sieht die Seinige im längstvergessenen Staat. Er hört, daß sein Namenstag heute gefeiert wird. Zehntausend Karle gibts. Und alle Karle feiern den Tag. Das erfüllt ihn mit wohltuendem Stolz. Denn wenn andere Karle feiern, darf auch er noch feiern! Das Geheimnis fällt ihm ein und verwandelt sich sogleich in eine verschollene Polka. Ungeschickt geht er dem alten Takt nach, den er in sich verspürt und berührt die ärmliche Hüfte und Schulter der Frau. Zu einem Kuß reichts nicht mehr.

Sie sitzen nun am Tisch und genießen. Auf dem Kaffee schwimmt eine dicke Haut. Mit einer kleinen Hemmung des Zugriffs werden jeder Tasse zwei Stückchen Zucker geopfert. Auch das Zimmer spielt für einen Augenblick die Idylle des Behagens mit. Es mildert die hohläugige Krankheit des Lichts und lügt die Armut um zu einer behäbigen Dumpfigkeit, als würde es vorübergehend anerkennen, daß Karl Fiala und der ehemalige pelzvermummte Türhüter der k. k. Finanzlandesprokuratur ein und dieselbe Person seien.

Solange keines von beiden etwas spricht, dauert diese Verwandlung an. Aber leider läßt sich Herr Fiala zu einer aufrichtigen Bemerkung hinreißen, die dem Alltag sofort eine Tür öffnet.

»Gott sei Dank, daß die Klara nicht zu Hause ist!«

Frau Fiala hat zwar vor ihrer Schwester Furcht und solange das Wort nicht ausgesprochen war, hat auch sie sich des Alleinseins mit ihrem Alten gefreut, aber jetzt ist sie leider in die ewige Verteidigungsstellung gedrängt. Denn Klara bildet das Streitobjekt zwischen den Gatten. Auch Herr Fiala hat Angst vor seiner Schwägerin. In der Nacht liegt er oft da und fühlt ein Grauen vor dem Weib nebenan in der Küche. Hat sie nicht zweimal mit dem Besen gegen ihn ausgeholt? Und wenn er einmal alt und schwach sein wird, sie würde zuschlagen, erbarmungslos! Er kann die Vorstellung nicht loswerden, daß sie ihn wütend mit dem Besenstiel gerade ins rechte Auge trifft. Er fühlt genau, wie das Auge anschwillt und brennt, während seine Gute daneben ihre altbekannten Milderungsgründe erschöpft: daß Klara eine Enttäuschte sei, daß sie dieses Bedienerinnenleben heruntergebracht habe, daß alle alten Jungfern Bisgurn wären, und daß sie schließlich ein gutes Herz und noch bessere Arbeitsarme besitze.

Herr Fiala lenkt von dem unerquicklichen Schicksal ab, gegen das sich nichts mehr wird tun lassen:

»Wo ist Franzl?«

»Um Holz ist er.«

Da läutet es an der Wohnungstür. Es ist Herr Schlesinger, der Versicherungsagent. Öfters kommt er auf einen Plausch zu Fialas. Denn erstens ist auch er ein Kralowitzer und zweitens wohnt er auf dem gleichen Gang. Er bleibt in der Tür stehen und schnalzt mehrmals mit der Zunge, ehe er seine Frage stellt, mehr an sich selbst, als an die alten Leute:

»Was tut sich?«

Fiala ist erregt über den Besuch. Seine etwas starren blauen Augen blicken verlegen den Agenten an, der Herr über sein eigenwilliges Geheimnis ist. Frau Fiala kann hingegen den Hausfrauenstolz nicht unterdrücken, einem Kenner und besseren Menschen Servietten, feines Geschirr und edle Bäckerei vorsetzen zu dürfen. Sie bringt eine neue Tasse, sie schenkt Kaffee ein, sie weist den Platz an, wie sichs gehört.

Aber ehe Schlesinger sich hinsetzt, gestikuliert er vielsagend mit dem ausdrucksreichen Kopf:

»Da sieht man, wo das Geld wohnt.«

Auch er ist schon Fünfzig, hat eine spiegelglatte Glatze und einen ganz kleinen an der Oberlippe grau-klebenden Schnurrbart. Er läßt sich nicht gehen und hält sich proper. Befriedigt mustert er das Gebotene. Auch zeigt er sich im Bilde über die Herkunft Frau Fialas. Der Name der Zuckerbäckerfamilie Wewerka ist ihm geläufig. Doch geht die Achtung vor diesem Namen nur so weit, daß er das Stichwort abgeben darf für einen andern, den seinen nämlich. Das Thema liegt ihm. Man spürts an der fast wehleidig gestellten Frage:

»Die Firma Markus Schlesinger, Kralowitz, Ringplatz, haben Sie gekannt?«

Frau Fiala bejaht lebhaft.

»Wirkwaren, Schnittwaren, Tuchwaren, Delikatessen, Südfrüchte, Lebensmittel, Tabaktrafik. Ein Warenhaus schon damals, ich bitte! Ohne meinen seligen Vater wäre ganz Kralowitz und Umgebung erschossen gewesen. Was, hab ich recht?«

Die Alte blickt entzückt in ihre Vergangenheit.

»War mein Vater der angesehenste Kaufmann am Platz, oder nicht? Sagen Sie selbst, Frau Fiala?«

Frau Fiala hat niemals eine andere Meinung gehabt. Schlesinger aber senkt seine Stimme zu einer weichen und bitteren Melodie:

»Und jetzt frag ich Sie, Frau Fiala, ist mein Vater nicht ein Schlemihl gewesen, daß er das große Unternehmen verkauft hat? Nach Wien hat er müssen übersiedeln und das Kapital an der Börs' verspielen!!«

Herr Fiala hätte etwas Einschlägiges zu bemerken. Auch für ihn wäre es vielleicht besser gewesen, niemals den Heimatsort zu verlassen. Aber Schesinger winkt ihm ab. Er läßt sich in der Aufzeigung seiner Tragödie nicht stören:

»Vor meiner großen Auslage könnt ich jetzt stehn am Ringplatz. Vier Spiegelscheiben und dahinter alles prima arrangiert! Stehn könnt ich und auf den Platz schaun. Wenn die Kunde kommt, brauch ich mich nicht zu rühren. Dazu ist das Personal da . . . Schön schau ich jetzt auf den Platz hinaus! Weil mein seliger Vater ein Schlemihl war, bin ich ein Schnorrer.«

Schlesinger beißt verzweifelt mit seinen breit auseinanderstehenden Schneidezähnen die Spitze einer Kuba ab, saugt an ihr gierig von allen Seiten und zündet sie an:

»Ein Beruf, den ich da hab! Immer bei der Kunde einbrechen! Und die Kunde ist hart wie Müllers Esel. Die Menschen glauben, der Tod ist ein Schwindel. Warum sollen sie das Leben versichern lassen? Recht haben sie!«

Fiala schickt einen erstaunten Blick aus. Das veranlaßt Herrn Schlesinger, seinen geschäftlichen Zweifel gutzumachen, indem er jovial lächelnd ausruft:

»Ja, unser Herr Fiala da. Der hats mit mir getroffen!«

Da dieser Ausruf aber nicht recht verständlich ist, fügt er nach seiner Art unvermittelt und ächzend hinzu:

»Photograph wär ich lieber geworden!«

Niemand fragt, warum der Seufzende lieber Photograph geworden wäre. Er läßt sich auch auf keine weitere Erklärung ein, sondern erhebt sich von seinem Stuhl und redet, während er in dem kleinen Raum hin und her geht, unruhig an den Dingen rückt oder mit dem Ärmel drüberwischt.

»Wieviel Stiegen, glauben Sie, steig ich im Tag? Wenn ich um acht Uhr ins Kaffeehaus komm, bin ich kaputt, so kaputt, daß ich keine Karte mehr anrühren kann. Dabei sollten Sie die Provision kennen, die ich zu beanspruchen hab. Früher war das alles keine Last. Aber jetzt! Manchmal kann ich den linken Arm vor Schmerzen nicht mehr schleppen. Und bei jedem zehnten Schritt muß ich stehn bleiben, weil ich nicht mehr jappen kann. Ein Schnorrer bin ich und alt bin ich. Was will man mehr?«

Die Fiala widerspricht und rühmt singend die Jugendlichkeit Schlesingers. Er aber hält im Gehen inne:

»Wissen Sie was, Frau Fiala!? Ein Mann von Fünfzig ist älter als ein Mann von Siebzig. Mit Fünfzig, ich spürs, da wirds gefährlich. Der Ihrige, der hat den Punctus Spundus schon überstanden. Bis Hundert!«

Sagt es und hält das Schnapsglas, das ihm die Frau indessen eingeschenkt hat, salutierend hoch. Dann setzt er sich und stöhnt:

»Wir Juden rauchen zuviel.«

Sofort aber korrigiert er:

»Pardon! Ich bin gar kein Jud, wenn Sie das zur Kenntnis nehmen wollen. Ich habe für die heilige Jungfrau optiert.«

Schlesinger erschrickt sichtlich über seine Worte. Er wird sehr ernst und duckt sich zusammen. Aber die Fialas haben seinen gefährlichen Zynismus gar nicht verstanden. Sie blinzeln ihn an. So murmelte er mit plötzlicher Demut zum Abschluß:

»Ja! Es ist besser fürs Fortkommen!«

Dann schweigt er ahnungsvoll vor sich hin. Fiala ist unruhig, denn er hätte noch manche Frage an den Agenten zu stellen. Die Frau ist aus dem Zimmer gegangen, aber ihm bleibt zum Fragen keine Zeit, schon ist sie wieder zurückgekehrt. Schlesingers Kralowitzer Prahlereien haben ihre eigene Prahlsucht angestachelt. Man kann unschwer bemerken, daß sie in aller Stille ihr Gebiß wieder abgelegt hat; doch bringt sie jetzt eine schwarze Holzschachtel mit. Ihre verschrumpelten Finger wühlen eilig ein Knäuel von Samtbändern, Seidenresten, Jettschnüren hervor, sie klimpern mit Schnallen und zerbrochenem Glasschmuck. Aber die Hauptschätze ruhen auf dem Boden der Familienschatulle. Auch Marie Fiala ist nicht von der Landstraße und hat Angedenken an Kralowitz und ihre Verwandten vorzuweisen. Und schon muß Herr Schlesinger eine Photographie entgegennehmen, was er mit unverhohlener Nachlässigkeit und gemessener Ermattung tut. Fialas, Mann und Frau, haben immer das Bedürfnis gehabt, die feierlichen, ach, so seltenen Momente des Lebens im Bilde festzuhalten. In ihrer Existenz erfüllt die photographische Kunst einen hohen Sinn. Er hat sein Herzensbild, sie hat ihr Herzensbild, dasselbe, welches der Vertreter der ›Tutelia‹ jetzt nervös und gleichgültig hin und her fächelt. Frau Fiala erklärt:

»Das Grab meiner Eltern, bitte, am Friedhof von Kralowitz.«

In der Tat, dieses Bild in Kabinettgröße zeigt ein Grabmonument und selbst der absprecherische Sinn Schlesingers muß zugeben, daß es ein wohlhabendes Grab ist, ein prächtiger Rasen von ernsten und ehrenhaften Ketten umzirkt. Achtungsvoll wiegt er den Kopf und meint in seiner unpräzisen Art, die immer ein Dunkel über die Worte breitet:

»Am Zentralfriedhof könnten S' zuschaun . . .«

Aber das Bild zeigt noch mehr. Es zeigt Frau Fiala selbst in einem stolzgepufften Kleide mit einem Federhut, von dem ein Schleier niederhängt. Es zeigt sie zwischen der ebenfalls geschmückten und noch hochbusigen Klara und Karl, der ihr den Arm gereicht hat und Handschuhe sowie einen steifen Hut trägt.

Schlesinger denkt zwar bei sich »Gusto das«, tut aber gutmütig eine leichte Anerkennung kund. Plötzlich kreischt Frau Fiala auf, als würde sie jetzt zum erstenmal den Schimpf und Spott entdecken, den man ihr angetan hat. Ihre Stimme überschlägt sich·

»Der Lausbub, der Lausbub!«

Und wirklich, man kann die Schmach nicht übergehen und wegtäuschen. Auch ein Lausbub hat sich zu gleicher Stunde auf dem Friedhof von Kralowitz eingefunden, und hinter dem schönen Grabmal hervor, im Rücken der sich verewigenden Familie, bleckt er eine höhnische Fratze und Zunge dem Photographen entgegen. Nun und in alle Ewigkeit, wie das Schicksal!

Was bleibt Herrn Schlesinger anderes übrig, als den tückischen Gassenbuben auch zu verurteilen und das Bild in die Hände der Besitzerin zurückzulegen? Diese klappt die schwarze Schachtel eilig zusammen, denn an der Wohnungstüre hat es geklopft. Keine Zeit mehr ist übrig, dem Besuch das Bild der beiden schönen und luftiggekleideten Nichten anzubieten, die als Varietétänzerinnen große Karriere gemacht haben und jetzt nach Südamerika engagiert sind.

Grußlos ist Franzl eingetreten, geht mit unbeteiligtem Blick an den Alten vorbei in die Küche, wo er die Holzlast von seinen Schultern auf den Boden poltern läßt. Franzl wird der lange, trübe Mensch genannt, der seine Zweiunddreißig zählt. Frau Fiala behauptet, daß die Fraisen an allem schuld seien. Denn Franzl ist Epileptiker, hat häufig Anfälle, vergißt, was man ihm aufträgt, und ist daher in keinem Beruf brauchbar, wenn er auch tagelang herumstreift, um eine Arbeit zu finden. Derartiger Geschöpfe entledigt man sich zu allgemeinem Vorteil, indem man sie den dazu bestimmten, gemeinnützigen Anstalten anvertraut. Es muß gesagt werden, daß Franzls Mutter des öfteren schon willens war, für ihr Kind die öffentlichen Wohlfahrtseinrichtungen in Anspruch zu nehmen. Sie hätte gehört, so erklärte sie bei solcher Anwandlung ihrem Mann, daß jetzt, nachdem die roten Stadtväter das Regiment über den Steinhof führen, das Essen ausgezeichnet sei, besser, als der Bub es zu Hause bei ihr haben könne. Aber da versteht Herr Fiala keinen Spaß, da kann er, der Sanftmütige und Geduckte, zurückfinden in die grobe Rolle von Ehemals. Hierbleiben wird der Franzl. Solange er selber noch Atem hat, wird er für den Buben sorgen, und wer weiß, auch noch länger!

Inzwischen bietet Frau Fiala ihrem Sohne von den Speisen an: »Willst was haben, Franzl? Kaffee oder Bäckerei?«

Franzl aber sieht die Alte nur an, stumm, mit einem toten Blick, als wollte er sagen: ›Hab ich mir das verdient?‹ Dann setzt er sich in die Küche auf eine Kiste und starrt, wie alle Tage, in das Werden der Dämmerung. Zugleich mit der Dämmerung überschleicht Frau Fiala Angst. Jetzt wird die Klara nach Hause kommen. Sie huscht mit dem Geschirr in die Küche, wo sie Tassen und Kannen umsichtig versteckt. Mit gejagten Händen faltet sie die feine Wäsche zusammen und trägt sie ins Kabinett.

Auch Herrn Schlesinger wandelt Ungemütlichkeit an. Die Erscheinung Franzls beraubt ihn immer aller Suada. Er kann kein Leid sehen. Er ist persönlich gekränkt, wenn in seiner Gegenwart Tod und Krankheit sich vordrängen. Schließlich ist es sein Beruf, die Menschen vor diesen Schäden der Natur zu versichern. Schnell bedankt und verabschiedet er sich von Herrn Fiala. Der aber folgt ihm gierig auf den Hausflur nach. Dort kann er beruhigt nun seine Fragen stellen, denn er behält die Übersicht der Treppe, auf der Klara kommen wird. Mit erregter Hand tastet er die Assekuranzpolizze aus der Brieftasche.

»Alsdann, ist es gut so und in Ordnung, Herr Schlesinger?«

Der Agent setzt für alle Fälle einen ausgedienten Zwicker auf und wechselt aus dem persönlichen in den Geschäftston hinüber, der das Werkzeug ist, mittels dessen er alltäglich »bei der Kunde einbricht«:

»Lieber Herr Fiala! Versicherungstechnisch gesprochen, haben Sie einen Haupttreffer gemacht.«

Der Alte hängt an dem geschwinden und wortbegabten Munde. Er bekommt zuerst ein paar gewiegte »versicherungstechnische« Wissenschaftlichkeiten zu hören. Dann packt ihn Schlesinger beim Knopf:

»Sie haben sich ein paar mistige Millionen zusammengekehrt. Millionen ist gut! Nicht einmal Hellerwert hat das Glumpert. Wenn Sie zu mir gekommen wären und hätten gefragt: Schlesinger, soll ich das Geld aufessen? Was, glauben Sie, hätt ich Ihnen gesagt?«

Fialas trübblaue Augen erwarten gespannt die Antwort, die er auf solche Frage bekommen hätte.

»Ich hätte Ihnen gesagt: Essen Sie das Geld auf! Denn was wollen Sie damit anfangen? Auf eine Bank legen, den Bettel? Fett wären Sie schon von den Zinsen geworden! Aber, mein Lieber, alle Banken gehen heute zugrund. Das ist eine Zeit, wo die größten Menschen Gottes ihre Zahlungen einstellen! Also erstens hätten Sie nichts von dem Geld gehabt und zweitens wären Sie darum gekommen!«

Herr Fiala ist von dieser Beweisführung restlos ergriffen. Er blickt mit großer Zustimmung drein.

»Nur aus Freundschaft hab ich mich für Sie interessiert, Fiala! Denn an Ihnen verdien ich nichts. Gott behüte! Schämen müßt ich mich. Also! Sie sind ein rüstiger Mensch in den besten Jahren. Sie haben nichts, wie man sagt, aber Sie können davon leben. Ganz gut leben. Man siehts. Heute und morgen werden Sie sich und Ihre Familie ernähren. Also wozu wollen Sie Ihr armseliges Gerstl aufessen oder es auf schlechte Zinsen verlieren? Jetzt geht alles gut, aber, mein Lieber, wenn Sie einmal nicht mehr kriechen können? Und wenn es noch schlimmer kommt . . .?«

Der alte Mann fühlt sich im Tiefsten durchschaut. Er beginnt leidenschaftlich zu Schlesingers Worten zu nicken.

»Was dann, Herr Fiala? Ja, für das ›was dann‹ hab ich schon gesorgt. Dann geschieht das Wunder. Sie haben Ihren Bettel nicht aufgegessen und nicht bei einer Bank oder Sparkassa verloren. Sie haben eine mäßige Summarprämie eingelegt. Die ›Tutelia‹ ist da und gibt Ihren Angehörigen nicht zehn und zwanzig Prozent Zinsen, sondern zweihundert, fünfhundert, tausend Prozent! Ein Kapital gibt sie zurück für Ihren Bettel!!«

Fialas Verklärung ist vollkommen. Das Dokument in seinen Händen vibriert. Mit mühsamer Zunge will er noch die letzten Erkundigungen einziehen:

»Und wann . . . wird dann . . . das Geld ausgezahlt?«

Sachlich, indem er den Finger näßt, beginnt Schlesinger in dem Pakt zu blättern.

»Da muß es stehn . . . Hier: . . . Und verpflichten wir uns, wenn das Ableben nach vollendetem fünfundsechzigstem Lebensjahr erfolgt . . . «

Schlesinger blickt begeistert von dem Blatte auf. Er lacht:

»Vierundsechzig sind Sie alt, hundert Jahr werden Sie werden. Und nach vollendetem Fünfundsechzigstem erfolgt schon die Auszahlung. Einjährige Lauffrist ist effektiv hochanständig. Überhaupt! Kulante Abschlüsse, Sie können mirs glauben, macht heut nur die ›Tutelia‹!«

Die Windungen der Stiege wandert ein scharrender Schritt empor. Hastig steckt Fiala den Kontrakt ein und verschwindet in seiner Wohnung. Herr Schlesinger zieht ächzend den Schlüssel zur seinigen aus der Tasche.

III

Das erste, was Klara tut, wenn sie nach Hause kommt, ist Schuhe und Strümpfe auszuziehen. Sie geht daheim, um Schuhwerk zu schonen, grundsätzlich nur barfuß. Ihre Füße sind verbeult und schreckenerregend. Keine andere Stiefelnummer taugt für diese Füße als die des unförmigen Zahnarztes, bei dem sie dient. Klara darf auch immer die abgetragenen Stiefel des kolossalen Mannes erben. Ihr Busen, auf den nicht nur sie, sondern auch die ältere Schwester einst so stolz waren, ist längst dahingeschwunden und hat die Haare ihres Hauptes zum größten Teil mitgenommen. Klara legt ihr schmutziges Kopftuch, das am Halse schief zusammengeknotet ist, niemals ab. Unter diesem Kopftuch spielt eine lange, knochige Physiognomie alle Farben und Mienen. Niemand kann so freundlich-scheinheilig blinzeln wie sie, wenn ihre Herrschaften sie dabei überraschen, wie gerade eine Näscherei des Tafelaufsatzes in ihrem Mund verschwindet. Wenn in einem der Häuser ihrer Bedienung eine Geldnote oder ein Schmuckstück in Verlust geraten ist, macht sich niemand leidenschaftlicher, ja verzweifelter auf die Suche als Klara. Doch auch niemand hat tückischere Wutausbrüche. Klara ist aus der Art geschlagen. Sie hegt in ihrem Herzen keine großen Lebensaugenblicke und deren Photographien. Sie kennt keine Sehnsucht nach feiner Wäsche und besseren Sachen. Ihr großer Holzkoffer, über dessen Schätze sie dann und wann Andeutungen macht, ist seit Jahrzehnten nicht ausgepackt worden. Sie täte nie, was ihre Schwester Marie heute getan hat, in einer heimlichen Schönheitsanwandlung dem armen Manne den Jausentisch seines Namenstags decken. Hingegen ahnt jetzt Klara etwas Außergewöhnliches und schnuppert und blinzelt:

»Was hast heut gekocht? Kaffee?«

47

Frau Fiala ist zu Tode erschrocken und ganz kleinlaut:

»Aber, Klarinka, Tee hab ich gekocht, dünnen Tee wie immer!«

Die unsichere Antwort ruft Klaras gefährlichen Zorn wach. Sie preßt die Lippen zusammen und beginnt die Küche ihren Gemütszustand fühlen zu lassen. Mit lautem Knall feuert sie dies und das in die Ecken. Auf dem Herd rückt sie die Töpfe, als wolle sie ihren Anteil von dem der Familie wütend separieren. Die Schwester lebt nicht mehr für sie. Endlich knotet sie das Bündel auf, das sie mitgebracht hat. Dinge kommen zum Vorschein, namenlose, wie sie sonst nur auf Abfallsorten zu finden sind: zwei vertrocknete Äpfel, Porzellanscherben, ein paar leere Sardinenbüchsen, Kerzenreste, Zigarettenschachteln, Bindfaden und als Hauptstück ein altes, schadhaftes Herrenhemd. Mit wildem Ruck schichtet Klara die Beute in ihrem Winkel auf, dem bei Lebensgefahr niemand nahe kommen darf. Um sich einzuschmeicheln und ihre Bewunderung erkennen zu lassen, fragt Frau Fiala nach der Herkunft dieser Schätze. Die alte Jungfer fährt scharf herum:

»Gestohlen hab ichs! Was? Eine Diebin bin ich! Eine Diebin nennst du mich, eine Diebin, wenn ich Geschenke bekomm ...«

Ihr Mund verzerrt sich, Augen, Nase röten und nässen sich, in kurzen Stößen bricht Geheul aus und während sie Tränen und Schnupfen zurückschnaubt, hebt ihre Klage an: Unter böse Menschen sei sie geraten. Lange werde sie's nicht mehr aushalten. Es werde sich auch anderswo ein Schlafplatz finden. Keine Diebin sei sie, aber von Dieben allerorts umgeben. Mit Verschwendern und Durchbringern müsse sie leben, die heimlich Kaffee kochen und Gugelhupf backen, der ihr vorenthalten, dem Juden aber angeboten werde. Diese Verschwender hätten keine Ahnung mehr vom Leben. Nichts gelernt haben die Durchbringer in diesen Jahren. Dumme Leute, dumme Verschwender, wissen nicht, was die Sachen wert sind. Wenn sie ihre Geschenke nach Hause bringt, lachen sie die dummen Leute aus. Das hat sie davon, weil sie sparsam ist und die Preise kennt ...

Frau Fiala, die schon weiß, daß jetzt nichts zu wollen ist, schleicht sanftmütig ins Kabinett.

Kaum weiß sich Klara allein, so stürzt sie sich auf die Verstecke, wo sie die verschleppten Süßigkeiten mutmaßt. Beim ersten Zugriff sind sie entdeckt. Drei Bäckereien nimmt sie vom Teller, eine läßt sie übrig. Ihren Raub aber versteckt sie in einer der vielen Sardinenbüchsen, die ihren Eigentumswinkel zieren. Dort wird auch dieses Gebäck vermodern, wie so vieles andere.

Damit aber niemand auch nur einen zweifelhaften Blick gegen sie unternehme, beschließt sie, ihre Diktatur heute furchtbarer auszuüben denn je. Zu diesem Zwecke schlägt sie einen neuen Lärm: Man habe ihren Koffer erbrochen! Nach einer Weile schrillen Geschreis hat Frau Fiala die Flennende zwar beruhigt, aber nicht überzeugt. Ihr Koffer ist und bleibt von frechen Händen entheiligt. Jeder Blinde sieht es deutlich an den Stricken, mit denen er verschnürt ist.

Dieweil sitzt Herr Fiala im finstern Zimmer. Licht wird nicht gemacht. Licht gibt es nur zum Imbiß und beim Schlafengehen. Wozu braucht er auch Licht jetzt? Die rosa Glückswolke schwebt immer noch um sein Haupt. So zärtlich hüllt sie ihn ein, daß er Klaras altgewohntes Keifen gar nicht mehr hört. Wer einer Lebensgefahr entgangen ist, wer eine schwere Mühsal überwunden hat, muß Ähnliches empfinden. Denn Fiala fühlt sich durch das Schriftstück in seiner Tasche wahrhaft gerettet. Keine grausame Zukunft droht mehr, kein tückischer Zufall lauert in jedem Haustor. Mag ruhig die Lainzer Elektrische nun des Weges fahren. Der Anblick ihres Schaffners und Motorführers wird ihn nicht mehr bis ins Herz erschrecken. Geborgenheit nach so vielen entsetzlichen Jahren, Geborgenheit, mit wollüstiger Schwerkraft zieht sie ihn auf den Armstuhl nieder, der beim Nähtisch steht.

Die Menschen! Wenn mans bedenkt, selbst aus dem Tode holen sie ihren Gewinn! In diesem Augenblick geht durch Fialas Kopf ein Staunen und fast so etwas wie Hochachtung vor menschlichem Fortschritt. Franzl wird nicht auf der Straße liegen. Franzl wird nicht in den Steinhof gesperrt werden. Dies ist ja die Hauptsache! Bleibt sonst noch etwas zu wünschen? Nichts! ... Oh doch! Eine kleine Kleinigkeit, aber eine süße Kleinigkeit. Die Gruppenphotographie an der Wand ist erloschen. Fiala kann sich nicht mehr sehen in seinem einstigen Pomp und auch die dürftigen Hofräte nicht, zwischen denen seine Herrlichkeit thront. Aber einen andern sieht er jetzt ganz deutlich, ihn, der ihn einst um die Stellung gebracht, seinen einzigen Feind, den Inbegriff aller Erzfeindschaft, ihn, den Personaldirektor und Oberoffizial, ihn, Herrn Pech! Möchte Herr Pech doch Zeuge sein, daß ein anständiger Mensch, dem Unrecht geschehen ist, der mit sechzig Jahren Krieg und Hunger überleben mußte, dennoch anständig seinen Weg zu Ende gehen kann. Gewiß ist der Oberoffizial längst schon ein Bewohner von Lainz. Noch Mächtigere als er, Hofräte und Majore, gehen im Winter ohne Überzieher blaß und scheu in die Häuser betteln. Herr Fiala möchte mit Marie und Franzl durch den Garten des Versorgungshauses wandeln, an Herrn Pech, der elend auf einer Bank hockt, ganz langsam vorüberwandeln und auf sich und die Seinen zeigen: »Sehen Sie!«

So beglückend die Phantasie ist, auch dieser Traum wird unterbrochen von dem Skandal, der sich jetzt draußen auf dem Hausflur erhebt. Klara spielt ihren letzten Trumpf aus. Die gicksende Stimme der Bösen Sieben beschuldigt die Mietsparteien desselben Ganges, sie beraubt zu haben. Wie in alten Häusern so oft, müssen sich mehrere Mieter die Benützung eines notwendigen Ortes teilen, der außerhalb der Wohnungen den Gang abschließt. Klara behauptet, daß sie gerade an diesem Ort ein Versteck ausfindig gemacht habe, wo sie die Schachtel immer verberge, die nun geraubt sei. Kein Plätzchen des Hauses wäre vor diebischen Händen sicher, darum hätte sie jenen Raum gerade erwählt. Viele Stimmen lachen und schreien zu Klaras Diskant. Ein ordnungsstiftender Baß erkundigt sich milde, was für Pretiosen die so eigenartig deponierte und nunmehr entwendete Schachtel denn enthalte. Klara schreit:

»Vorkriegsspagat!«

Daraufhin löst sich der gefährliche Skandal in eine wilde Heiterkeit auf. Frau Fiala schlüpft ins Zimmer zu ihrem Gatten. Sie selbst erträgt willig jede Unbill durch Klara, aber wenn der Krach auf den Gang und unter die Leute getragen wird, da schämt sie sich der Schwester, da möchte sie sich verkriechen. Sie erwartet jetzt, daß auch der Mann sie wegen der Schwägerin anjammern werde. Sie ist sogar gewillt, in seinen Jammer einzustimmen, den Streit zu lassen, und ihm endgültig Recht zu geben. Aber was ist mit Fiala, er jammert nicht, er tröstet sie. Mit wegwerfender Geste sagt er:

»Laß sie gehn!«

Er erhebt sich, er steht stramm und feierlich da, wie ein junger Mensch, wie der Türhüter bei der Finanzlandesprokuratur vorzeiten. Er entfaltet in der Finsternis ein Papier, als ob er ihr etwas vorlesen wolle. Dann nimmt er ihre alte Hand und dem Schweigsamen fließen die Worte von den Lippen, wenns auch nur die Worte Schlesingers sind. Alles erklärt er nun der Frau. Das Geheimnis und das Wunder der Versicherung. Gerettet sind sie Beide für ewige Zeit. Nach seinem Tode wird Marie ein Vermögen ausbezahlt bekommen, ein Kapital, zweihundert, fünfhundert, tausend Prozent von dem mistigen Erlös aus der alten Wohnung und den überflüssigen Möbeln.

Es ist dies wahrhaft ein Fest- und Namenstag. Nicht ohne tiefere Ahnung hat Marie das rote Kaffeetuch aufgebreitet. Jetzt aber weint sie. Sie weint auch bei minder großen Gelegenheiten. Solche Freudentränen aber sind selten:

»Mein Mannerl!« schluchzt sie.

Doch schon nach einer Weile tut Klaras Schwester eine naheliegende Frage:

»Und wann wird ... das Geld ... ausbezahlt?!«

Gut nur, daß es jetzt finster ist. Fiala aber findet die Neugier der Seinigen selbstverständlich. Er deklamiert:

»Wenn das Ableben nach vollendetem fünfundsechzigstem Lebensjahre erfolgt ... «

Und mit dem ganzen Selbstgefühl eines machthabenden Erblassers befiehlt er:

»Der Franzl, hörst, der bleibt hier! Der Franzl kommt nicht aus dem Haus!«

Der Franzl ist dem Geschrei seiner Tante entflohen. Er steht vor dem Haustor und sieht dumpf auf die Straße und auf die Stadt, die abgeschabt und geschunden von langem Leid, schlecht beleuchtet, der frischen Nacht sich anheimgibt. Unfreundlich und scharf klingeln die Elektrischen. Die Wagen, die nach dem inneren Wien fahren, sind leer, die zurückkehrenden dicht besetzt. Franzl ist müde. Den ganzen Tag hat er sich vor Auskunftsorten für Arbeitslose und bei Stellenvermittlungen herumgetrieben. Er weiß, daß er keine Arbeit finden wird, daß all sein Umherstehen sinnlos ist. Aber die Zeit, die lange, böse, bringt er um damit. Bei der Weiche, wo die Schienen zum Gürtel abbiegen, schreit ein Wagen hoch auf wie ein gemartertes Tier. Da zuckt auch durch Franzls schwachsinniges Hirn ein wilder Krampf. Fragen, Urfragen wollen empor, entsetzliche! Aber nicht einmal Fragen zu bilden, nicht einmal zur Frage »Warum muß ich leben« langt die Kraft. Den armen Menschen schüttelt Sucht, zu rennen, über den Gürtel, durch die äußern Bezirke, vor die Stadt, weiter, zu rennen, immer weiter in die Nacht hinaus, bis der Körper tot zusammenstürzt.

Aber Franzl schleicht nur mürrisch ins Haus zurück. Zu gut kennt er die verfluchte Befreiungssucht, die stets einen Anfall meldet.

IV

Zeit war vergangen, November da! Nichts hatte sich seit jenem Namenstag ereignet, das der Aufzeichnung also würdig wäre, wie die heimliche und feierliche Jause, die Frau Fiala ihrem Manne zugedacht.

Allabendlich kehrte Klara heim, geladen wie immer. Ihre Erfindungsgabe, Welt und Menschen stets von Neuem in Anklagestand zu versetzen, wuchs von Mal zu Mal. Am Ende aller Tage wird sie noch ihre Rechnung präsentieren, und wer weiß, ob man mit ihr fertig werden wird. Ihre Schwester aber hatte sich längst abgefunden und stritt für sie wider jedermann. Herr Fiala seinerseits stand Tag für Tag von acht Uhr früh bis zwei Uhr nachmittags im zugigen Magazin seiner Firma und notierte die abgehenden und remittierten Waren in ein fleckiges Journal. Wenn er dann heim in sein Zimmer kehrte, begann er den gewohnten Rundgang, der bei der Gruppenphotographie endete. Auch Franzl hatte die sinnlose Stellungssuche noch nicht aufgegeben, die immer damit abschloß, daß er auf die Frage »Sind Sie gesund?« schwieg. Kam die Dämmerung, so saß er unweigerlich in der Küche auf seiner Kiste.

Nur S. Schlesinger war eines Tages verzogen, unbekannt wohin.

Niemand konnte an Herrn Fiala eine Veränderung wahrnehmen. Keiner seiner Kontorgenossen, kein Fremder, und die Bewohner des Hauses schon gar nicht. Nur Franzl hatte seinen Vater ein- oder zweimal aufmerksam angesehen. Es war auch nichts Besonderes zu bemerken an ihm, es sei denn eine wachsende Wortkargheit – manche Tage sprach er überhaupt nichts – und eine neue Art von steifer Entschlossenheit, die sich in seiner Haltung kundgab. Vielleicht aber hatte Franzl seinen Grund gehabt, den Alten ein- oder zweimal aufmerksam anzusehen. November wars. Und wie an einem Vormittag dieses Monats am Lande draußen das nächste Haus – nicht zwanzig Schritte weit – durch einen ganz bestimmten grauen Nebel undeutlich gemacht und entrückt ist, so war auch Herrn Fialas Gesicht durch einen ganz bestimmten grauen Nebel undeutlich gemacht und entrückt.

Da geschah es, daß eines Nachmittags die Frauen nicht in der Wohnung waren. Was hatte auch Frau Marie Fiala und Fräulein Klara Wewerka am Allerseelentage zu Hause zu suchen? Nicht Weihnachten, nicht Ostern, nicht Fronleichnam, nicht Pfingsten bedeuteten Kalenderfeste nach dem Herzen der beiden Schwestern. Allerseelen allein war ein Freudentag. Leider besaßen sie in Wien kein angehöriges Grab, es dort draußen auf dem Simmeringer Plan mit Blumen und Lichtern zu schmücken. So groß auch diese Entbehrung war, sie hinderte die Beiden nicht, sich am frühen Nachmittag des Festes vor den Toren des Wiener Riesenfriedhofes einzufinden. Schon die Fahrt mit der Trambahn mutete anders und aufregender an als sonst: Ein Schaugepränge von Kränzen schwankte in allen Gelegenheiten des überfüllten Wagens. Von der Rückseite, Nummer und Scheinwerfer schön umrahmend, prahlte ein Riesenkranz weißer Astern die staunenden Fußgänger an. Von diesem strahlenden Totenopfer der Reichen bis zu den billigen Gewinden aus immergrünen Blättern und haltbarem Kunstlaub gab es alle erdenklichen Abstufungen des blühenden Weihegeschenks. Im Innern des Zuges selbst qualmte unerträglich der Geruch der Leichenflora. Denn Grabesblumen duften so dick und gellend, weil sie von der Verwesung angezogen haben, die sie laut verbergen wollen. Aber noch ein anderer Geruch preßte gegen die ratternden Wände und Fenster des engen Raumes. Dies war der Geruch von schlechten schwarzen Stoffen, regendurchnäßt bei vielen Grabbesuchen, der Geruch von muffigen Hüten, Schleiern, Maschen, Trauersachen, die man von einem Todesfall zum andern eingekampfert in dumpfen Kästen bewahrt; und über all diesen Gerüchen der Geruch von Schnupfen, Husten, Halsschmerz und Katarrh. Marie Fiala und Klara ließen sich durch nichts in ihrer aufgeregten Erwartungsfreude stören. Jegliches Gedränge liebten sie ja. Massenansammlungen versprachen immer wilde Schauspiele. Und ein riesiges Massenschauspiel bot der Platz vor dem Zentralfriedhof. In endlosen Zügen klirrten, schellten, schrien die roten elektrischen Wagen heran, machten die Schleife und klirrten, schellten, schrien in endlosen Zügen, entlastet, wieder zurück. Berittene Wachleute versuchten die regellose Flutung der Menge vergebens in Kanäle zu leiten. Hartnäckig und blöde wie ein Element, das sie ja ist, brauste sie immer wieder gegen die verstopften Eingänge. Auch der Verkehrsschutzmann, dem die Gemeinde eigens einen Turm errichtet hatte, konnte nichts anderes tun, als durch pathetische Signale die ratlosen Gefährte verwirren. Hinter einer Barriere stand eine dichte Kolonne von Sanitätswagen. Auf dem Jahrmarkt der Toten, bei der gut frequentierten Herbstmesse der Seelen ging es hoch her, und dem und jenem Schwachmatikus mochte da ein Unfall zustoßen, so daß er das nächstemal sich nicht mehr unter den Feiernden fand, sondern bei den Gefeierten dort unten.

Die Schwestern waren dank Klaras scharfen Ellbogen und erbarmungslosen Tretern bald durchs Tor gedrungen. Sie zwängten sich durch die Nobelallee der Toten, durch die strotzende Vorhalle wohlsituierter Mausoleen, traten für einen Augenblick in die Kirche, um sich schnell zu besprengen, zu bekreuzen und Gott anzuknixen,

durchwanderten die Parkwege auf krachendem Welklaub und streb-
ten weit hinaus, wo der Friedhof feldhaft im Nebel dalag und die
jungen Bäume noch nicht viel höher standen als die dichtgestaffel-
ten Schwarmlinien der Kreuze und Grabtafeln. Dort hofften sie ihre
Bekanntschaft zu finden, andere alte Weiber, aus Böhmen gebürtig,
denen sie ihre Visite machen wollten.

Denn alle kleinen Leute hielten heute Empfang. Sie gaben einander den großen Verwesungsrout. In gestrafft-lächelnder Gesell-
schaftshaltung, Grüße tauschend, trat man zu dem geheiligten Ort
einer befreundeten Familie. Gern und oft fiel von seiten des Besu-
ches die höfliche Bemerkung: »Schön liegt er da!« und dann senkten
alle interessiert und höflich das Haupt, hinabzusehen auf das Rasen-
geviert, das für sie keinen Schauder barg. Auch Kuchen und Schin-
kensemmeln wurden gastfreundlich verteilt und aus gemeinsamer
Flasche ein Rundtrunk angeboten. Die Hausfrau der Grabstätte
lächelte entzückt, als hätte man ihren Tisch oder ihre Einrichtung
gelobt. Sie strich wohl über das Blumenarrangement mit der Hand
hin, zupfte noch leicht an einer Masche und rückte die Lampen
zurecht, um dem Ganzen die letzte Fasson zu geben. Aber alle war-
teten nur auf die große Stunde. Und bald kam sie, die große Stunde.
Der Nebel wurde kaffeebraun und körperlich, daß man ihn hätte
kauen können. Und über der weiten flüsternden Fläche tauchten
langsam, eins fürs andere die schwächlichen Lampen und Lichte auf,
unzählige, ein geheimnisvolles Feuerwerk der Tiefe, eine zärtlich-
mystische Illumination, dicht am Boden hinkriechend, Gruben-
lampen vor dem Eingang des Bergwerks, Irrlichter eitlen Erinnerns,
zuckend im Qualm der Jahreszeit.

Zu gleicher Stunde etwa saß Herr Fiala zu Hause in der Küche und
trank dünnen Tee, den diesmal Franzl zubereitet hatte. Fiala hielt die
Schale auf den Knien und brockte, langsam träumend, ein Stück
Brot in den ungesüßten Aufguß. Sehr lange dauerte diese Mahlzeit,
und weder Vater noch Sohn sprachen ein Wort.

Da erhob sich plötzlich Fialas Stimme gleich etwas Fremdem
und klang hart, entschieden, wie ein Befehl:

»Franzl, geh hinüber ins Allgemeine Krankenhaus. Spring zum Wotawa, der bei der Verwaltung ist! Weißt eh schon! Frag ihn, ob ein Bett frei ist. Lauf aber, daß du gleich zurück bist ... eh die Weiber kommen.«

Es kam nie vor, daß Franzl von seinem Vater einen Auftrag erhielt. Nichts verlangte er von dem Buben. Keinen Weg und keine Handreichung. Diesmal aber hatte er befohlen, kurz und barsch fast. Aber Franzl war gar nicht erstaunt. Es sah fast so aus, als hätte er lang schon diesen oder einen ähnlichen Auftrag erwartet. Es sah aus, als würden die Befehlsworte des Vaters eine dumpfe Spannung lösen, die zwischen Beiden lag, dem Unausgesprochenen endlich Namen geben und das Brütende bannen. Der Epileptiker nahm seine Kappe, ging, ohne zu grüßen, ohne sich umzusehn.

Fiala aber zündete mit neuartig festen Händen eine Kerze an –, durfte er heute so kühn sein? – und begab sich ins Zimmer nebenan. Diesmal verzichtete er auf den Rundgang, er hob die Kerze nicht zum angestaunten Bilde einstiger Kraft hoch, sondern setzte sich zum Sophatisch und zog den Kalender, den er mitgebracht hatte, aus der Tasche. Bedächtig riß er Blatt für Blatt von dem unberührten Block, in jeden Tag und seine schwarze oder rote Nummer umsichtig sich vertiefend, als hätten diese fettgedruckten Daten waswunder welche Ereignisse und Bedeutungen seinem Leben zugetragen. So gelangte er allmählich zum Novemberfest, darauf der gegenwärtige Tag lautete. Jetzt aber, da er nichts mehr abzureißen hatte, wurden seine Hände träger und träger, seine Augen starrten minutenlang auf jeden neuen Tag, der mit schwarzer oder roter Ziffer im Kalender anbrach. Umzublättern fiel ihm mit jeder Seite schwerer, wie wenn er mit dem Fetzen Papier die ganze Müh und Last der Zeit umwenden müßte. Nicht einfach war es so, weiterzögernd, den einunddreißigsten Dezember zu erreichen. Aber er ward erreicht, wie ein schweres Wanderziel. Zum Schluß nahm Herr Fiala noch ein paar Anfangstage des laufenden Jahres und fügte sie, unbekannten Zwecks, dem Abreißblock nach Jahresende an.

Viel Zeit war damit vergangen, und kaum mehr konnte der Aufbrechende in eine kleine alte Tasche ein paar Stücke stopfen, als

Franzl dastand und meldete, Herr Wotawa, Fialas Bekannter, stehe zu Diensten.

Sie gingen mit lauten Schritten die Treppe hinab. Sie betraten die Straße. Der Sohn machte eine Wendung zur Haltestelle der Trambahn hin. Der Vater verschmähte es, zu fahren, er schlug vielmehr einen gestreckten Gang an, achtete aber wohl, daß er nicht aus dem Tempo falle, das er mit gesteiftem Rückgrat behauptete. Jetzt begann er sogar zu reden, dieses und jenes, wozu die Straße aufforderte, aber kein Wort, das zur Sache gehörte, kein Wort von Krankheit, Spital, etwaigen Folgen und Verfügungen. Selbst ein Auftrag an die Mutter erübrigte sich. Auch Franzl fragte nichts, was an des Vaters Befinden rühren mochte. Die Unterhaltung drehte sich darum, daß die 175er Linie heute nur mit zwei, anstatt mit drei Beiwagen fahren durfte, weil alle überflüssigen Waggons auf die Zentralfriedhofstrecke geleitet wurden. Sie drehte sich ferner um das aufgerissene Pflaster, um die Abkürzung des Weges, um das Problem, ob zur Stunde die Trafiken offenhielten. Als die beiden an einer solchen vorüberkamen, bat Fiala, Franzl möchte ihm die ›Kronen-Zeitung‹ kaufen. Und Franzl kaufte sie. Aber der Vater hatte nicht gewartet, sondern schritt schnell und gleichmäßig vorwärts, als hätte er Angst oder vermöchte es gar nicht, innezuhalten.

Bald waren sie an der Alserstraße. Sie durchquerten die Höfe der Krankenstadt. Sie fanden Herrn Wotawa in einer Kanzlei. Das war ein ehemaliger Kollege aus der Finanzlandesprokuratur. Er prüfte Fiala mit zweifelndem Blick:

»Sie kommen daher wie ein Husar und wollen aufgenommen werden. Mein Lieber, heutzutage möchten alle Leute zur Belohnung für einen Schnupfen drei Wochen lang Kost und Quartier mit erster Diät bei uns haben. Was fehlt Ihnen denn? ... Leicht wirds nicht sein! No, wir werden sehen. Kommen Sie mit!«

Der Macht Herrn Wotawas gelang immerhin einiges. In der Aufnahmskanzlei wurde Fialas Name in die Standesliste eingetragen. Das Aufnahmeblatt sollte ausgefertigt werden. Der Beamte fragte nach Geburtsdatum und Jahreszahl. Dabei machte er die mißgelaunte Bemerkung, daß alte Menschen Tag und Jahr ihrer Geburt meist selbst nicht wissen. Doch da hatte er sich in Herrn Fiala gründlich getäuscht. Mit metallener, bei ihm ganz ungewohnter Stimme machte er seine Angaben und wiederholte sie unaufgefordert, damit ja kein Irrtum unterlaufe:

»Geboren am fünften Januar 1860 bei Kralowitz in Böhmen. Seit fünfunddreißig Jahren wohnhaft in Wien. Jetzt optierter österreichischer Staatsbürger. Katholisch.«

Streng sah er auf die Hand des Schreibers:

»Am fünften Januar.«

Nach dieser Prozedur wurde der Patient in das ärztliche Dienstzimmer geführt, wo die Entscheidung über seine Aufnahme fallen sollte. Der diensthabende Arzt war ein ganz junger Mensch, der sein erstes klinisches Jahr abdiente. Als jüngster Sekundar war er, wie er es nannte, die »Feiertagswurzen«, das heißt, wenn ein freier Tag winkte, wollte es immer der Zufall, daß sich die Diensteinteilung ihn aussuchte.

Herr Doktor Burgstaller lag auf dem Sopha, die tabakgebräunte Hand mit der toten Zigarette weit von sich gestreckt, und schlief. In der peinlichen Voraussicht, während der Nacht öfters gestört zu werden, war er gerade dabei, »Schlaf zu sammeln«.

Fiala trat vor ihn hin, wie er als Soldat vor dreißig Jahren dem Regimentsarzt entgegengetreten war, Kopf hoch und Hände an der Hosennaht. Herrn Doktor Burgstaller verwirrten solche Vorfälle. Unsicher umkreiste er den Mann. Die gelassene ärztliche Gleichgültigkeit hatte er noch nicht heraus. Er sah in Fiala einen alten Burschen, die seine Autorität des öfteren verhöhnten. Etwaiger Nichtachtung zuvorkommend, fuhr er ihn an:

»Was gibt es da? Was wollen Sie? Was haben Sie? Was fehlt Ihnen?«

Fiala murmelte etwas und zeigte auf die Brust. Der Doktor befahl:

»Ziehen Sie sich aus!«

Da er aber sogleich erkannte, daß Diagnosenstellen ein gefährliches Wagestück sei, widerrief er:

»Bleiben Sie angezogen!«

Doch etwas Medizinisches mußte jetzt geschehen. Burgstaller griff daher nach Fialas Puls. Der Puls des alten Burschen schien, wenn der junge Mann seiner Uhr trauen sollte, über die Maßen beschleunigt. Er beschloß daher nach einem finsteren Blick auf den Störer, in seiner Pflicht fortzufahren, und legte Fiala ein Fieberthermometer unter die Achsel.

Während der Wartezeit tat er barsche Fragen an den Patienten, die das müßige Personal, das sich im Raume versammelt hatte, von seiner Überlegenheit und medizinischen Kombinationsgabe in Kenntnis und Respekt setzen sollten. Gleichmäßig und laut antwortete Fiala, mit jener steifen Entschlossenheit, die seit einiger Zeit sein Wesen angenommen hatte.

Endlich hielt Burgstaller das Thermometer unter die Lampe. Da wurde sein Gesicht auf einmal ganz kindlich aufmerksam:

»Mensch! Sie haben ja 39,3 Grad Fieber!!«

Und jetzt erst beginnt eigentlich unser Bericht von einem Tod. Denn wir hätten es nicht gewagt, den Leser in solch trübe und gleichgültige Welt zu führen, wenn unser Geschehnis nicht seine Absonderlichkeit hätte.

V

Im Augenblick, da Fiala das weiße Bett in einem dumpfdurchatmeten Saale der internen Klinik berührte, im selben Augenblick erst schienen die schweren Krankheiten seines Körpers auszubrechen, und es waren ihrer nicht wenige. Das Bett hatte sie wohl hervor gezogen, dieses schmale, weißlackierte Metallding, das kein Bett ist, in dem man ruht, schläft, träumt, liebt, sondern eine sinnreich knappe Maschine zum Kranksein. Es war nur zu verwundern, daß ein Mensch mit diesem Leiden im Leibe sich wochenlang aufrechthalten, seinem Berufe nachgehen und die Nahestehenden über den wahren Zustand seines Lebens so gründlich täuschen konnte. Es wurden von Anfang an mehrere Befunde nebeneinander aufgestellt und die schwarze Kopftafel zu seinen Häupten war mit Kreideschrift dicht bekritzelt wie keine andere im Saal.

Nachdem Frau Fiala sich von ihrem ersten Schreck erholt hatte, faßte sie einen ernsthaften Groll gegen ihren Gatten, weil sie selbst nicht bemerkt hatte, daß er so lange schon krank war. Als ihr irgend jemand Unachtsamkeit vorhielt, verstärkte sich dieser Groll in ihr. Verschlossen und tückisch war er immer, der Karl. Und aussehn tut er, als könne er nicht bis Drei zählen. Wer weiß? Diese Männer! In ihrem Unmut wurde sie von Klara lebhaft unterstützt. Für diese war es ausgemacht, daß sich hinter Bettlägerigkeit, Fieber, Hausflucht, eine verschlagene Absicht verberge, ein raffinierter Eigennutz, ein wohlüberlegter Plan, etwas Wertvolles in Sicherheit zu bringen. Wer geht denn so ohne jegliche Beratung aus dem Hause und legt sich ins Spital? Ein Mann dazu, der gestern noch wies Leben ausgesehen hat? Auch Frau Fiala war der Meinung, sie könnte ihren Mann trotz Enge und Armut daheim besser pflegen. Ihr Groll schlug über aufs Krankenhaus. Es war ja ringsum bekannt, daß die Ärzte, um ihre Studenten zu belehren, die Kranken der öffentlichen Kliniken gar nicht gesund machen wollen. Ganz im Gegenteil! Sie präparieren mit Fürsorge die Krankheiten im Leibe der Opfer, um sie säuberlich dann den Schülern vorführen zu können.

In der ersten Zeit legte Fiala unverwandelt seine entschlossene Geduld an den Tag. Er sah nicht verfallener aus als er am Allerseelentage ausgesehen hatte. Still und fast angespannt lag er in seinem Bette da, als wäre die Stille eine Arbeit, der man sich aufmerksam hingeben müsse. Wenn es notwendig war, stand er auf, auch zu den Mahlzeiten. In seinem blauweißen Kittel saß er dann am Tisch mit den andern »Beweglichen« und aß langsam mit fester Willensanspannung seine Portion bis zum letzten Löffel auf. Täglich kam die Seinige zur erlaubten Zeit. Er sah sie freundlich und abwesend an. Täglich brachte sie einen andern Tee, einen andern Absud in ihrer Markttasche, die sie mit übertriebener Ängstlichkeit an den Wärtern vorüber ins Zimmer paschte. Auch diese Tränke, Zaubermittel, in den Hexenküchen der Vorstädte gebraut, leerte Fiala gehorsam.

Manchmal kam Klara mit. Aber sie begnügte sich nicht, am Bette des Schwagers Trübsal zu blasen, sondern scheinheilig-süß begann sie den Kopf hin und her zu drehen, den Sitz erregt zu lüften, bis es sie nicht mehr hielt und sie sich erhob, bei anderen Kranken zu hospitieren. Auf Zehenspitzen falscher Sachlichkeit trat sie näher und in ihren Mienen lag das Lächeln bitterer Mehrwissens und gründlichen Durchschauthabens der Dinge, das all die Ausgebeuteten ringsum zu gemeinsamer Verschwörung einlud. Und sehr bald war sie über eine Menge schändlicher Vorfälle in Kenntnis und Klarheit. Sie hatte gesehen, daß die Wärter das Beste vom Nachmittagskaffee wegtranken und den Rest mit Wasser verpantschten. Sie hatte andere Wärter beobachtet, die untereinander den Krankenkuchen teilten. Den Oberwärter hatte sie betreten, wie er einen Patienten schlug und im nächsten Augenblick eine hübsche Schwester auf dem Gang abknutschte.

»Ich will nichts sagen. Ich habe nichts gesehen. Gar nichts! Was geht es mich an?!«

So pflegte die Spionin zu versichern, während sie mit zischender Zunge entsetzten Ohren ihre peinlichen Entdeckungen anvertraute.

Man weiß, daß Klara nicht ertrug, irgendein Ding nutzlos und nicht in ihrer Obhut verkommen zu lassen. Einmal mußte sie hier lange Qualen leiden. Vor ihren Augen stand ein Brett mit Speiseresten. Auf einem Teller war die Mahlzeit eines armen Kranken unberührt stehen geblieben. Die alte Jungfer bot ihre ganze Strategie auf, um endlich unbemerkt ein Stück Fleisch und drei kalte Kartoffeln in ihre Kleidtasche zu praktizieren. Fiala hatte es bemerkt, aber er sah fest und ruhig drein, denn zu anderem Kampfe sammelte er die Kräfte jetzt.

Bis gegen Ende November etwa hielt dieser Zustand an. Das Fieber sank und stieg wechselnd. Doch dann kam die doppelseitige Lungenentzündung und die des Rippenfells. Wie zwei Tigerkatzen prankten sie den Mann nieder. Er war verloren. Die Ärzte waren mit diesem Patienten fertig und ordneten seine Überführung in ein bestimmtes Krankenzimmer an.

Frau Fiala wurde in die Kanzlei des Primarius beschieden. Der Professor saß am Schreibtisch. Der erste Assistent stand bei ihm. Unwillig fetzte der klinische Machthaber seine Unterschrift vor sich hin. Er brummte zum Assistenten:

»Die Angehörigen?«

»Die Frau von dem Fiala, Herr Professor! Auf Nummer Drei ...«

Der Primarius beschrieb auf seinem Drehstuhl einen Halbkreis und nahm die Fiala in Augenschein.

»Ja, liebe Frau ...«

Da sah er den Unterkiefer der Alten in einem demütigen, ja kriecherischen Entsetzen herunterhängen. Er – ein schöner Mann noch immer – litt an körperlichem Ekel vor Altweiberphysiognomien. Und schon hatte er sich weggewendet zu seinen Schriftstücken, dem Assistenten bedeutend:

»Reden Sie!«

Der Assistent lächelte. Dann korrigierte er seine Miene zum Ausdruck resignierender Ohnmacht:

»Liebe Frau! Sie müssen sich gefaßt machen. Es ist ja alles Notwendige und Mögliche geschehen und soll weiter geschehen. Acht, höchstens zehn Tage wird der arme Mann noch leiden müssen. Seien Sie gewiß, es wird nichts versäumt werden. Aber gefaßt müssen Sie sich machen, wie gesagt ...«

Die Alte starrte den Herrn an. Noch immer hing ihr in demütigem, ja kriecherischem Entsetzen der Unterkiefer herab.

Da sich der Assistent nicht zu helfen wußte, reichte er ihr die Hand:

»Guten Tag!«

Mit einem langgezogenen, respektvollen Winseln kroch sie zur Tür. Aber draußen schlug ihr Jammer empor und wuchs zu einem Geheul.

In jeder Spitalsabteilung gibt es ein paar kleinere Zimmer mit wenigen Betten, die für die Moribunden bestimmt sind. Man separiert gerne die Sterbenden von den übrigen Kranken. In ein solches Zimmer trugen die Wärter Herrn Fiala. Vier Betten standen darin den Todgeweihten zur Verfügung. Eines davon war leer. Im zweiten lag, kaum von dem Kissen zu unterscheiden, ein jüngerer Mensch, der nicht bei Bewußtsein schien. Aber im Nachbarbette, dicht neben dem Neuangekommenen, lag – so wollte es Gott – Herr Schlesinger. Der Agent hatte recht gehabt: »Die Juden rauchen zuviel!« Nun, das Rauchen wird nicht die Schuld allein haben an seinem verfallenen, versagenden Herzen, dem zersetzten Muskel des Lebens, an den entarteten Gefäßen. Er hatte sein Ende vorausgespürt, als der linke Arm immer lahmer und schmerzhafter wurde. Eher schon mochten die vielen Treppen Schuld tragen, die »zur Kunde« emporführen. Aber, Gott, da müßten viele Menschen mit Fünfzig sterben! Vielleicht wars die gierige Unruhe, die Angst, die krampfhafte Sucht, immer in Bewegung, immer auf Wanderschaft zu sein, und wäre es nur, daß man von einem Fuß auf den anderen tritt. Hols der Teufel, was immer am Krepieren die Schuld trägt!

Weder Herr Fiala noch Herr Schlesinger waren erstaunt, einander hier zu begegnen. Kaum, daß sie einen Gruß tauschten. Und dann lagen nebeneinander der Versicherer und der Versicherte. Und etwas abseits lag ein Dritter. Alle Drei hatten das Gefühl, in einem Schiff oder Automobil dahinzurasen, und sie gaben sich eifrig dieser Fahrt hin.

Wenn aber ein Gesunder in das Zimmer tritt und sieht die drei braungelb verschrumpfenden Antlitze, und hört diesen dreifachen Atem, einen Atem, der voll Arbeit ist, dann glaubt er plötzlich zu ahnen, daß die drei Atmenden an etwas nähen. Ja, ihr Atem ist der Faden, ein schwerer fetter Faden, sie bohren die Nadel in einen harten Stoff und ziehen den Faden durch diesen rasselnden, kreischenden Stoff. So nähen sie an ihrem Tode. Und dieser Tod ist ein Hemd oder ein Sack, aus dem gröbsten, gemeinsten Stoff der Unsichtbarkeit gewoben. Stundenlang nähen sie, unermüdlich, gleichmäßig.

Nur Schlesinger unterbrach hie und da seine Arbeit. Außer der ›Neuen Freien Presse‹, die ihm täglich gebracht wurde, lagen noch drei Bücher auf seinem Bett-Tisch. Zwei dieser Bücher waren pikante Romane aus den Beständen einer Leihbibliothek, das dritte eine große Ausgabe der Heineschen Gedichte in Goldschnitt und mit Illustrationen, wie sie vor Jahrzehnten sehr beliebt waren. Dieser Band bildete Schlesingers Erinnerung an die Jugend. Er hatte einmal neben Gebetbüchern die Bibliothek seiner Eltern in dem kleinen böhmischen Städtchen vorgestellt.

Nun griff er nach der Zeitung, nach den Büchern, aber er konnte nicht lesen und legte alles wieder zurück, nur den schweren Band voll Gedichten ließ er länger auf seiner Decke ruhen.

Da auf einmal öffnete sich die Tür und von einem mächtigen Wärter geführt, erschien auf der Schwelle ein ganz kleines Weib, das uralt sein mußte. So klein war die Greisin, daß ihr verschlissener Samtpompadour, den sie in der Hand schleppte, fast den Boden berührte. Schlesinger machte eine Bewegung. Er hatte seine Mutter erkannt. Der Wärter führte die zwerghafte Alte behutsam zum Bette und rückte ihr den Stuhl. Es vergingen Minuten, ohne daß ein Wort gesprochen wurde. Endlich erklang eine dünne, fast kindhafte Stimme in singendem Tonfall:

»Mein Kind! Ich seh nicht, wie du aussiehst!«

Und wieder eine endlose Pause, ehe der Sohn seinen Gruß sprach.

»Mammerl, was gibt es Neues?«

»Was wird es Neues geben?«

Mit fragender Antwort erledigt die singende Stimme alle Fragen nach Neuem in der Welt, so.

Frau Schlesinger nestelte aufgeregt an dem Pompadour:

»Hast du auch gut zu essen, mein Kind?«

Endlich öffnete sich der Verschluß und die hilflosen Hände in schwarzen Halbhandschuhen von Zwirn zogen ein Päckchen hervor:

»Kücherln hast du gern gegessen. Kücherln hab ich dir mitgebracht.«

Der Sohn gab keine Antwort. Lange Minuten der Stille.

»Mein Kind, du sollst essen! Iß, mein Kind!«

Doch jetzt kam ein fast jammernder Laut vom Bett her:

»Kann ich denn essen, Mutter?«

»Du sollst essen, essen ist gesund!«

Die Kinderstimme hallte ein wenig nach. Dann erhob sich neuerdings das Schweigen und nur der Atem der Sterbenden arbeitete emsig. Plötzlich aber ergriff Schlesinger den Gedichtband und gab ihn der Mutter in die Hand:

»Mammerl! Siehst du? Das ist noch aus Kralowitz.«

Und da geschah etwas Unbeschreibliches und Grauenhaftes. Die Alte befühlte das Buch von allen Seiten, fing mit sich selbst unverständlich zu reden an, glitt auf einmal von ihrem Stuhl und während sie erbärmlicher, verwachsener, ja kleiner jetzt erschien als im Sitzen, begann ihre Kinderstimme altklug wie in der Schule aufzusagen:

>>Ich bin die Prinzessin Ilse
Und wohne am Ilsenstein,
Komm mit mir mein Geliebter,
Und laß uns glücklich sein.«

Umgebung, Krankheit, Sterben, alles war ungegenwärtig. Stolz und erheitert von dem Klingklang blickte die Mutter drein. Aber nicht genug damit. Von dem dritten Bette her, dort, wo der Unbekannte fleißig atmete, wieherte jetzt ein scharfes, fassungsloses Lachen her, ein Lachen höllischen Amüsements, das in pfeifende Laute und endlich in Wehrufe überging. Die Uralte war der Meinung, dieses Lachen fordere noch andere Strophen von ihr, doch nichts mehr fiel ihr ein, als ein böhmischer Kinderreim, den sie nun mit Ernst aufsagte:

»Houpaj, Čistaj, Kralowitz,
Unser Burscherl is nix nütz!«

Sie setzte sich nieder. Und wieder erhob sich die schweigende Pause endlos. Und es schien, Schlesingers Mutter beteilige sich nun auch an der Atemarbeit der sterbenden Männer. Als der dicke Wärter sie abholte, war es schon recht finster. Sie aber sagte jetzt:

»Mein Kind! Ich seh, daß du sehr schlecht aussiehst!«

Die Erscheinung war fort. Die Fiebernden glaubten wieder, in einem erbarmungslosen Blitzfahrzeug über aufdonnernde Straßen und Brucken zu jagen. Und Stich für Stich, Atemzug um Atemzug nähten sie weiter am Sack ihres unsichtbaren Todes.

Noch war das Zwielicht nicht aus dem Zimmer gewichen, als eine Stimme wiederum die Stille zerstörte, schleunige Fahrt und Arbeit unterbrach. Diesmal aber war es Fialas Stimme und sie klang gar nicht fiebrisch und benommen, sie klang sehr deutlich, sehr bei Sinnen. Diese Stimme rief Herrn Schlesinger an und oft mußte sie ihren Ruf wiederholen, ehe der Angeredete aufschrak und eine verzerrte Fratze hinüber zu Fiala wandte. Zu unrechter Zeit hatte die Stimme ihn aus dem Abgrund geholt, in dem er nicht die von neun Geburten schwachsinnige Greisin, sondern seine Mutter suchte. Aber dem Landsmann und Sterbegenossen war das ganz gleichgültig. Er sah ihn nicht einmal an, sondern formulierte streng und wohlüberlegt seine Frage, wie für ein Protokoll. Dabei lag auf der Decke seines Bettes kein Buch mit Gedichten, sondern ein Abreißkalender:

»Und wenn der Tod vor Vollendung des fünfundsechzigsten Lebensjahres erfolgt, was erhalten die Angehörigen dann?«

Diese Worte waren wahrlich die Frucht juristischer Überlegung und viele Tage lang geschliffen worden in Fieber und Schmerzen. Aber Herrn Schlesinger erfaßte, als er sie hörte, Tollwut, wie er sie nie bei gesundem Leib gekannt hatte. Wozu er aus Schwäche nicht fähig gewesen, er fuhr auf, er warf die Decke ab, er kniete im Bette. Die Augen quollen hervor, und seine Zähne schlugen aufeinander vor Haß. Denn dort im Nachbarbette lag nicht irgend ein Herr Fiala, dort lag solch ein Schwächling, wie er selbst, dort lag s e i n verpfuschtes Leben, dort lag der Mißerfolg, dort lag die stickige Wohnung, der er selber nie entronnen war, dort lag das Elend, die Fessel, die Sinnlosigkeit, das alltägliche Ersticken! Und trunken von diesem Haß, von gieriger Rachsucht, seine Worte nicht mehr kennend, schrie er auf:

»Vollenden Sie . . . vollenden Sie . . . gefälligst Ihr fünfundsechzigstes Lebensjahr! Widrigenfalls erfolgt ein Dreck, ein Dreck, ein Dreck!!! Wenn Sie auch zu Rothschild und Gott beten . . . ein Dreck erfolgt . . . !«

Nun aber wälzte sich Schlesinger zurück und begann leise zu jammern, zu flehen und um Hilfe zu rufen. Der Wärter kam. Der

Arzt kam. Eine Injektion machte dem Weinkrampf ein Ende. Nach einer Stunde nähte er wieder, aber jetzt mit sehr eiligen Stichen, an seinem unsichtbaren Sack.

Doch Fiala nähte nicht. Noch immer lag der Kalender auf seinen Knieen. Das vom Fieber und von der Auflösung grauenvoll gezeichnete Altmännergesicht starrte, nun schon erhaben, auf die Glühbirnen oben. Aber zwischen den Brauen verschärfte sich deutlich die gewaltige Falte, ein düsteres Willensmal, das an dem Gesunden niemand je wahrgenommen hatte.

VI

Das Wunder ereignete sich, nachdem an Fiala schon die Sterbesakramente gespendet waren. Er hatte sie mit vollem Bewußtsein, doch mit kühler Sachlichkeit entgegengenommen wie eine Arznei, wenn auch eine himmlische. In der Nacht darauf schien er in Agonie zu verfallen und der verantwortliche Arzt gab den Auftrag, ihn ruhig sterben zu lassen. Bis zur nächsten Mittagsstunde werde sich der exitus wahrscheinlich vollzogen haben. Dies geschah in der zweiten Dezemberwoche. Man ließ Fiala ungeschoren und bei der Visitation am Vormittag widmete der Professor dem Sterbenden keinen Blick mehr.

Nach dem Mittagessen endlich ging der Wärter ins Zimmer, um nachzusehen, ob man den Assistenzarzt holen könne, damit er den Tod konstatiere. Der Mann liebte derartige Scherereien nicht und war entschlossen, nach Vorschrift die Leiche so schnell wie möglich sich vom Halse zu schaffen.

Tatsächlich trat er auch zehn Minuten später ins Zimmer des Assistenten ein, aber er meldete, der Kranke sei nicht tot, sondern säße selbsttätig im Bette und habe mit vernehmlicher Stimme Milch verlangt. Der Arzt war ernsthaft ungehalten über die Renitenz des Sterbenden. Es kam natürlich manchmal vor, daß man sich in der Zeitbemessung irrte. Aber Wohlwollen erzeugte solche Unpünktlichkeit der Natur keineswegs. Der Assistent sah drein, wie ein hoher Staatsbeamter, der einer Partei gegenüber sich irgendeinen Formfehler hat zuschulden kommen lassen, und eine ungezwungen ablehnende Haltung einnimmt, um ja keine Betretenheit zu zeigen. Es war ihm, als sei nicht nur die Medizin, sondern die Autorität schlechtweg blamiert. Er fand den Moribunden natürlich nicht im Bette sitzend vor, – das mußte der Wärter geträumt haben, – aber es war nicht zu leugnen, daß eine deutliche Stimme um Milch bat. Der Assistent stellte sich sogleich auf die neuen Tatsachen ein. Ein seltener Fall zwar wars, daß ein Mensch in diesem Alter so dicht vor der Pforte des Hades wieder umkehren wollte, aber dafür wars ein Fall, und an dem »Fall« konnte sich die verletzte Autorität schadlos halten. Der Doktor – nur nebenbei sei bemerkt, daß er am Anfang einer großen Karriere stand und übers Jahr die Dozentur erwartete, – der Doktor gab allerhand brummende Laute mutigen Zuspruchs und derber Ermunterung von sich, wie er sie sonst nur bei seiner Privatpraxis verwandte. Er stellte fest, daß Atmung, Herztätigkeit, Kräftezustand, wenn auch am äußersten Rand des Verfalls, so doch immerhin vorhanden waren, und daß zum Überfluß die Pupillen scharf reagierten, die Zunge sprach, das Sensorium also nicht für getrübt zu gelten hatte. In dem künftigen Dozenten erwachte eine wohlige Neugier, der wissenschaftliche Spieltrieb, und während er fast leidenschaftlich allerlei Labe-, Kraft-, Anregungs-, Aufpeitschungsmittel und deren Verwendung aufs Papier warf, durchblitzten seinen Kopf eigenartige Gedanken zu diesbezüglichen Publikationen. Der Assistent war jung und in seinem Gemüt hielt der literarische dem praktischen Ehrgeiz noch die Waage.

Während der nächsten Woche hatte es wirklich den Anschein, daß durch weise Injektionen, Kräftigungs- und Ernährungsmethoden das Leben des Verlorenen zu fristen, ja vielleicht zu retten sei, da auch die Symptome seiner Leiden abzuklingen schienen. Die Täuschung endete damit, daß einige Tage vor Weihnachten sich eine allgemeine Sepsis einstellte: Vergiftung des Blutes, Verwesung bei schlagendem Herzen.

Und jetzt wurde Fialas Organismus ein wirklicher »Fall« und fast eine Sensation. Denn noch immer starb er nicht.

Von Tag zu Tag wuchs das ärztliche Interesse und jeden Morgen wurden auf den Gängen Bulletins verlautbart, so, als kämpfe nicht Herr Fiala, sondern ein Held dieser Erde mit dem Tode. Einzelheiten sogar wurden mit größter Teilnahme angehört und weitergegeben:

Es hieß, der Kranke wehre sich selbst bei größten Schmerzen gegen Morphium. In den Stunden, da sein Bewußtsein umschleiert sei, strebe er immer aus dem Bette und mache den Eindruck eines Suchenden. Nahrung verweigere er niemals, trotzdem sein Inneres nur mehr e i n e Wunde, e i n tobender Eiterherd sei. Unter diese wahren Tatsachen mischten sich natürlich auch Legenden, die beim Wartepersonal besonderen Anklang fanden. Sie schrieben dem Ärmsten herkulische Kräfte zu. Einer Krankenschwester habe er mit umklammerndem Griffe der Skeletthand fast das Gelenk gebrochen. Sie selbst könnte es jederzeit bestätigen.

Herr Wotawa, der durch so viele Jahre mit dem Kranken bekannt war, mußte immerzu den Kopf schütteln:

»Wenn mans bedenkt: Ein Siemandl! Hat sich immer vor seinen Weibern gefürchtet. Und will nicht sterben!«

Indessen lag das brennende und faulende Fleisch da, unwissend seines Ruhms, ein Museumsstück des Todeskampfes. Gerne hätten ihm Mitleidige den Rest gegeben. Aber selbst der Bewußtlose noch schlug um sich, wenn er die Nähe einer Morphiumspritze spürte.

Während des Vormittags wollte das Zimmer dieses Museumsstückes nicht leer werden. Neugierige, Spitalsbrüder, Ärzte kamen und gingen. Professoren sogar führten ihre Studenten herbei und suchten den absonderlichen Todesprozeß zu definieren. Auch die Psychiater ließen sichs nicht nehmen, einen Blick auf Fiala zu werfen, ob etwa sein phantasierender Mund aus dem dunkelsten Dunkel der so langsam absterbenden Seele nichts Brauchbares zutage fördere. Man erlebte ja hier den Tod unter Zeitlupe gleichsam.

Damals lehrte an der Universität ein alter Herr, ein Skandinavier, namens Cornelius Caldevin, ein sehr beliebter und gesuchter Herzspezialist. Er gab seinen Patienten unerklärlichen Mut, ganz jenseits ihres guten oder schlechten Zustands. Diese mutspendenden Kräfte mochten ein seelsorgerisches Talent in Caldevin sein. Denn tatsächlich war er ein in die Medizin entsprungener Theologe und dieser unterjochte Theologe meldete sich im Alter. Die Kollegen belächelten die leichte Salbung und die frei-angefrömmelten Allgemeinheiten seines Vortrages. Er war ein genialer Diagnostiker, eine Leuchte des Fachs, ein erfolgreicher Forscher, ein Arzt von reichster Erfahrung, so daß man ihm gern seine »unwissenschaftlichen« Nebenbemerkungen nachsah. Auch Caldevin kam mit einigen Studenten an das Lager Fialas. Und es war eine höhere Schönheit in der Geste, mit der dieser alte Arzt seine Hand auf die Stirn des Elenden legte, von der er sie erst wieder löste, als er davonging. Auch sprach er leise, fast flüsternd, während es allgemeine Gepflogenheit in diesem Zimmer war, laut zu sprechen, da man nicht glaubte, hörende Ohren vor sich zu haben.

Dies waren die Worte Caldevins, soweit sie verständlich wurden, denn er flüsterte nicht nur, sondern hatte auch eine unklare und stockende Sprechweise:

»Sehen Sie nur . . . meine Herren . . . Sehen Sie nur dieses Herz!«

Und er lauschte dem Puls:

»Wohl, es arbeitet noch . . . Etwas arbeitet noch . . . Meine Freunde . . . Das Herz des Menschen . . . Das ist nicht nur . . . Nun ja . . . Das anatomische Herz . . . Das funktionelle Organ . . . Die Maschine, wie wir gelernt haben . . . Angekurbeltes Leben, unabhängig vom Willen . . . und so weiter . . . Meine Herren . . . Da ist etwas in uns . . . was König des Herzens ist.«

»Herzkönig!

Eine gemeine Stimme unter den Studenten hatte diesen Witz gemacht. Der alte Herr schwieg plötzlich ganz eingeschüchtert. Auch hatte ihn jetzt der Blick jenes strebsamen Assistenten getroffen. Das verwirrte ihn und er konnte kein Wort mehr sagen.

Der Assistent aber fühlte eine unerklärliche Wut und zischte in sich hinein:

»Trottel.«

Zu gleicher Zeit traten zwei junge Leute aus dem Tor in die Alserstraße: Doktor Burgstaller wars, derselbe, der am Allerseelentage

Fiala ins Spital aufgenommen hatte, und sein Jahrgangskollege Doktor Kapper. Sie entschlossen sich, in ihr Stammcafé hinüber zu gehen. Kapper trank kleine Schlückchen von der Milch, die er bestellt hatte:

»Widerlich die Geschichte mit diesem Unsterblichen!«

Burgstaller war einer Meinung mit seinem Kollegen. Andere Menschen stürben auch nicht auf Befehl der Fakultät. Kapper fühlte sich mißverstanden:

»Hörst du! Ich meine etwas anderes. Schau einmal echten Proletariern beim Sterben zu. Das ist einfach erhebend. Sie haben keine Angst und keine Forderungen. Die Sache ist abgeschlossen. Sie sind ergeben, zufrieden, ruhig. Alle Proletarier sterben einander gleich. Nur die Spießer sterben differenziert. Die kleinsten selbst. Jeder Spießer hat seine eigene Art, nicht sterben zu wollen. Das kommt daher, weil er noch etwas anderes zu verlieren fürchtet mit dem Leben. Ein Bankkonto, ein schmieriges Sparkassabuch, einen angesehenen Namen, oder ein wackliges Sopha! Überhaupt: Bürger ist, wer ein Geheimnis besitzt . . .«

Kapper blickte überrascht und triumphierend vor sich hin. Eine dunkle, aber schlagende Sentenz war ihm geglückt. Burgstaller stülpte den zweiten Kognak hinunter, ehe er mahnte:

»Obacht, Kapper! Du kommst ins politische Fahrwasser und warum sollen wir schon um elf Uhr raufen?«

»Das ist gar nicht politisch!«

»Dann ist es literarisch! Und davon verstehe ich nichts.«

Zur Erklärung muß bemerkt werden, daß der junge Doktor Kapper in radikal schöngeistigen Zeitschriften manche Stücke seiner Feder schon veröffentlicht hatte. Sehr gedrechselte Gedankenprodukte von glänzendem Stil. Burgstaller schaute ihm, während er jetzt das Wort ergriff, gutmütig ins Gesicht:

»Mein Lieber, weil du schon von der Moral des Sterbens sprichst! Ich wenigstens habe bisnun erfahren, daß wirklich ungern nur e i n e Menschengattung stirbt. Willst du wissen welche? Ihr Juden!«

Kapper sah in seine Milch. Er fühlte sich nicht in der Laune, dieses Thema aufzunehmen. Was verstand auch Burgstaller davon.

Nicht, daß er, Kapper, hätte ausweichen wollen! Das war nicht seine Art! Er hatte alle seine Arbeiten mit seinem wahren Vornamen: »Jonas« gezeichnet, wo doch die leichte Abänderung in »Josef« nahe genug lag. Gleichgültig überging er also den Angriff Burgstallers und begann von dem zu erzählen, was ihm nachstellte:

»Gestern war ich selbst zehn Minuten lang bei diesem Fiala drin. Es hat mich interessiert, den Fall zu beobachten. Ein kleiner Spießer! Nichts als ein muffiger kleiner Spießer! Aber einen Kopf hat er bekommen. Michelangelo, denke ich mir, und daß die kleinsten Spießer in diesem Zustande ›plastisch‹ werden. Da fängt er, natürlich bewußtlos, zu reden an. Und was er sagt!! Ich war starr, mein Ehrenwort!«

Burgstaller trank den dritten Kognak.

»›Es ist vollendet!‹ Ich kann nicht schwören, obs nicht gelautet hat: ›Vollendet‹, oder ›Vollendung‹, oder ›Nach Vollendung‹. Ach was! Hundertmal hat er geröchelt: ›Es ist vollbracht.‹«

Da haute Burgstaller ingrimmig mit der flachen Hand auf den Tisch:

»Altes Weib, jetzt schweig endlich! Laß mich aus mit dem Schwesterngewäsch und den Wärtermärchen! Ruh will ich haben! Nichts hören will ich heute mehr von dieser gräßlichen Klinik. Schau lieber hinaus!«

Und wirklich! Auf der Straße strömte das Leben hin. Kein Schnee, kein Schmutz behinderte den Verkehr. Und das Leben hatte die Gestalt von aberhundert bis zum Knie entblößten Frauenbeinen angenommen, deren üppigwarmer Melodie Burgstaller mit zitternden Lippen nachhing. Es fiel ihm nicht ein, beim Sprechen den Blick abzuwenden:

»Was machst du heute abend?«

»Ich? Heute abend? Wieso?«

Burgstaller schaute und schaute durchs Fenster:

»Mensch! Bist du verrückt? Es ist doch Sylvester! Heil, Sieg und Rache! Morgen bin nicht ich die Feiertagswurzen. Kapper! Weißt du was? Komm mit heut abend!«

Aber Doktor Kapper schlug hochmütig und trist die Augen nieder:

»Ich kann nicht. Ich muß arbeiten.«

In diesen Tagen floh Frau Fiala gern die Einsamkeit ihrer Küche. Sie besuchte Nachbarn, sie saß bei der Hausbesorgerin, sie stand bei der Greißlerin, und je mehr Mitleid sie fand, je mehr weinte sie. Allen erzählte sie von den schrecklichen Erlebnissen, die ihr Tag und Nacht begegneten. Einmal hatte sie s e i n Hut angeschaut als wie mit wilden Augen. Ein andermal war s e i n Rock dagehangen, still und leer, aber plötzlich verwandelte sich der vorwurfsvolle Rock, und sie sei in Ohnmacht gefallen. Auch war er ihr schon »erschienen«.

Man sieht, noch während der lange und seltsame Todeskampf wogte, glaubte Frau Fiala ihren Mann schon abgeschieden. In gewissen Stunden wiederum schaute sie die Leute höhnisch an und rief, ganz aufgebracht, man werde schon sehen, das Mannerl könne noch sehr leicht gesund werden und der ganzen bösen Welt einen Possen spielen. Wie aber auch immer die Stimmung war, sie weinte, weinte mechanisch und regelmäßig.

Weniger regelmäßig und mit der Zeit immer seltener wurden ihre Krankenbesuche. Sie konnte ja nicht helfen, der Weg war weit, sie alt, die Elektrische teuer; Speisen zu bringen hatte keinen Sinn, und vor allem, sein Anblick erschütterte sie so fürchterlich, daß sie selbst vor Gram jedesmal krank ward.

Von den drei Nächsten wars also nur Franzl, der Tag und Nacht im Spital verbrachte. Anfangs hatte man ihn fortweisen wollen, aber er verstand es, sich nützlich zu machen, so nahmen denn die Wärter, wenn Inspektion kam, ihn selbst unter ihren Schutz.

Ein Glück war es, daß Fialas Gehalt weiterlief und die Firma aus eigenem Antrieb eine Remuneration von drei Millionen gesandt hatte. Die Alte verwandte bei ihren Unterhaltungen einen Teil dieses Geldes schon für das Begräbnis. Denn es war klar, daß dem Ihrigen ein schönes Begräbnis dritter Klasse gebühre, und daß trotz Ungunst der Zeit sein Grab kenntlich gemacht werden müsse.

Der Geist Frau Fialas war leider ebenso kurzsichtig wie ihre Augen weitsichtig waren und zum Lesen nicht taugten. Jetzt, da sie mit Klara allein lebte, da sie die Schwester nicht mehr verteidigen mußte, jetzt wuchs die Angst vor ihr namenlos und auch ein hilfloser Haß: denn das spürte sie doch, daß sie der Bösen nun ohne Schutz für immer verfallen war.

Sie hatte Klara bisher nicht eingeweiht. Aber so schwer zu entziffern war die Schreibmaschinenschrift, so schwer zu verstehen die klauselreiche Sprache der ›Tutelia‹. Stundenlang saß sie in der Küche und buchstabierte. Doch wie sehr sie auch die Brille rückte und an der Schürze putzte, sinnlos wolkte der Schriftsatz vor ihren Augen. Klara war jünger, hatte bessere Augen und einen besseren Kopf. »Hat ja immer gut gelernt und gerechnet, die Kluge!« Aber gerade diese Klugheit war die Gefahr. Frau Fiala kämpfte noch eine Weile um ihre Selbständigkeit. Doch von Tag zu Tag unwiderstehlicher ward Klaras Übermacht, wenn sie heimkam, ihren Beute-Pack in die Ecke schleuderte, wie ein Teufel um die Küche fuhr, wild in die Töpfe guckte, Diebstahl und Koffereinbrüche feststellte und schallenden Skandal auf den Gang trug.

Eines Abends konnte Frau Fiala Unsicherheit und Geheimnis nicht länger ertragen. Und sie zeigte der Schwester die Polizze. Klara ging vor die Wohnungstür und hielt das Papier unters Stiegenlicht. Schief, fast beim Ohr saß der Knoten ihres schmutzigen Kopftuches, ihre Augen blinzelten, die Nase schnaubte und im offenen Munde zeigte sich eine begehrliche Zunge. Sie las das Dokument zweimal und dreimal, dann steckte sie es ein:

»Gleich gehe ich damit zu meinem Herrn Doktor!«

Frau Fiala wurde mißtrauisch:

»Was willst du, Klarinka?«

Klarinka aber lachte auf und machte empörte Anstalten, ihrer Schwester das Papier ins Gesicht zu werfen:

»Da! Glaubst du, ich will deinen Schmutz behalten! Kriegst ja eh nichts dafür!«

Marie Fialas Stimme begann demütig zu zittern:

»Was sagst du? Warum kriege ich nichts?«

Klara aber verbarg den gehässigen Triumph nicht:

»Weils da steht! Wenn der Karl vor dem fünften Jänner stirbt, kriegst nichts ...«

Eine tiefe Kränkung wandelte Klara an, als sie den Kontrakt wieder zu sich steckte:

»Nur weil ich brav bin, nur weil ich eine Gute bin, gehe ich zu meinem Herrn Doktor.«

Frau Fiala kehrte in ihre Küche zurück. Sie setzte sich auf die Kiste, dort wo immer Franzl sitzt, und versuchte einen Gedanken, d e n Gedanken zu fassen. Nach einer halben Stunde etwa dämmerte es in ihrer grauen Seele. Wie ein elektrischer Strom ging ein Schreck ihr durch den Körper, so stark, daß sie Metall auf der Zunge schmeckte. Es war der erste und einzige Schreck vor Gott, den sie in ihrem Leben empfand.

Etwas Ungeheures ging vor. Man konnte es gar nicht erdenken. Ihr Mann, der schon längst tot war, starb nicht. Wegen der Versicherung erzwang er das Leben. Ihretwegen, die ihn längst aufgegeben und vertan hatte! Sie taumelte auf, kleine sinnlose Schreie stieß sie aus, und wie sie war, ohne Umhang, lief sie in den Winter. Hausbesorger und Greißlerin starrten ihr nach.

VII

Fiala aber steht fest und eisern da im Tor, in seinem Wappentor. Für keinen steht er als für sich allein. Das Tor ist breit und hoch. Er füllt es aus. Gewaltig warm umwuchtet ihn der Pelz. Sein Dreispitz stößt oben an den Bogen. Der Stab in seiner Hand hat große Kraft. Hier hat er auszuharren. Wer den Befehl gegeben, weiß er nicht mehr. Aber Befehl ist Befehl. Und was nicht vollendet ist, hat zu erfolgen. Es ist herrlich, unter Befehl zu stehn. Es ist herrlich, einen Auftrag zu haben. In Küchen bei den Weibern wird man alt. Fiala ist nicht alt, nicht müde. Frisch und lustig ist er wie ein junger Bär. Um Fünf wird er abgelöst werden. Mit dem Schlage der Uhr kommt die Ablösung. Die Uhr auf dem Kirchturm flammt und wie beim Lottospiel springen die schwarzen und roten Nummern der Stunden heraus. Schnell hintereinander, ungeduldig springen sie heraus: Zwölf und Siebzehn, Acht und Hundertsechsundzwanzig. Tausend Stunden verkündet so die Uhr, nur die fünfte Stunde nicht. Fiala kennt begeistert seine Pflicht: Hüter sein und sich nicht fortlocken lassen! Von Niemand! Hüter sein und Niemandem den Eintritt gewähren! So lautet der Befehl! Weiß der Himmel, was sie oben im Sitzungssaal beraten. Den Herrn Oberoffizial hat er schon abfahren lassen. Kommt da Herr Pech:

»Treten Sie zur Seite, Fiala!« ... »Das ist mein Platz!« ... »Ich muß doch ins Amt.« ... »Haben Sie einen Passierschein?« ... »Ich gehöre ja zum Amt!« ... »Das geht mich gar nichts an. Befehl ist Befehl!« ...

Und immer wieder kommt Pech, manchmal allein, manchmal mit einem kleinen Jungen, den er durchs Tor schwindeln will. Aber Fiala ist auf seinem Posten. Pech zieht einen Gulden aus der Tasche, einen runden Silbergulden. Fiala kennt keine Bestechung. Nur das Seine, das Seine will er haben, die Gebühr und basta! Aus der Uhr springen die Stunden, schwarz und rot. Wie Schwimmer erscheinen sie oben auf dem Trampolin, sich in den Fluß zu stürzen. Und die Straße fließt hin mit ihrem Leben, das er kennt von Anfang her. Scheu blicken die Schulkinder, die vorüberziehenden, auf zu seiner Macht. Aber er bewegt keine Miene. Sie sind für ihn nicht da, die Fratzen. Sie wollen seine Aufmerksamkeit erregen. Sie klappern mit ihren Schlittschuhen, sie stoßen kleine Bälle vor sich her. Mögen sie nur! Den Mädchen schenkt er keine Beachtung, die dicht und innig an ihm vorbeistreichen, ihn anflüstern. Das kennt er schon. Das kitzelt und bedrängt ihn nicht. Alles zu seiner Zeit! Schwer wird es nur, schwer, wenn das Regiment vorbeizieht: K. u. k. Infanterie-Regiment Nr. 11, graue Aufschläge! »Bataillon ha-a-alt!« Der Herr Oberst Swoboda selbst hebt, im Sattel sich spreizend, den gezogenen Säbel zum Kommando. Tannenreisig trägt er auf der Kappe. Alle Doppelreihen strotzen von Tannenreisig. Dann gellt der Ruf die Straße entlang: »Zugsführer Fiala!« Aber Fiala ruft nicht: »Hier!« Er weiß: nicht melden darf er sich. Und immer weiter hallt der Schrei! »Zugsführer

Fiala!« Die Regimentsmusik formiert sich. Sie spielen den Haus-
marsch, sie spielen: ›O du mein Österreich.‹ Fiala erkennt das Maul-
tier, welches die große Trommel zieht. Die Musik setzt sich in Bewegung. Die Burschen schwenken und schlenkern die Instrumente im
Takt. Und die Glieder der Kompagnien schwenken und schlenkern
im Marschtritt, sonnenüberglänzt. Mit Tschinellenkrach ziehen sie
dahin. Zur Schießstätte, zum Manöver, vielleicht auch nur zu einer
Lustbarkeit. Seine Freunde hat er wohl erkannt. Diesmal darf er mit
ihnen nichts ausfressen: Nicht Karten spielen, nicht zum Tanz gehen,
nicht beim Bier die Nacht durchschwärmen. Er muß stehen und stehen in seinem Tor. Weit sind sie schon dahin. Und nur der wachsende
Tschinellentakt! Er pocht in seinem Leib und Blut.

Aber oft auch ist es Nacht. Immer wieder ist es Nacht. Und
dann springen die Stunden, rot und schwarz, nicht mehr aus der
Kirchturmuhr wie die Krampusse. Der Kirchturm steht nicht da.
Aber vor allen Toren, die ganze Straße entlang, sind Aschenbutten
aufgestellt. Asche ist hingestreut überall. Fiala hält Wacht. Schwer,
entsetzlich angstvoll lastet der Befehl auf seinem Herzen. Er steht
im dicken Pelz wie in einem Faß ohne Boden, das ihn aufrecht hält.
Die goldenen Borten sind erloschen. Hut, Fell, Gewand bedecken
und hüllen ihn ein wie Gram. Franzl kommt und schleppt eine
Markttasche. Franzl ist ein kleines hohlwangiges Kind, ein Krüppel
und er ist sein Vater. Deshalb auch muß er für den armen Krüppel etwas Furchtbares tun. Er muß zu jeder Zeit den Tee austrinken, den
ihm der Bub in der schwarzen Markttasche bringt. Aber das ist kein
heißer Tee, es ist ein siedender Tee, nein nein, es ist bläuliches Feuer,
ungesüßtes Feuer, das er nicht in einem Zug, sondern Schluck für
Schluck hinabschlingt. Und die Spiritusflämmchen beginnen an
den Innenwänden seines Leibes zu lecken, zu fressen. Doch die Au-
ßenwände, die Haut bleibt eiskalt. Könnte er die Augen jetzt schließen, würde er von nichts mehr wissen. Aber er soll ja wissen, weiter
wissen, solange die Ablösung nicht da ist. War er nicht Wachtposten
oft genug beim Elferregiment? Und jetzt ist es ihm, als sei eine
Strafe über ihn verhängt wegen schlechten Dienstes, schlechten Lebens Torarrest muß er abbüßen. Wer hat nur den Befehl gegeben?

Doch auch das Denken ist ja verboten. Denn wer denkt, schläft ein. Wieder steht Pech neben ihm: »Ich verstehe Sie nicht, Fiala! Strecken Sie sich doch einfach aus! Sogleich ist alles gut. Das Ganze ist ja so leicht!« Für ihn ist es gar nicht leicht. Nicht mit der Miene darf er zucken zu solchen Unordentlichkeiten und Aufwiegelungen. Da schon lieber hinausschauen auf die aschgraue Straße. Beklemmendes zieht dahin. Er sieht den Dechanten Kabrhel, den Priester seiner Heimat. Er ist dick und hinkt. Kabrhel trägt wie beim heiligen Umgang den Leib des Herrn im silbernen Strahlenschrein. Zwei Kapläne gehen ihm zur Seite. Voran aber wandelt der Lehrer Subak, eine Kirchenfahne hoch in der Hand. Und hinterher ein paar Fromme. Sie tragen Bauerntracht. Fiala schaut willentlich zur Seite. Den Anblick dieser Gestalten mit ihren großen Hüten und silbernen Knöpfen fürchtet er, als stünden diese alten Bauern in väterlich-drohender Beziehung zu ihm und seiner Strafe. Aber im Zuge gehen auch fromme Tiere hinterdrein. Die schwarzen Ochsen und Kühe des Verwalters, die Fiala genau kennt. Nun wendet sich der Dechant gegen das Tor: »Knieet!« befiehlt er. Und die Prozession kniet nieder auf offener Straße. Auch die Ochsen und Kühe knieen andächtig. Da hebt Hochwürden Kabrhel das Heiligtum gegen den ungehorsamen Firmling und seine Stimme zittert: »Knieet alle!« Aber Fiala, so gern er es täte, er darf nicht knieen. Er weiß: Noch muß erfolgen, was nicht vollendet ist. Ach, eine große Sünde hat er damit begangen, daß er nicht mit den anderen auf die Knie gesunken ist. Dafür auch wird er von den frechen Tieren gestraft. Die ärgsten sind die Gänse, die aus dem Dorfteich plötzlich zu Hunderten heranwatscheln, seine Füße umdrängen und ihn jähzornig anschnattern. Er weiß, wie gefährlich diese gereizten Bestien sind. Vielleicht würde er davonlaufen, wenn er die Beine bewegen könnte. Aber dann fängt die Straße an zu rauschen und ist das Flüßlein seiner Heimat. Er erkennt genau die Büsche, die Angelplätze, die Badeplätze, die Krebsplätze. Aber warum ist jetzt das andere Ufer so weit? Das wundert ihn nicht. Soll denn die Donau am Praterspitz schmäler sein? Es ist schön, daß ihre kleinen Wellen an sein Tor drängen. Doch der Strom meint es nicht gut mit ihm. Die Fischpest ist ausgebrochen. Tausende von Hechten, Karpfen und noch größeren Fischen schwimmen auf dem Wasser mit schuppenlosen, scheußlichen Bäuchen. Der Geruch des Aases durchdringt die Welt bis zu den Wolken. Da beginnt der Geprüfte zu Gott zu beten:

»Lieber Gott! Ich stehe hier, weils befohlen ist. Nicht weil ich für mich etwas will, stehe ich hier, nicht um Lohn. Ich hab mir von Kind auf doch ein kleines Haus gewünscht. (Aber Sonnenblumen müssen im Garten sein.) Das Haus wirst du mir nicht schenken. Keine Freude werde ich gehabt haben. Ach, warum muß ich so viel erdulden, ich, der Fiala, und kein anderer!?«

Fiala weiß es längst, daß innige Gebete im richtigen Augenblick immer helfen. Er hat gut getan, zu beten. Denn jetzt fällt der Nebel ein. Guter Herbstnebel liegt über nackten warmen Äckern, so dicht, daß man die Kartoffelfeuer nicht sehen, sondern nur riechen kann. Und der gute Nebel dringt auch in das Schicksalstor. Und das beruhigt des Türhüters Seele. Denn nichts mehr sieht er ringsum. Groß und einsam darf er nun mitten in Gottes unsichtbarer Welt stehen und ausharren. Sein Stab mit der Kugel an der Spitze stützt ihn, sein starrer Pelz hält ihn aufrecht. Nichts mehr muß erfolgen. Wenn er noch ein Lied kennte, ein altes böhmisches Lied, er würde es singen, denn wohlig ist es zu stehen im Nebel und Erdrauch, süß ist es stehend zu liegen im Raum. Da schläferts ihn. Da schließt er die Augen . . .

Aber nicht so ist es gewollt. Man ruft ihn an. »Fiala!« glaubt er zu hören, aber es gellt »Tutelia!« Der Schreck eines ertappten Verbrechers durchzischt ihn! »Zu Befehl!« Und er reißt die Augen auf. Die Kirchturmuhr ist fort. Das kreisrunde Loch läßt eine Scheibe roten Himmels sehen. Von allen Seiten Trompetensignale Die Manöver werden abgeblasen mit den letzten Rufen des Zapfenstreichs. Und ein wildes Getrappel kommt näher. Er kennt das lustig-majestätische Getrappel, die festliche Fahrt, die von Schönbrunn her die Mariahilferstraße herabbraust. Voran die berittene Polizei, dann die Leibgarden und zwischen ihnen der schimmelbespannte Hofwagen mit goldenen Rädern und Laternen. Die Volkshymne schmettert durch fahnenberauschte Lüfte. Ein grüner Federbusch schwankt leutselig fern. Fiala weiß, daß die Ablösung näherdonnert. Jetzt heißt es, sich zusammenreißen, im richtigen Augenblick vortreten und dem erstbesten Vorgesetzten entgegenschreien:

»Melde gehorsamst, Ableben erfolgt!«

Man wird ihm seinen Ort anweisen im goldenen Zug, der durch die Straßen fliegt.

Höchste Zeit ist es schon. Der Nebel hat sich verwandelt. Im Hausflur herrscht er als dicker Rauch, von Glut und Flammen durchflochten. Aber wer vertritt jetzt den Weg? Die Straße hat frei zu sein! Hier wird kein Spalier geduldet. Zwischen ihm und dem Herannahenden, dem Herrlichen, muß offene Bahn sein. Doch die Menge umtanzt ihn. Sie will den Erlösten zurück ins qualmende Tor stoßen, wohin er nicht mehr gehört. Und jetzt sieht er die Menge. Da kocht sein ganzes Leben auf in Zorn und Verzweiflung. Hundert Maries und fünfhundert Klaras drängeln ihn in sein Gefängnis zurück, da er doch ausgeharrt und längst gesiegt hat. Alle Maries tragen Kränze in der Hand und weinen. Alle Klaras schwingen tückische Besen gegen sein Gesicht. Sie versuchen heimlich seine Hände mit Vorkriegsspagat zu fesseln. Die Hexen sind schuld. Immer haben sie ihn eingesperrt. Jetzt, wo die Ablösung näher und näher dröhnt, auch jetzt wollen sie flennend und fluchend ihm den Weg verstellen. Aber Gott sei Dank! Sein Arm ist wieder stark und die Kugel seines Stabes blitzt …

Zusammengesunken auf dem Stuhl sitzt Frau Fiala und starrt auf das Grauen des Todes, der nicht kommen will. Mit Gewalt mußte man die Schreiende in den letzten Tagen, wenn der Abend kam, aus dem Zimmer zerren. Jetzt ist Fiala längst kein »Fall« mehr. Auch diese Sensation hat sich abgebraucht. Ein Herzmuskel ist stärker, der andere schwächer, und Roßnaturen sind selten, aber noch lange kein Wunder. Das Weib starrt regungslos auf den Hügel Verwesung dort unter der Decke, der mit jagendem Atem in seiner eigenen Jauche liegt, ohne daß jemand ihn reinigt. Auf dem Kissen ruht das gelbe Haupt, die Riesenstirn eines Kirchenvaters. Die Frau kennt dieses fremde Haupt nicht mehr. Manchmal zuckt der Dulder zusammen und versucht, Bewegungen zu machen. Die Hände wollen unters Kissen fahren, und die Beine rühren sich unter dem Tuch.

Klara ist eingetreten und beginnt der versteinerten Schwester eine Standpredigt zu halten, sie solle jetzt endlich nach Hause gehen, das Sitzen und Schauen bringe nichts ein. Alle drei Minuten erscheint Franzl in der Tür. Seine Augen starren vorwärts, als müsse er mit sich kämpfen, den Vater anzuschaun. Plötzlich, im Verlauf ihrer Rede, erhebt Klara nach gewohnter Art scharf ihre Stimme. Da ist es, als ob das Wesen, das den Namen Fiala trägt, erwachen würde. Aufgerissene Augen stieren die Weiber an und es sind fremde Augen nicht mehr. Der Körper bäumt sich im Bette, und jäh, mit einem Ruck unmöglicher Kraft, fahren graue behaarte Stöcke unter der Decke hervor und versuchen heldenhaft Boden zu fassen. Und jetzt, einen kehligen Siegeslaut ausstoßend, steht hoch aufgerichtet ein wüster Riese da, der die Spinnenarme hebt wie zum Schlag. Ein stampfender Schritt gelingt noch, dann stürzt die Gestalt in sich zusammen, ein Knochenhaufen.

Hier endet der Bericht vom Sterben des Kleinbürgers Karl Fiala. Zwei Tage über sein Ziel war er hinausgerannt wie ein guter Läufer. Denn man schrieb den siebenten Januar schon. Unverzüglich schafften die Wärter, nach flüchtiger Todesfeststellung, die Leiche an den Ort, wohin sie gehörte, gleich einem Unrat, der allzu lange im Wege gelegen war.

Als die Witwe das fremde Gesicht nicht mehr sah, konnte sie zu ihrem Glück wieder weinen. Das Sterbebett stand nun leer. Klara, die so oft bemerkt hatte, daß die Hand des Gequälten etwas unterm Kissen suche, und die, wenn sie ein Traum nicht täuschte, einmal ein Goldstück hervorblinken sah …, … sie trat nun, Tränen hinaufschnaubend, wie unversehens an die Lagerstatt. Laut klagend und mit schmerzzuckenden Fingern begann sie das verödete Kissen zu streicheln. Da fühlte sie plötzlich die suchenden Gelenke ehern umkrallt. Sie keifte auf. »Du verdammter Bub! Ich will dir nichts nehmen! Marinka! Gib Achtung!«

Franzl hob stumm das Kissen auf und steckte die beiden wertlosen Gegenstände in seine Tasche. Es war ein leerer Kalenderblock und die schmutzige Borte irgendeiner verschollenen Uniform.

Hugo hatte sein elftes Jahr vollendet. Durch zwei besondere Umstände hervorgerufen, war in der Erziehung des Knaben ein Interregnum eingetreten. Erstens hatte Miß Filpotts plötzlich das Haus verlassen, und zweitens – was weit mehr ins Gewicht fiel – war Hugo rasch hintereinander an Scharlach und Diphtherie erkrankt. Diese bedenklichen Übel, die ihn wochenlang ans Bett gefesselt hielten, erweckten in ihm zugleich mit den Wallungen des Fiebers die Lust an ungezügelter Träumerei.

Aus keinem andern Grunde als aus Angst vor Kinderkrankheiten war der verzärtelte Junge nicht zur Schule geschickt und daheim unterrichtet worden. Trotz der bitteren Erfahrung aber, daß es keinerlei Schutz vor dem Schicksal gebe, blieben die überängstlichen Eltern unentschlossen, wie sich Hugos Erziehungsgang ferner gestalten solle. Eines aber verstand sich von selbst, daß man einige Wochen lang dem blassen, geschwächten Kinde von jeder Art Einwirkung und Unterricht Ruhe lassen müsse. So wurde denn weder ein pädagogisch geschulter Hofmeister, noch auch eine präzise Engländerin zu Miß Filpotts' Nachfolge ausersehen, sondern auf ein gewöhnliches Zeitungsangebot hin, das Hugos Mutter angenehm berührte, Fräulein Erna Tappert als Erzieherin aufgenommen. Gegen Fräulein Tappert schien die Tatsache zu sprechen, daß sie eine Mitbürgerin war und in ihrer Zeitungsofferte keine Sprachenkundigkeit ins Treffen führen konnte, für sie sprach die bestandene Lehrerinnenprüfung und ihr wunderschönes blondes Haar, das die gnädige Frau gleich bei der Vorstellung entzückte. Man trug damals den Kopf noch nicht geschoren und dick-lastendes Blondhaar galt als Sinnbild eines vertrauenerweckenden Herzens. So war denn auch in den Augen der Dame Ernas schwerer goldener Knoten ein Beweis verhaltener Tugend, bürgerlicher Wohlanständigkeit und beruhigender Gemütsverfassung.

Fräulein Erna bezog die Stube, die an das Kinderzimmer stieß. Dieses Kinderzimmer war überaus geräumig, hell und in blendendem Weiß gehalten. Der gummibelegte Fußboden, die blitzenden Turngeräte, die mächtige Schulbank und -tafel, die Anordnung der eingebauten Wandkästen, das weiß-geschmeidige Bett, all dies erweckte den Anschein, als hätten sich in diesen Räumen Hygiene, Erziehungskunst und Luxus zusammengefunden, um aus einem gesegneten Kinde einen Vollmenschen ohnegleichen zu modeln.

Man sieht, dieses Haus und seine Herren gehörten zu den Auserwählten, denen die Zeichen der Zeit nicht näher kamen als es für einen ernsthaften Gesprächsstoff notwendig ist. Ihr Schicksal war so gut gedämmt, daß es die Sturmflut nur vom Hörensagen kannte. Der schwere Wermutstropfen der Zeitläufte hatte hundert immer feinere Siebe passiert, ehe er als zerstäubter Duft ins Bewußtsein dieser Glücklichen trat, wo seine Bitterkeit sogleich als edle Gesinnung die Lebensmeinungen würzte.

Miß Filpotts hatte seinerzeit das Kinderzimmer mit ihrem Zögling geteilt. Fräulein Tappert aber erhielt nach einer kurzen Besprechung der Herrschaften ein eigenes Zimmer zugewiesen, weil Hugo immerhin elf Jahre alt war und die fortgeschrittene Wissenschaft allerhand Lehren über das frühzeitige Erwachen des Menschen verbreitete. Trotz dieser Maßregel war Hugos Mutter von der Überzeugung durchdrungen, daß jenes von der fortgeschrittenen Wissenschaft angedrohte frühzeitige Erwachen nur das Merkmal der unkultivierten Stände sei und bei ihrem wohlgeratenen Kinde nicht in Betracht käme.

Fräulein Erna Tappert wurde dahin belehrt, daß während der Nacht die Verbindungstür von ihrer Stube zum Kinderzimmer offen stehen müsse, damit Hugo unter Aufsicht bleibe und nicht, wie es einige Male schon geschehen, ganze Nächte mit Lesen verbringe. Während seines langen Krankenlagers nämlich hatte sich der Knabe das übermäßige Lesen angewöhnt. Mit der ausgehungerten Leidenschaft der Lebensleere, unter der die Kinder der Reichen so oft leiden, verschlang er Bücher, gleichviel welcher Art und welchen Inhalts: Klassiker, Schmöker, Zeitschriftenbände, Hackländer, Karl

May, Kriegs-, Reise- und Abenteurergeschichten. Durch Bitten, Tränen, Zorn, ja selbst durch Ansteigen der Fieberkurve wußte er sich diese Nahrung von Eltern und Wärtern zu ertrotzen. Es war jedoch eine sonderbare Art von Lektüre, die Hugo trieb. Er verfolgte nicht Seite für Seite den Gang der Erzählungen, die er oft nur zum geringen Teil verstand, er las kreuz und quer in den Büchern. Oft las er nicht einmal, sondern starrte ekstatisch auf die wimmelnden Seiten, oft auch hielt er einen Band lange, mit saugenden Fingern gleichsam, in der Hand, während er die Lider zusammenpreßte. Zwischen den beiden Deckeln des armseligen Dings, das nur ein Buch war, lagen unausschöpfliche Welten, die nur zum kleinsten Teile dem Verfasser angehörten, Welten, die sich Hugo selber immer neu und immer wieder anders erschuf. Der Text, den man nicht schnell genug buchstabieren konnte, diente nur als Sprungbrett für des Knaben innere Bilderflucht, die jede Zeile mit raschen, gespenstischen Phantasiegeschwadern überholte. Jede Seite (starr vorwärtsdrängende Truppenordnung der Worte) war durchflochten von wilden Jagden, Geisterritten, Mordtaten, Aufschreien, Tropenlandschaften, die nicht zum Gelesenen gehörten und aus des kleinen Lesers Seele stiegen, die doch weder Zeit noch Gelegenheit gehabt hatte, all diese ausschweifenden Dinge in sich aufzunehmen, die ihr so verschwenderisch entfieberten.

Miß Filpotts, die unbestechliche Anhängerin eiskalten Wassers, körperlicher Ertüchtigung und starrer Nervenruhe, hatte diese Lesewut gehaßt. Hugo aber spürte mit der feinen Witterung, die Kinder für die persönlichen Antipathien in den Grundsätzen der Erwachsenen haben, daß sich hinter diesem Haß nicht das Wohlwollen der Erzieherin verbarg, sondern eine hochfahrende Verachtung für seinen Lieblingszustand, das Träumen.

Erna Tappert hingegen gewann Hugos Sympathie schon in der Minute, da sie ihren Koffer vor seinen Augen auspackte, wobei eine Anzahl von Büchern, ein ganzes Bündel ausgeschnittener Zeitungsromane, zwei Alben mit Photographien und Ansichtskarten und ein Stammbuch voll gepreßter Blumen zum Vorschein kamen. Zudem hatte das Fräulein große, langsame Augen, die keine gefahrbringende Energie verrieten, eine hohe, gar nicht magere Gestalt, die sich ein wenig träge bewegte, was wiederum darauf hindeutete, daß die Turngeräte nicht überanstrengt werden würden. All diese Zeichen erfüllten Hugo mit Zuversicht. Hatte er sich Miß Filpotts gegenüber als ein Gefangener oder Untergebener gefühlt, der sich mit knirschendem Zorn gegen eine hochmütig-eckige Übermacht behaupten mußte, so lernte er in Fräulein Erna ein Wesen kennen, das seine Gleichberechtigung anerkannte, das nachgiebig schien, ja mehr als dies, sich vor seiner männlichen Überlegenheit zu beugen bereit war.

Es war demnach kein Wunder, daß mit Ernas Einzug die Fülle von Streitereien, Anzeigen und Klagen gegen Hugo aufhörte, mit denen die verdrießliche Engländerin die Eltern bedrängt hatte. Dies vor allem: Mama forderte, daß beim Bad und der Morgenwaschung des Knaben die Erzieherin anwesend sei, die Reinigung beaufsichtige und, wenn nötig, selber Hand anlege. Durch diese Anordnung hatte sich Hugo in seinem Stolz erniedrigt gefühlt und jeden Morgen war zu Miß Filpotts' Zeiten Streit und Geschrei ausgebrochen. Dies wurde nun mit einem Schlage anders. Ernas weiche Hände verletzten Hugos Stolz nicht; sie waren so wohltuend, noch in den harten Strichen der Badebürste, mit der sie des Knaben Rücken abrieben, blieb die gelassene Milde ihrer Finger fühlbar. So verwandelte sich die Morgenwaschung aus einer verhaßten Zeremonie in einen erwünschten Vorgang. Erwachend lag Hugo im wohligen Bette und freute sich auf Ernas Kommen. Und wenn sie dann eintrat, selber noch nicht angekleidet, ihren blauen Schlafrock übergeworfen, die Haare flüchtig aufgesteckt, sprang Hugo sogleich auf die Beine. Nun krempelte Fräulein Tappert die weiten Ärmel über die morgenfrische Haut ihrer Arme auf und tauchte Schwamm, Bürste und Seife ins Wasser. Hugo aber blinzelte mit gespielt-gleichgültiger Schläfrigkeit und gab dadurch, die Ehre wahrend, den Verzicht auf eigene Betätigung seiner mannhaften Person kund. Er vergaß sogar seinen Abscheu vor kaltem Wasser und zuckte nicht zurück, wenn Erna ihm Hals, Brust und Arme, die er willig darbot, eifrig abschrubbelte. Er sah seinen kleinen, abgemagerten Leib im

Spiegel. Erna aber bewegte sich laut atmend um ihn her, sie war ganz verloren in ihrer Arbeit, herrliche Kraft drang aus ihr, die den Knaben von allen Seiten einhüllte, wie eine volle duftige Wolke.

Ungetrübte Freundschaft entspann sich zwischen beiden. Erna hatte eine wunderbare Art, den Phantastereien Hugos zuzuhören. Kein Schimmer von Unaufmerksamkeit stand in ihren Augen, kein Fältchen von überlegener Duldung auf ihrem Gesicht, wenn er seine Absonderlichkeiten vor ihr ausbreitete:

»Kennen Sie vielleicht das Theaterstück ›Der böse Geist‹, Fräulein?«

Solche Fragen stellte der Knabe, ohne ein Werk dieses oder ähnlichen Titels selber zu kennen. Es genügte schon, daß ihm in dem Dickicht seiner Lektüre so etwas wie ein böser Geist einmal begegnet war. Ernsthaft verneinte Erna diese Frage. »Es ist aber doch von Schiller«, pflegte Hugo festzustellen, ohne an der Wahrheit dieser Behauptung zu zweifeln. Er hatte es ja auch nicht nötig zu zweifeln, denn schon begann er mit leidenschaftlicher Stimme und in tragischer Haltung sinnlos prächtige Worte übereinander zu türmen. Erna verfolgte mit angestrengten Augenbrauen und hingegebener Bewunderung den begeisterten Schwall, aus dem oftmals die Namen griechischer Gottheiten sie anblitzten. Warum sollte dies nicht klassisch sein? Man verstand es ja nicht. Sie empfand dumpferstaunt: »Schiller!« und »Welch ein Bub!« Aber den Elfjährigen erfüllte der Sturm dieser bewußtlos sich selber zeugenden Worte und die Andacht der großen erwachsenen Frau wie ein giftiger Rausch, dem Kopfschmerzen folgten.

Sie selber erzählte ihrem Zögling nur selten von ihrem eigenen Leben; und dann waren es meist belanglose und kurz angebundene Dinge. Fräulein Tappert sprach überhaupt nicht viel. Ihre Schweigsamkeit aber war durchaus verschieden von Miß Filpotts' ablehnender Verschlossenheit, die der verachtungsvollen Anmaßung einer Herrenrasse entsprang, die in Dienst gehen muß. Ernas volle, etwas schwerfällige Erscheinung hingegen lebte so ruhig an Hugos Seite, als besäße sie kein eigenes Schicksal und keine anderen Gedanken als ihre kleinen Tagesverrichtungen. In der schönhäutigen Ausdruckslosigkeit ihres Gesichts aber lag manchmal der erstickte Zug eines Träumers, der nach Worten ringt und stumm bleiben muß. Der Bund zwischen Erzieherin und Kind wurde von den Eltern nur selten gestört. Papa war viel auf Reisen und Mama hatte in sich die Leidenschaft für kunstgewerbliche Arbeiten entdeckt. Sie besaß nun ein Atelier und einen Lebensinhalt.

Es war Frühling. Erna und Hugo machten zweimal des Tages auf Anordnung Mamas ausgiebige Spaziergänge. Die Stadt war jetzt von zahlreichen und bezaubernden Gärten durchbrochen. Erna liebte am meisten die »Hasenburg«, jenen Park, der sich mit labyrinthischen Wegen, weiten Rasenflächen, Terrassen, künstlichen Grotten, Springbrunnen, blühenden Heimlichkeiten an die Lehne eines Berges schmiegt. Auch Hugo mochte diesen weitgedehnten Ort gerne, von dessen sich überstufenden Wandelflächen und efeuumklammerten Brüstungen man die dichtgedrängte Stadt bis zu den nebligen Vorbezirken am Horizont betrachten konnte. Der schwere schläfrige Fluß halbierte das altertümliche Gedränge des Zentrums. Die vielen steinernen und eisernen Brücken schwangen verschiedenartige Melodien von Ufer zu Ufer. Die älteste unter ihnen hielt den erstarrten Schmerz ihrer gefesselten Statuengruppen ins braune oder silberne Licht, das sich sekündlich verwandelte. Düsteren Kristalldrusen glichen diese bewegten Gestalten, die der Druck der Geschichte aus den felsigen Brückenbögen emporgetrieben hatte. Hugos Auge aber hing vor allem an der mächtigen Kuppel des Nationaltheaters, die breit und grün mitten unter dem gotischen Emporstreben der hundert Türme in der Sonne brütete oder die wie ein architektonisches Tiergespenst aus dem Nebel tauchte, den die Stadt gegen Abend immer von sich gab. Er war zwei- oder dreimal schon in dieses Theater mitgenommen worden. Seitdem umlauerte sein Herz das Gebäude, dessen grünspäniger Kuppelsturz Dinge enthielt, die ihn tief entzückten: den pathetisch bemalten Vorhang, die lichterfüllte Wölbung, die Stimmen der Instrumente, den einzigartigen Geruch, aus feinem Staub, Moder, Parfum, Frauen gemischt, und das Zaubergeheimnis der Bühne, das Geheimnis eines unwirklichen Raumes, der den wirklichen schneidet, mächtiger noch als der göttliche Raum den irdischen der Kirche durchdämmert. Allein nicht nur die erhabene Sicht auf die schöne Stadt zeichnete die Hasenburg aus. Sie besaß ja außerdem noch die mysteriöse »Hungermauer«, die den blühenden Garten von einer wüsten lehmigen Hochfläche abgrenzte, woher manchmal die militärischen Hornsignale wehten, um mit goldgelb gespreiteten Flügeln einen Augenblick lang über dem Tal der Stadt schweben zu bleiben. Dieses alte traurige Gemäuer war, wenn man den Chroniken glauben durfte, ein geschichtliches Denkmal. Irgend ein mittelalterlicher König hatte es aufführen lassen, um zur Zeit der Hungersnot das Problem der Arbeitslosigkeit auf ebenso harmlose wie märchenhafte Art zu lösen. Wie dem auch immer sei, die Hungermauer bot für Hugos Phantasterei einen schönen Anlaß, und er log der willigen Erna mancherlei von Pest, Krieg, Sturmwiddern, Breschen und nächtlichen Überrumplungen vor. Dies aber gehörte zum Wesen der einzigartigen Stadt: Ein alter Stein irgendwo, ein Holzgeländer, ein Brunnen in einem Hof, eine ausgebrannte Mühle, die man stehen gelassen hatte, ein grauer augenleerer Turm, in dessen Höhlung ein Alteisenhändler sein Warenlager besaß. Ein unverhoffter Durchgang, ein trauerndes Wappentor, in dem ein frecher Bierschank lärmte, greise tagblinde Winkel, die der verlotterten Nacht entgegenlauerten. Nichts, Gerümpel, oft ohne Schönheit, meist ohne Kunst! Aber die Toten huschten über den Stein, die Toten schmiegten sich an das Holzgeländer, die Toten der Jahrhunderte hockten in der ausgebrannten Mühle, die Toten stiegen über die rostigen Eisenstangen, die Toten mischten sich in das Straßengedränge, ein Licht in Händen, das den Tag verfinstert, die Toten verließen diese Stadt nicht. Alter Sandstein, brüchiges Gemäuer nur! Aber auf einmal zitterte im Mittagsstrahl ein kranker Schatten, ein unsagbar blasses, abgezehrtes Bildchen drüber hin, wie aus der Laterna magica unserer Kinderjahre geworfen, die in irgend einer Rumpelkammer vermodert.

Erna freilich war auf den sonnigen Kieswegen dieses Parkes, auf den Bänken und Terrassen nicht so ganz bei der Sache, wie es Hugo schien, sie war sogar recht eingenommen, wenn sie gegen halb fünf

Uhr nachmittags den Blick unruhig aussandte. Denn zu dieser Stunde pflegte sich Herr Oberleutnant Zelnik einzustellen. Hugo hatte bereits soviel Wohlgefallen an dem Offizier gefunden, daß auch er eine freudige Regung verspürte, wenn die uniformierte Gestalt, in schmalen Hüften sich wiegend, auf dem Parkwege in der schattenübersprenkelten Ferne sichtbar wurde. Der militärische Glanz wirkte auf ihn wie auf jeden anderen Knaben, er erfüllte ihn mit eigentümlich ehrfürchtigen Schreckgefühlen, die, wenn Zelnik ihn mit einem herablassend näselnden »Servus« begrüßte, in angenehmen Stolz umschlugen. Doch diesem Stolz war das Bewußtsein beigemischt, daß die Vertraulichkeit des Offiziers eine Gabe blieb, nur auf Widerruf verliehen und sogleich zurückziehbar, sollten die Umstände es erfordern. Zelnik erschien trotz aller Liebenswürdigkeit hocherhaben und unerreichlich. Hugo aber – und das unterschied ihn von anderen Jungen – dachte trotz dieser schneidigen Freundschaft nicht daran, nun selber Soldat werden zu wollen. Er verehrte den Glanz eines Oberleutnants mit frommem Erschauern, aber er verehrte ihn als etwas Fremdes, dem nachzustreben ihm nicht gebührte. Er liebte es sehr, wenn Zelnik die strammen Ausdrücke des Dienstes in seine Rede flocht. Dann prägte er diese Worte seinem Gedächtnis ein wie etwas Kostbares und Vornehmes, dessen Gebrauch auszeichnet. Der Oberleutnant pflegte in der Unterhaltung mit Erna jeder Bitte das Wörtchen »gehorsamst« anzuhängen. Diese Ritterlichkeit gefiel Hugo ausnehmend gut, und als sie nach und nach verschwand, vermißte er sie.

Eines aber war klar, um vor den Augen dieses strahlenden Mannes zu bestehen, mußte sich Hugo in acht nehmen. Er mußte beweisen (wenn er auch durch Zufall noch unerwachsen und schwächlich war), daß er sich doch wie ein Mann benehmen konnte. Männliches Benehmen aber, was war es denn anderes als höfliche Feinfühligkeit? Hugo verstand es also, das Paar in unauffälliger Weise allein zu lassen, indem er sich – und das war geradezu ein Opfer – am Spiel einiger anderer Jungen beteiligte. Meist aber setzte er sich nur abseits und träumte in die Luft hinein, wenn er sich nicht in ein Buch versenkte, das die fürsorgliche Erna heimlich mitgenommen hatte. Er war auf den fremden Mann nicht eifersüchtig, ganz im Gegenteil, er war stolz auf ihn, er war stolz, daß sein Fräulein Erna gar manche wichtige Angelegenheit flüsternd mit dem Oberleutnant auszutragen hatte, während er selbst sich freiwillig und ohne Neugier wie ein guter Wächter abseits hielt. Er machte sich dabei keine Gedanken über die Angelegenheit, die also eifrig beflüstert wurde, nur die aneinandergedrängte Nähe Zelniks und Ernas, der vom Entzückungshauch beschlagene Aufblick der Frau, ihr unbewußt im Winde spielendes Haar, des Mannes zuckende Nüstern, sein grausam lächelnder Schnurrbart –, all das erregte Hugo mit knisternder Ausstrahlung.

Sonntags hatte Fräulein Tappert immer Urlaub. Sie verließ das Haus nach Tisch und kehrte erst um Mitternacht wieder heim. Diese einsamen endlosen Sonntagsnachmittage quälten Hugo mit ihrer Trauer und Langweile. Selbst die verbissenste Lektüre half ihm nicht darüber hinweg, daß er Erna und Zelnik vermißte. Er sehnte sich danach, von ferne die beiden großen Gestalten auf der grünen Parkbank zu bewundern, hinter der ein roter Rhododendronstrauch sein Rad schlug. Wenn dann spät abends das Fräulein auf leisen Zehen durch sein Zimmer in das ihre schlich, lag er stets wach und rief sie an.

Es war aber ein ganz gewöhnlicher Wochentag, als ihn auf einem der gemeinschaftlichen Spaziergänge Herr Oberleutnant Zelnik am Arm faßte, während Erna Tappert zurückblieb und sich mit blinzelndem Interesse in das lichtzerklirrende Spiel eines Springbrunnens vertiefte, der seine kristallene Palme lockend entfaltete. Zelnik drückte den Arm des Knaben:

»Sie sind ein tapferer kleiner Mann, Hugo, was? Das hab ich schon längst heraus.«

Diese Worte beglückenden Lobes sprach der Offizier zu Hugo, der von seinen Eltern zwar oft sorgende Ängstlichkeit, aber kaum jemals eine Aufmunterung zu hören bekam. Der Knabe sah leicht geblendet auf den nickelblitzenden Korb des Salonsäbels, der an der Hüfte des Mannes schwankte.

»Also Hugo, merken Sie auf, es ist ein wichtiger Auftrag, den ich Ihnen hiermit erteile ...«

Hugo empfand ein starkes Bedürfnis, den Säbelkorb oder das goldene Portepee zu berühren, das an seiner Seite auf und nieder spielte. Verwegene Lust durchzuckte ihn, als könnte er durch diese Berührung einen wohltuenden Strom zwischen sich und dem prächtig erklirrenden Herrn schließen. Der Oberleutnant fuhr mit geneigter Bedeutsamkeit fort, während sein Schritt sich bemühte, den Schritt des Jungen kameradschaftlich ernst zu nehmen: »Es ist das, ich bitte, eine Sache, die Sie noch nicht ganz verstehen können. Aber, Hugo, nicht nur ein Zivilist, selbst ein Offizier erhält täglich eine Menge von Befehlen, deren Zweck er nicht versteht. Unsereins sagt sich dann: Befehl ist Befehl und Dienst ist Dienst! Die Sache übrigens, um die es sich hier handelt, geschieht einzig und allein im Interesse von Fräulein Erna, wofür wir beide ritterlich einstehen müssen ... Na, da brauch ich Sie ja nicht extra zu belehren.«

Hugo berührte unauffällig das goldene Portepee, ängstlich, als wäre es glühendes Metall. Er machte große Schritte. Zelnik legte seinen Arm um die Schulter des Knaben:

»Es ist unbedingt notwendig, daß Fräulein Erna bei den Verhandlungen anwesend ist, die im Interesse ihrer Zukunft geführt werden. Und jetzt machen Sie die Ohren auf, junger Mann, es sind nämlich geheime Verhandlungen ... Streng reservat ... In der Nacht ... Versteht sich ...« Zelnik blieb stehen und sah Hugo an, als wäre damit mehr als genug gesagt:

»Sie wissen, was das bedeutet, geheime Verhandlungen?« Vor Hugos Augen zogen rasche Traumbänder dahin. Der Oberleutnant seufzte befriedigt:

»No also! Sie verstehen mich, Hugo! Und Sie, niemand anderer als Sie, haben den Auftrag, dafür zu sorgen, daß kein Mensch etwas davon erfährt, wenn Fräulein Erna in der Nacht nicht zu Hause ist. Vor allem Ihre Herren Eltern nicht! Das möcht ich gehorsamst erbeten haben. Sie geloben mir in die Hand, wie das Grab zu schweigen und Fräulein Erna somit vor allen gefahrvollen Weiterungen zu schützen.«

Hugo fühlte, wie seine Hand im Druck der großen Männerrechten hinschmolz. Er hatte geschworen. Erna näherte sich. Der Oberleutnant trat anmutig an ihre Seite:

»Unser Freund Hugo hat den Eid geleistet . . .«

Und lächelnd, während er selbstzufrieden mit zwei Fingern den Uniformkragen lockerte:

»Zu Wasser, zu Lande und in den Lüften.«

Am Abend – Hugo lag schon zu Bette – trat Erna, die kein Wort mit ihrem Zögling über diese Sache gewechselt hatte, schön gekleidet und duftend aus ihrem Zimmer. Sie sagte nur:

»Also, ich geh jetzt, Hugo!«

Dabei zog sie seine Hand an ihre Brust und sah ihn bittend an. Ihre Erregung durchschauerte seinen Körper. Dieselbe Szene wiederholte sich in den nächsten Wochen an so manchem Abend. Ehe Fräulein Tappert Hugos Zimmer verließ, waren ihre Wangen von Angst wie von einem scharfen Wind rot und aufgerauht. Und jedesmal sagte sie:

»Also, ich gehe jetzt, Hugo!«

Wie viel lag doch in diesen stummen Worten. Der Junge spürte es und spannte alle Muskeln an, als müsse er jeden Augenblick bereit sein, Erna vor lauernden Feinden zu verteidigen. In solchen Nächten lag er mit brennender Haut schlaflos oder unter einer dünnen Decke unruhigen Dämmerns. Fernunten hallte der Trab nächtlicher Pferdewagen über das Pflaster. Wie das rhythmisch-hohle Glucksen von Wasser aus einer Riesenflasche drang dieser Trab in sein übertreibendes Gehör. Erst wenn die Heimkehrende mit angehaltenem Atem durch sein Zimmer huschte, legte sich ein stolzer Friede über seine Augenlider und die Müdigkeit eines Siegers beschlich ihn mit gerechtem Schlaf. Oft, wenn das geheimnisvolle Ausbleiben sich allzulange hindehnte, konnte Hugo es vor Angst um Erna kaum mehr aushalten. Schreckbilder von Überfall, Mord, Entführung würgten ihn, in denen Erna das Opfer, Zelnik aber keineswegs der Übeltäter war. Alles, was er jemals von Kriminalverbrechen oder Selbstmord gehört und gelesen hatte, jagte in solchen Augenblicken vorüber. Er sah Ernas Körper deutlich vom schmutzigen Fluß immer wieder gegen das alte Wehr geschleudert werden. Gewiß! Der Oberleutnant stand verzweifelt am Kai und blickte nach Rettung aus, dachte aber nicht daran, seinen kakaobraunen Waffenrock mit den roten Artillerieaufschlägen abzuwerfen und ihr nachzuspringen. Man konnte solch eine Tat von einem gestiefelten und gespornten Herrn auch nicht verlangen. Derartiges schickt sich nicht für einen Offizier. Das Schrecklichste aber war, daß er, Hugo, sich selber die Schuld an dieser Tragödie geben mußte.

Erklang dann im Morgengrauen Ernas leiser Schritt, so stellte sich Hugo aus einer plötzlichen Scham schlafend. Manchmal aber konnte er sich nicht halten und rief durch die offene Tür:

»Fräulein! Sie können heute ruhig liegen bleiben! Ich werde mich schon selber waschen.«

Fräulein Tappert aber hielt es wie alle Tage. Frischduftend, ohne jegliches Zeichen von Übernächtigkeit, waltete sie kräftig mit Bürste und Schwamm ihres Amtes. Hugo bemerkte, daß die Gefahren der Nacht Ernas Wesen nicht ermüdet, sondern gestrafft hatten. Sie hatte geschwindere, energischere Bewegungen als sonst. Sie glich nach solchen Nächten den edlen Segelbooten, die mit vollem Wind über jene sonnigen Wasserflächen schießen, an deren freudegesegneter Küste Leute wie Hugos Eltern den Sommer verbringen. Keine Abspannung sah er in ihren Zügen, keine Leere auf ihrem Gesicht, nein, es war bis zum Rand gefüllt von einem gereiften inneren Licht, das den Knaben blendete. Er aber wurde immer blasser und magerte ab. Die Eltern zogen Ärzte zu Rat. Man bekämpfte die allgemeine Körperschwäche mit Lebertran, Hämatogen und ähnlichen Bitternissen.

Zwischen den beiden Verschworenen war wie durch festes Übereinkommen niemals die Rede von dem Geheimnis der Nächte. Tag und Nacht blieb zweierlei und wußte nichts voneinander. Mit innig-geneigtem aufmerksamem Ohr hörte Erna zu, wenn Hugo zu deklamieren begann und ihr seinen phantastischen Schiller zum besten gab. Sie lauschte sogar um eine Spur hingebungsvoller als früher. Es schien, als gehöre sie bis zum Nachmittagsspaziergang gänzlich Hugo an; erst dann trat der Oberleutnant in seine Rechte, die der Knabe freudig anerkannte.

Zweimal aber drohte dem nächtlichen Geheimnis ernste Gefahr, die Hugos Tapferkeit und Geistesgegenwart auf die Probe stellte. Eines Abends hatte Hugo Ernas Abwesenheit benutzt und sich schrankenlos in ein Buch verloren. Gott weiß, wie spät es sein mochte, als er Schritte hörte. Er erkannte sogleich: Mama! Blitzschnell riß er den Schalter der Bettlampe aus dem Kontakt und wühlte den Kopf ins Kissen. Mama, die das Licht in Hugos Zimmer bemerkt haben mußte, beugte sich tief über ihn, lauschend, lange. Er atmete gleichmäßig, tief, und zitterte, die Mutter werde ihn anrühren und bemerken, daß ihm der Schweiß aus allen Poren drang. Nach einer Ewigkeit richtete sich Mama auf und rief: »Fräulein Erna!« Da keine Antwort kam, wiederholte sie den Ruf leise, so als habe sie keine andere Absicht mehr, als sich von Ernas festem Schlaf zu überzeugen. Dann strich sie die Decke des Sohnes glatt, aber schon mit achtlosen Händen, gleichsam nur, um sich selbst ein wenig konventionelle Mütterlichkeit vorzuspielen, und ging.

Weniger harmlos aber drohte ein anderes Ereignis zu verlaufen.

Einmal war Hugo gegen seinen Willen fest eingeschlafen. Plötzlich fuhr er auf. Seinen ganzen Körper durchströmte die Gewißheit, daß Erna in schwerer Bedrängnis schwebe. Es war wie eine Einreibung mit Äther oder Alkohol. Er sprang aus dem Bette, ratlos, was zu tun sei. Im Zimmer konnte er nicht bleiben, dies war sicher. So öffnete er die Tür und fand sich allein, im Nachthemd, barfuß dem erloschenen Raum seines Vaterhauses gegenüber.

Dieses Haus war einer der kleinen zierlichen Adelspaläste, die der Stadt zum Ruhme gereichen. Hugos Vater hatte ihn vor einigen Jahren gekauft und renoviert, das heißt, die steife Pracht feudaler Jahrhunderte war um einige weißblitzende, kachelbelegte Örtlichkeiten modernen Komforts vermehrt worden.

Hugo überlegte nichts. Es zog ihn zum Haustor, zur Einfahrt hinab. Er mußte, um zur Haupttreppe zu gelangen, die sogenannte »Galerie« durchlaufen. In dieser Galerie standen und hingen Papas ganz einzigartige Schätze. Diesen Kunstschätzen zollte man Ehrfurcht, nicht weil man ihre Schönheit verstand, sondern weil man immer wieder ihren Wert und ihre Seltenheit hatte rühmen hören. Hugo war seit frühester Kindheit mit jedem dieser unvergleichlichen Stücke bekannt, aber gerade deshalb kannte er keines so recht.

Denn nichts entfremdet mehr als täglicher Anblick. Er hätte sie kaum herzählen oder beschreiben können, die Bildwerke der väterlichen Galerie. Sie waren trotz ihrer alltäglichen Gegenwart nicht in sein Bewußtsein gedrungen. Das Verbot, sich ihnen zu nähern, die eingetrichterte Schreck-Erkenntnis ihres unermeßlichen Wertes hatte sie so gut wie unsichtbar gemacht. Es schien fast, als hätten all diese Heiligen und Madonnen für die Riesensummen des an ihnen vollzogenen Kunsthandels auch ihre Seele mitverkaufen müssen. Sie machten unglückliche Mienen, wenn das Sonnenlicht durch die Fenster wogte, und freuten sich der Schatten und Dämmerungen, in denen sie ihre Schmach verbergen konnten. Für Hugo trugen sie immer Tarnkappen. In der kurzen Minute jedoch, da er die Galerie in unverständlicher Angst um Erna durcheilte, bekamen sie ein blasses, und man muß es so nennen, ein verworfenes Leben. In dem Raum brannte immer Licht. Dort, diese uralt-zerschmetterte Holzpuppe mit dem ausgemergelten Leichengesicht, welch ein Christus war das? Und weiter links davon der asiatische Götze, der seinen scheußlich gefalteten Bauch betrachtete? Die unermeßlich wertvollen und unermeßlich gottlosen Götter jagten diesem halbnackten Kind keine Angst ein, sie erfüllten es mit leisem Haß und mit einer dumpf aufkeimenden Wut.

Hugo tappte den weichen Teppich der Treppe hinab. Er stand im hochgewölbten Flur neben der Rokokosänfte, die ihn zierte. Da fuhr ein Schlüssel ins Tor und knackte im Schloß. Der Knabe hatte kaum mehr Zeit, sich in der Sänfte zu verstecken. Papa war heimgekommen und schaltete die altertümliche Hängelaterne des Flurs ein. Nicht anders als vorhin die wertvollen Götter und Heiligen sah Hugo nun Papas Gesicht zum erstenmal. Dieses Gesicht war ja immer um ihn gewesen, aber er hätte nicht einmal sagen können, ob Papa helle oder dunkle Augen habe. Jetzt sah er, daß, in dieser jenseitskühlen Beleuchtung wenigstens, Papas Augen wasserblau zu sein schienen. Und er verwunderte sich darüber. Er wunderte sich überhaupt, daß dieser fremde Herr im Abendanzug eins mit jenem Wesen war, das er Papa zu nennen pflegte, dem er oft einen Gutenachtkuß entbot, den er täglich bei Tische sah. Dieser Vater stand jetzt minutenlang im Flur und brütete in tiefen Gedanken vor sich hin. Unbeachtet, wie er sich glaubte, schien er zu hoffen, daß nach einer Weile sein wahres, durch den verlogenen Muskelkrampf der Geselligkeit entstelltes Wesen sich in seinen Zügen wieder bilden werde. Aber nichts anderes bildete sich in diesen Zügen als ein gelblich-apathischer Überdruß, der sich schließlich in einem langen mißvergnügten Gähnen entlud. Hugo bemerkte mit Erstaunen, daß Papa nicht offen gähnte, sondern die Hand vor den Mund hielt. Er selbst benahm sich, wenn er allein war, in gewissen Dingen anders als unter Menschen. In Papas Leben gab es derartige Schwächen nicht.

Hugo, in den Fond der Sänfte gedrückt, atmete kaum. Papa machte langsam ein paar Schritte, dann blieb er wieder in quälenden Gedanken stehn, zog das Etui heraus und zündete eine Zigarette an. Er wippte dabei leicht auf den Fußspitzen, welche Geste Hugo, trotz seines rasenden Herzklopfens, wiederum als vorbildlich auffiel. Warum verließ Papa den Flur nicht? Vielleicht wartete er, daß sich zwischen dem Teil der Nacht, den er außer Haus verbracht, und dem Rest ein genügend dichter Zwischenraum, eine neutrale Zeitmasse ansammle, die es ihm erleichtern sollte, sich an Mamas Seite zur Ruhe zu begeben. Hatte Papa etwa auch geheime Verhandlungen zu erledigen?

Hugo, der unter den Sitz der Sänfte gekrochen war, sah nichts mehr. Nach einer unerträglich langsamen Minute atmete Papa, der fremde Herr, plötzlich laut und abschließend auf und schritt, von seinen düsteren Gedanken erlöst, leichtfüßig die Treppe empor. Die Flurlaterne erlosch. Hugo hörte Papas Schritte, die ihm vertrauter und wirklicher jetzt erschienen als der Vater selbst, in der Galerie auf und ab gehen.

Da fuhr wieder ein Schlüssel ins Tor und knackte im Schloß. Der sich öffnende Flügel zeigte auf dem bläulichen Grunde der ersterbenden Nacht Ernas Gestalt. Schon war Hugo bei ihr. Erna schrie vor namenlosem Schreck auf. Dann krampften sich beide starr aneinander, der ausgekühlte Körper des Knaben in seinem dünnen Hemde und der erhitzte Körper der Frau in unordentlichen regenfeuchten Kleidern. Der nasse Stoff brannte auf Hugos Gliedern wie Brennesseln. Beide standen sie regungslos aneinandergepreßt, bis des Vaters Schritt die Galerie verlassen hatte und in seine Räume eingegangen war.

In Hugos Zimmer wurde Erna von einer sinnverwirrten Besessenheit angefallen. Sie herzte den Knaben, sie küßte seine Hände, sie schrie laut auf, ohne sich zu fürchten. Hugo zitternd, das Haus würde erwachen, floh ins Bett. Sie setzte sich an den Rand. Ihr Haar fiel herab. Hugo flehte: »Um Gottes willen, Ruhe!« Sie stammelte: »Alles eins!« Ihr Kopf taumelte hin und her. Plötzlich schleuderte sie die Schuhe von den Füßen. Dabei lachte sie unersättlich und verströmte aus Mund und Haaren Weingeruch. Endlich warf sie sich über das Fußende des Bettes, wühlte den Kopf in die Decke und wiederholte immerzu in gefühllosem Singsang:

»Es ist aus, Hugolein, es ist aus!«

Hugo wunderte sich sehr, als Erna anderen Tages nicht den Weg zur Hasenburg einschlug, sondern plötzlich behauptete, sie habe den alten Spaziergang satt und die Belvedere-Anlagen seien weitaus schöner. Etwas im Herzen des Knaben verbot ihm, diese Verwunderung zu offenbaren. Stumm klommen sie den steilen Kiesweg zur Belvedere-Anhöhe empor. Erst einige Tage später fragte Hugo nach dem Oberleutnant. Er sei versetzt. Erna nahm aus ihrem Täschchen eine Ansichtskarte, die ihr Zelnik geschrieben hatte. Hugo vermied es, einen Blick auf diese Karte zu werfen. Gestern, als er mit Mama eine Besorgungsfahrt durch die Stadt machte, hatte er den Oberleutnant erkannt, wie er langsam auf der Korsoseite der Ferdinandstraße dahinschlenderte. Diese Begegnung wirkte wie ein sonderbarleichter Schlag gegen sein Herz. Ihm schwindelte ein wenig. Er wußte, daß er eine Freundschaft verloren hatte und daß ein Mensch, den er bewunderte, nun kalt gegen ihn gesinnt war. Und dennoch, in der Nacht fühlte er sich freier und ruhiger, denn er mußte nicht mehr um Erna bangen, deren Atem er durch die offene Tür lange belauschte.

Es kamen stillere Tage. Denn die neue Bekanntschaft, die Fräulein Tappert und er auf dem Belvedere geschlossen hatten, war weit we-

niger erregend und kam an Glanz der vergangenen militärischen
Episode nicht nahe. Statthaltereikonzipist Tittel verstand es nicht so
gut wie Oberleutnant Zelnik, mit Knaben umzugehen. Der junge
Offizier hatte Hugo durchaus ernstgenommen, er hatte oft und
sachlich mit ihm gesprochen, ihm manches erzählt und erklärt,
ohne allzu belehrend zu werden. Niemals pflegte er die Redewen-
dungen seines Standes für das Knabenverständnis zu verändern und
ins Kindliche zu übersetzen. Und vor allem: Hugo war einbezogen.
Tittel hingegen richtete fast niemals das Wort an ihn; Hugo war für
ihn Luft, schlimmer noch, ein lästiges Anhängsel Ernas. Dieser er-
wachsene Hochmut hatte die Wirkung, daß sich Hugo auf dem
Belvedere zu langweilen begann und die Hasenburg mit dem freie-
ren Blick auf Stadt, Türme und Kuppeln zurücksehnte. Ferner war
der Konzipist im Gegensatz zum schönen Zelnik ein kleiner Mann
mit verkniffenem Nußknackergesicht, das von einer uneingefaßten
Brille in zwei symmetrisch blitzende Hälften geteilt wurde, die
trotz oder gerade wegen ihres Funkelns augenlos zu sein schienen.
Die Genauigkeit dieses Gesichts mißfiel Hugo. Ebenso mißfielen
ihm gewisse Einzelheiten an Tittels Kleidung, ohne daß er sich darüber Rechenschaft gab. Aber als Kind seiner Eltern beleidigte ihn
alles Armselig-Praktische und Peinlich-Geschonte. Tittel bekleidete
seinen abgetragenen Hals mit einem Zelluloidkragen und um seine
behaart ausgemergelten Handgelenke gewahrte man Manschetten-
schützer. Er trug auch bei trockenem Wetter Galoschen und zeigte
sich bei jeder Gelegenheit um seinen Gesundheitszustand besorgt.
Was die Hygiene anbelangt, besaß er einen reichlichen Vorrat goldener Worte, die er Erna nicht vorenthielt: »Der Schlaf vor Mitternacht ist der beste.« »Wer sich früh erhebt, ein hohes Alter erlebt.«
»Ruhe vor Tisch, nach der Mahlzeit mache Bewegung.« »Liebe die
Sonne, aber hüte dich vor ihr.« »Vermische Essen und Trinken
nicht!« In seinen Gesprächen mit Erna medizinierte er, was es nur
anging, ja es schien sogar, wenn sie irgendwelche »Zustände« einge-
stand, daß sein halbiertes Brillenantlitz leidenschaftlich und fast
zärtlich wurde. »Allgemeine Anämie«, stellte er fest und seine
Stimme streichelte dieses Wort wie seine pulsfühlende Hand Ernas

Gelenk streichelte. Rechts und links in seinen Westentaschen steckten zwei Dosen, die er öfters hervorzog. In der einen war Speisesoda in Pastillenform, in der andern lagen schwarze Lakritzenbonbons. Die Pastillen nahm er selber ein, von den Lakritzen bot er auch Erna an, während Hugo übergangen wurde. Oft auch holte er seine Uhr aus der Tasche, ein ziemlich großes goldenes Ding, das erst einem rehledernen Säckchen entnommen werden mußte. Ohne irgendwelchen Anlaß verlor sich dann Tittel schweigend in die Betrachtung der unerbittlichen Zeit, die sich nicht minder pedantisch betrug als er selbst. Nahte der Sonntag und mit ihm die Möglichkeit eines Ausflugs, den der Konzipist gemeinsam mit Erna zu unternehmen gedachte, so begann das zerlesene Kursbuch eine bedeutende Rolle zu spielen. Es war Tittels Lieblingswerk, das Epos seiner unerfüllbaren Sehnsucht, der Abenteuerroman seiner versäumten Romantik, denn alle Strecken Europas standen darin verzeichnet. Der Besitz dieser weltumfassenden Druckschrift reihte ihren Eigentümer gewissermaßen unter die erlauchten Kosmopoliten des internationalen Reiseverkehrs ein. Wer sie mit eingeweihtem Griff aus der Tasche zog, verwandelte sich insgeheim in einen homespunbekleideten Lord. Das Auge durfte die fürstlichen Expreßstrecken nach Paris, Ostende, London, Rom und Lissabon gelassen in Erwägung ziehen, ehe es bei den preisermäßigten Sonntags-Lokalzügen nach Kuchelbad und Beneschau entschlossen halt machte. Mit Abscheu sah Hugo Tittels kleinen Finger, einen braunen mumienartigen Finger, der aus einem Grab auferstanden zu sein schien. Aber dieser Finger lief in einen überaus langen, gelben und an der Spitze sich krümmenden Nagel aus, der die betreffenden Verbindungen in den Tabellen langsam unterstrich. Vielleicht war dieser Finger daran schuld, daß Hugo niemals ein Kursbuch recht zu lesen lernte.

Dies aber war noch nicht alles. Auf der Hasenburg hatte sich Hugo abseits gehalten, er hatte sogar das Opfer gebracht, trotz seiner Schüchternheit und seines Ungeschicks, sich am Spiele anderer Jungen zu beteiligen. Fast hätte er sich gefürchtet, Erna und Zelnik, dem schönen Paar unterm Pfauenrad des Rhododendronbaumes, nahe zu kommen, wie man sich fürchtet, einen elektrisch geladenen

Gegenstand zu berühren. Aber zugleich hatte die glitzernde Strahlung dieses Paars ihn beunruhigt und begeistert. Tittel jedoch und Erna Tappert waren nichts elektrisch Geladenes. Man konnte ohne weiters bei ihnen auf der Bank sitzen bleiben und dem vernünftigen Geschwätz zuhören. Warum? Hatte Tittel nicht in den ersten Tagen schon gemeinsame Bekannte, ja sogar einen entfernten Verwandten entdeckt, den er mit Erna teilte? Das Fräulein allerdings schien von dieser Tatsache nur wenig erfreut zu sein, denn sie suchte weiteren Entdeckungen auszuweichen. Stammten beide aus der gleichen Welt, die sich Hugo gar nicht vorstellen konnte? Wenn Erna einst Hugo gegenüber Zelnik erwähnte (dies war fast niemals vorgekommen), so hatte sie nur vom »Herrn Oberleutnant« gesprochen. Über Tittel sprach sie ohne jede Scheu und gebrauchte sogar dabei dessen Vornamen: »Karl«. Diese Nennung erfolgte meist in einem Zusammenhang, der Hugo dunkel blieb. Erna sah mit mühsamer Verständigkeit durch die Fenster des Kinderzimmers in die Ferne und meinte, Tittel habe eine schöne amtliche Zukunft vor sich, er stehe als Konzeptbeamter hoch über ihr und den meisten übrigen Menschen, während sie selber leider schon einundzwanzig Jahre alt sei, schlechtgerechnet.

Hugo hörte das und sagte sich: Einundzwanzig Jahre! Wie herrlich, wie traurig a l t! Ihre schwere Schönheit schien durchtränkt zu sein von einem goldgelben sinkenden Licht, das sie ihm schmerzlich entrückte. Sie lebten nebeneinander. Aber er würde sie wie etwas Göttliches niemals einholen können. Und dann geschah es, daß er sich in einem wehmütigen und bewunderungsvollen Überschwang nahe an Erna drängte.

Tittel seinerseits redete täglich auf einer bestimmten Bank des Belvedere, ohne sich um den Knaben zu kümmern, eindringlich und gemessen auf Fräulein Tappert ein. Seine Rede wirkte auf Hugo einschläfernd, kaum daß ihn hie und da ein ungewöhnliches Wort erweckte. Hugos Leidenschaft waren ja ungewöhnliche Worte. Sooft Oberleutnant Zelnik auf früheren Spaziergängen militärische Ausdrücke angewendet hatte, war Hugo ganz Ohr gewesen. Wie schneidig klang es, wenn er einen eigenen Irrtum durch das Wort

»herstellt« sogleich widerrief. »Mischung«, »Mullatschag«, »Durchmarsch«, in diesen dunklen Begriffen klirrten Waffen und Champagnergläser. Wenn man durch den Park wandelte, gab Zelnik die Wegrichtung mit heiterem Kommandoton an: »Direktion Dackel von alter Dame!« Für ihn gab es keine Pferde, sondern »Krampen«, keine Droschken, sondern »Landesübliche Fuhrwerke«. Als Artillerist kam er sich sehr gelehrt vor und gebrauchte Bezeichnungen wie: »Flugbahn«, »Endgeschwindigkeit«, »gleichschenklig« in den lustigsten Bedeutungen. Er sagte niemals Krieg, sondern immer nur Ernstfall. Und dieser Ernstfall war für ihn einer der erfreulichsten Fälle, da der »lebhafter« arbeitende Tod die Avancementsaussichten wesentlich verbesserte. Oh, wie anders klangen die ungewöhnlichen Worte, die Hugo von Tittel hörte. Zum Teil bezogen sie sich auf die Gesundheit und rochen nach Apotheke, zum andern Teil auf Erscheinungen, deren Art Hugo nicht ganz erfassen konnte: »Pensionsberechtigung«, »Witwenbezug«, »Bekleidungszulage«, »Remuneration«, »Krankenkasse« und »achte Rangsklasse«. Einmal, als die bezwingende Folge dieser und ähnlicher Worte wieder auf Erna eindrang, durchzuckte es Hugo, als hätte er endlich den Sinn all der Rederei begriffen:

Erna sollte ihm entrissen werden! Brachte ihr Tittel nicht dann und wann Geschenke mit? Freilich waren es nur Malzzelteln und Hustenbonbons in zerknitterten Papiertüten oder kleine räudige Veilchensträuße, die aussahen, als hätte sie der Kavalier irgendwo aus dem Staub aufgelesen. Aber Geschenk bleibt doch Geschenk. Der schöne fröhliche Zelnik dachte an keine Geschenke. Es war klar, Tittel warb ernsthaft um Erna. Tittel war eine größere Gefahr als alle Oberleutnants der Welt.

Auf dem Heimweg überwand sich der Knabe:

»Erna«, seit jener abenteuerlichen Nacht duzte er Fräulein Tappert, »Erna, wirst du jemals von uns fortgehen?«

Sie kokettierte schwermütig: »Du wirst mich ja selber bald loswerden wollen, Hugo!«

Aber Hugo konnte, da er nicht weinen wollte, keinen Laut mehr hervorbringen auf dem ganzen Weg.

Nachts erwachte er aus irgend einem schmerzlichen Schlaf. Da hörte er, daß Erna in ihrem Zimmer mit bloßen Füßen umherging. Er spürte das Licht im Türspalt, aber er hob den Kopf nicht. Mit angehaltenem Atem lauschte er diesen nackten Schritten. Das weiche Tappen der Sohlen, von dem die Gegenstände des Zimmers so leise, so eigen, so menschlich bebten, es klang anders als sonst. Ziellos wandelte Erna durch den Raum. Was war geschehen? Was bereitete sich vor? Worauf sannen diese traurig-unruhigen Tritte? Diese lieben innigen Tritte. Hugo bekam von bangem Vorgefühl einen trockenen Mund. Erna unterbrach ihren ziellosen Umgang, sie suchte etwas, sie füllte Wasser in einen Krug. Dieser Krug beschwichtigte Hugos Kümmernis. Gott sei Dank! Sie war da! Keine geheimnisvollen Angelegenheiten hatte sie draußen in der Nacht zu ordnen, keine Verhandlungen mit fremden Männern abzuwickeln. Dies tröstete. Dies gab Hoffnung, daß sie ihn niemals verlassen würde.

Dennoch geschah es in der nächsten Zeit − wenn auch nur ein einziges Mal −, daß sich wiederum geheime Notwendigkeiten einstellten und Fräulein Tappert um halb zehn Uhr abends, schön gekleidet, aus dem Zimmer trat und mit dem gewissen langen Blick auf ihren Zögling sagte:

»Also, ich geh jetzt, Hugo.«

Kurz darauf begab sich etwas höchst Peinliches. Einer der katzenjämmerlichen Sommertage war's, von katarrhalischen Himmeln überwölbt, denen so stumpf zu Mute ist, daß sie sich zu keinem Regen entschließen können. Kurze Windstöße husteten durch die Straßen, aber auch sie konnten nicht helfen. Obgleich kein Tropfen fiel, stieg aus dem Parkboden ein sumpfiger Dampf auf, der die Muskeln erschlaffte. Die Kastanienkerzen waren längst abgeblüht. Die großen Blätterhände hingen aus kraftlosen Kindergelenken herab. Da und dort war schon eine der stachligen Früchte zu sehen, noch saftig und unerwachsen. Hugo dachte an die braunen Roßkastanien, mit denen er so gerne gespielt hatte, als er noch klein war.

Aber nicht nur die obere Natur, auch die Unterwelt warf dem Ereignis ominöse Schatten voraus. Solang die Bonne und ihr Zögling die schmalen Serpentinen der Belvedere-Anhöhe emporstiegen, war noch alles in Ordnung. Zu beiden Seiten des Weges dämmten hier künstliche Felsen den wuchernden Stauden und Farnwuchs ein, der von der unheimlichen Feuchtigkeit dieses tropischen Tages vollgesogen war wie ein schwarzgrüner Schwamm. Dann aber, knapp bevor die Hochfläche erklommen war, kam eine Bresche in dem spielerischen Felsengebirge der Anlage, die der grünen Zuchtlosigkeit dieses städtischen Dschungels freie Bahn gewährte. Und hier schleppte sich ein braunes widriges Tier über den Weg, gerade vor Ernas und Hugos Füßen.

»Eine Kröte, Hugo!« Diesem Ausruf in der höheren Tonlage des leichten Schreckens folgte sogleich ein warmer Nachsatz des Erbarmens: »Schau, sie ist verwundet, die Arme. Jemand muß sie getreten haben.«

Hugo preßte die Ellbogen an den Leib und streckte sich steif. Das tat er in unangenehmen Augenblicken immer, wenn ihn zum Beispiel seine Eltern ihren Bekannten vorstellten. So gerne hätte er die Augen geschlossen oder abgewendet. Doch er verharrte in seiner gezwungen höflichen Stellung und starrte gebannt auf die todwunde Kröte, die trotz ihrer Furcht nicht vom Platz zu kommen schien. Für das Stadtkind, das nur eine gezügelte und halbverfälschte Feriennatur kannte, waren die Gattungen der Tiere nichts Gleichberechtigtes und Selbstverständliches. Vielleicht hatte Hugo bis zu dieser Stunde noch nie eine Kröte in Wirklichkeit gesehen. In seinem Geiste aber lebte längst schon die Kröte als ein Bild, das bestimmte ekelvolle Empfindungen und Gedanken wachrief, als ein Fabelwesen des Scheußlichen und Bösen in Nachbarschaft der Giftschlangen. Der Anblick bestätigte nun das innere Bild. Und doch, auch das Böse und Häßliche mußte so furchtbar leiden. Ein Kranz schwarzer Fliegen surrte über dem Leib des sich dahinschleppenden Tieres. Die kleinen Aasgeier der billigen Verwesung begleiteten ihre Beute. Hugo langte nach Ernas Hand. Sie war schlaff von Geistesabwesenheit und Mitleid.

An dem gewohnten Ort, es war ein Rondell mit einem kleinen, aber aufgeregten Denkmal in der Mitte, ging Tittel schon auf und ab. Es geschah zum erstenmal, daß er früher zur Stelle war als Erna.

Sein Aufzug hatte heute etwas Neuartiges, Abweisend-Entschiedenes. An seinen kanariengelben Schnürstiefeln trug er wie immer Galoschen, durch die er seinen Körper von der unheilbringenden Erde isolierte. Überm Arm hing der verbrauchte Paletot, der ihn vor kommenden Unwettern schützen sollte. Seine Hand – sie glich einem von schlechter Seife verwaschenen und eingegangenen Ding – hielt einen Stock. Dieser Stock lief in eine absonderlich geformte, geradezu dreiste Krücke aus, die schief vorwärts gebogen einem Marabuschnabel glich und aus irgend einem gefährlichen Tierhorn geschnitzt zu sein schien. Der ganze Mensch war gewaffnet und versperrt wie eine Festung, zugleich aber entsichert wie eine scharfgeladene Waffe. Sein großer dünngekniffener Mund schien das ganze Gesicht verschluckt zu haben. Es war gar kein Gesicht vorhanden, sondern nur jenes symmetrische, von der Nase entzweigeteilte Brillenblitzen. Auf der rechten Wange fiel mehr als sonst ein großer Durchzieherschmiß auf, weil er heute kriegerisch erglühte. Tittel steckte umständlich und vorwurfsvoll seine Uhr ins Lederfutteral, dann grüßte er mit ersterbender Stimme:

»Mein liebes Fräulein, ich habe mit Ihnen ernsthaft zu reden, aber schon sehr ernsthaft ...«

Er hatte »Mein Fräulein« gesagt. Hugo erschrak vor dieser giftigmatten Stimme, die ihn nach wie vor nicht beachtete, bis ins Herz. Der Ankläger aber säuselte weiter: »Nehmen wir Platz!«

Wie langsam erstarrend Erna sich niederließ! Hugo rückte an das äußerste Ende der Bank. Tittel aber, der beide Hände auf die gefährliche Stockkrücke stützte, begann weit auszuholen:

»Ich war aktiv bei einer schlagenden Verbindung, Marbodia! Sie wissen es ja ...«

Das war so hingemurmelt wie die Erwähnung einer Heldentat, von der man, mit gespielter Gleichgültigkeit, kein Aufheben macht. Auch offenbarte die immer leiser werdende Stimme eine Atemnot, eine Seelenerkältung, die sich Tittel an der Schlechtigkeit der Welt zugezogen hatte:

»Die Anforderungen, die an einen Farbenstudenten gestellt werden, sind gewiß keine Kleinigkeit. In manchen Belangen eine volle

Beanspruchung der Persönlichkeit … Aber, mein liebes Fräulein, in punkto Gesundheit habe ich niemals Spaß verstanden. Was das anbelangt, habe ich immer gewußt, was ich will. Schließlich bin ich ein moralischer Mensch…«

Tittel fröstelte, erhob sich, und, obgleich der Garten unter der Last dumpfer Hitze seufzte, begann er seinen Paletot mit fiebrischen Bewegungen anzuziehen. Er knöpfte ihn von oben bis unten zu, fuhr in die Taschen und streifte ein Paar alter brauner Glacéhandschuhe über die Finger. Nun zitterte seine Stimme von verhaltener Erbitterung: »Ein einziges Mal bin ich vertrauensvoll und unvorsichtig gewesen in meinem Leben … Ja, ja … Und daß Sie es sind, Erna, gerade Sie, … auf die ich Schlösser gebaut habe! … Luftschlösser allerdings, wie es sich zeigt … Eine herbe Lebensenttäuschung und ein unabsehbares Unglück … ja, ja …«

Und plötzlich zischte er durch die Zähne:

»Sag mir sofort, mit wem du in der letzten Zeit verkehrt hast, du, du …«

Erna packte Hugos Hände:

»Schweigen Sie! Sie sind ja verrückt!« Und sie flehte: »Der Bub hier …«

Tittel keifte jetzt hemmungslos auf:

»Du lügst, du lügst! Ich werde mich schon vergewissern … Es gibt Mittel, dir das Schandwerk zu legen … Es gibt die Polizei … du gemeine Person, du!«

Erna riß den Knaben hoch und stürmte davon. Mit schweren Tropfen erbarmte sich jetzt ein Regen der Welt. Hugo rannte, ohne Erna einholen zu können.

Hinterher erscholl Tittels Haß:

»Mein schönes Fräulein, Sie haben mich petschiert …«

In dem Regenpavillon des Parks fanden sich beide, Hugo und Erna. Das Mädchen weinte nicht, aber ihre Zähne klapperten. Die große, ein wenig schwere Gestalt lehnte keuchend an der Holzwand. Sie flüsterte wie von Sinnen:

»Es ist nicht wahr, Hugo, es ist nicht wahr, was er sagt, um Gottes willen, Hugo, glaub es nicht, es ist nicht wahr!« Auch Hugo keuchte von Anstrengung, das Rätsel zu lösen. Ach, wie konnte er denn Erna helfen, da er ja nicht verstand, was die Wahrheit, was die Unwahrheit sein mochte! Die Knie der großen Frau zitterten, sie klammerte sich an den schmächtigen Körper des Kindes:

»Es ist nicht wahr, Hugo, aber etwas anderes ist wahr, etwas Furchtbares, ja, etwas Schreckliches kommt, Hugo! Was soll ich tun? Ich muß ins Wasser gehn!«

Scharfe Windstöße töteten den Platzregen. Der aufgeschürfte, durchgewetzte Wolkenhimmel war mit hundert blauen Wunden übersät.

Zu Hause sperrte sich Erna in ihrem Zimmer ein. Hugo las keine Zeile. Er hatte sich in seine breite Schulbank gesetzt und brütete. Daß Tittel ein Schurke war und irgendwelche niedrige Zwecke verfolgte, daran zweifelte er nicht. Erna hatte beteuert: »Es ist nicht wahr.« Was auch immer nicht wahr sein mochte, er glaubte ihr. Welch ein schweres Leben lastete auf ihr! Sie war in irgend eine Verschwörung dieser erwachsenen Männer verstrickt, die das Werkzeug ihrer Absichten wegwarfen, wenn sie es nicht mehr brauchten. Man hatte ja dergleichen schon gelesen. An Zelniks »geheime Verhandlungen« glaubte Hugo nicht mehr. Er vergegenwärtigte sich den kleinen, grausam zuckenden Schnurrbart des Oberleutnants. Gewiß, er war zum Narren gehalten worden. Man hatte schließlich auch manches von Liebe und Liebesleid gelesen, aber »Liebe und Liebesleid«, das war etwas Unbestimmt-Prächtiges, wie ein Sonnenuntergang, wie ein Theatervorhang mit Genien, Kränzen und nackten Gliedern, wie das Zusammensingen mantelumwallter Menschen in der Oper, es war etwas, was es gab und doch auch nicht gab. Man nahm dieses Unbegreifliche hin, wie man es hinnahm, daß einen die Mutter »unter dem Herzen getragen« und eines Morgens »mit Schmerzen geboren« hatte. Während Hugo grübelte, ritzte er, wie es seine schlechte Gewohnheit war, mit einem Taschenmesser allerlei Runen in die grüne Platte der Schulbank. Zelnik war immerhin Zelnik. Aber von Tittel war Erna feig und niederträchtig beleidigt worden. Es sah fast so aus, als hätte der Nußknacker aus Tücke diese Szene vom Zaun gebrochen. Nein, nein, es sah nicht nur so aus, sondern ganz sicher steckte verruchte Absicht in Tittels teuflischem Benehmen. Wer konnte sie ergründen? Sollte er, Hugo, seine Eltern bitten, Erna vor drohender Schmach zu retten!? Um Gottes willen, das war ja unmöglich! Warum konnte er mit ihr niemals über diese Dinge sprechen? Warum war seine Kehle zugeschnürt vor Scham und Erregung? Nie würde er ein Wort herausbringen. Aber auch sie schwieg ja. Nein, sie hatte doch heute aufgestöhnt. Groß tauchte der Klageruf empor: Ich muß ins Wasser gehn! Hugo gedachte der unglücklichen Liebe jener klassischen Heldinnen, die er kannte. Ach, diese Heldinnen sprachen in herrlichen Versen und der Weihrauch ungewöhnlicher Worte verhüllte köstlich die nackten Tatsachen ihres Schicksals. Bisher hatte Hugo das Verwischte in den Worten geliebt. Man konnte den schreitenden Worten nachträumen wie ziehendem Gewölk. Jetzt aber auf einmal schien alles, alles Gewölk zu sein und Dampf. Man wollte einen geröllübersäten Abhang emporklimmen (eine Erinnerung Hugos) und rutschte immer wieder zurück. Immer weiter rückte die Wahrheit. Der Junge hatte das Gefühl, als wären ihm Nase und Ohren mit dicken Wattepfropfen verstopft. Das erstemal erlebte er die körperliche Verzweiflung, welche die Unerschwinglichkeit aller Erkenntnis hervorruft. Es mußte ja etwas Gräßliches sein, um dessentwillen Erna ins Wasser gehn wollte. Sich in das Meer, in den Ozean stürzen, von einer hohen Klippe herab, weißgewandet womöglich wie Sappho – das war noch zu begreifen. Aber der braune Heimatfluß, das dicke ekelhafte Wasser, aus dem die Typhusepidemien kommen! Oh, alles war Geröll und Gewölk! Die Schulbank umdrängte, umpreßte Hugo von allen vier Seiten wie ein Kerker, wie ein Folterverlies, wie die Kindheit selbst. Einen unfertigen Körper zu haben, den alle (insbesondere Papa) mitleidig belächeln, etwas, das in der Nacht weiterwächst, ohne daß man es merkt! Und alles zu wissen, alles schon erlebt zu haben, alles in sich zu tragen, und doch von dieser mächtigen Fülle nichts zu verstehn, gar nichts! An Ernas Seite dahinzuleben, alltäglich ihr den Körper zur Waschung darzubieten, in der Nacht ihren nackten Frauentritt zu belauschen und doch ihr ewig fremd zu bleiben und niemals ihre Wahrheit erkennen zu dürfen, o Gott, warum!?

Als Hugo am andern Morgen erwachte, stand Fräulein Tappert schon fertig angekleidet im Zimmer. Es fiel dem Knaben auf, daß sie verwandelt, ja unhübsch aussah. Augen und Wangen waren verschwollen, sie duftete nicht frisch wie alle Tage, und hatte für Hugo keinen Blick. Sie trieb ihn an — was sie sonst niemals tat —, schnell aufzustehen und sich anzukleiden. Unvermittelt sagte sie, als wäre es eine Sache ohne Wichtigkeit:

»Ich muß heute auf einen Sprung nach Haus gehn. Du kommst doch mit mir, Hugo? Aber sag es niemandem, bitte! Nicht wahr?«

Nach Haus! Dieses Wort berührte Hugo so sonderbar. Erna hatte also ein Zuhause! Bisher war es immer so gewesen, als gäbe es kein anderes Zuhause, als das seine. Natürlich wußte er, daß jeder Mensch, daß jedes Kind in irgend einem Gebäude, in irgend einer Wohnung zu Hause ist. Aber er wußte ja auch, daß Kamele die Wüste durchqueren und in Amerika Indianerstämme leben. Zu Hause, das war ja n u r dieses Haus hier, dieses Zimmer mit Schulbank und Turngeräten, die Galerie, die Einfahrt mit der Sänfte, der Speisesaal. Erna hatte zwar manchmal eine Bemerkung über ihre Mutter, ihren gelähmten Bruder gemacht. Aber mochte sie auch in der gleichen Stadt ein Heim haben, in dem er aufgewachsen war, für Hugo hatte es keine Geltung, es bildete eine nebensächliche Vorbereitung auf ihre wahre Existenz, hier, bei ihm, bei seinen Eltern, in dem einzigen, eigentlichsten und endgültigsten Zuhause der Welt. Als er nun hörte, daß ihn Erna in die mütterliche Wohnung mitnehmen wollte, faßte ihn ein leichter Schauer an. Etwas ähnliches mögen Weltreisende empfinden, wenn sie sich anschicken, einen exotischen Tempel zu betreten. Hugos Mutter hatte den jeweiligen Erziehern und Gouvernanten stets eingeschärft, sie sollten es vermeiden, den Knaben in fremde Häuser (von Wohnungen ganz zu schweigen), überhaupt an unbekannte Örtlichkeiten zu führen. Miß Filpotts war so weit gegangen, daß sie Hugo nicht einmal in die Kaufläden mitnahm, wo sie Besorgungen zu machen hatte. Der Arme mußte in solchen Fällen immer in Sehweite der Miß vor der Tür stehen bleiben, ohne sich zu rühren. Jetzt aber winkte ihm zum erstenmal im Leben d a s F r e m d e, und in seine Scheu mischte sich nicht nur bange Neugier, sondern auch die Angst, ein strenges Elternverbot in den Wind zu schlagen.

Früher als sonst verließen Erna und Hugo das Haus. So heftig waren die Erlebnisse, die auf den Knaben eindrangen, daß sie (wenn auch Ungeduldige es für unwichtig halten sollten) doch ausführlich berichtet werden müssen. Man erwäge, dieser Elfjährige, der schwertönende Versreden aus dem Stegreif erfinden konnte, war doch nur ein zurückgebliebener Junge, den jeder Sechsjährige aus weniger behüteten und lebensfrischeren Kreisen hätte in allen Dingen belehren können.

Der Andrang des Fremden, der Andrang des Neuen begann schon im Hausflur. Es gab in Ernas Mutterhaus − der Vater war schon ein Jahrzehnt lang tot − nicht nur einen, sondern drei Hausflure, denn dieses ihr lärmendes Zuhause umschloß mehrere Höfe voll regen Lebens, Kindergeschreis und Weibergeschwätzes. Es war übrigens durchaus keine Mietkaserne eines Proletarierviertels, sondern ein stattlich altes, jetzt nicht wenig heruntergekommenes Gebäude, von dessen antiker Würde etliche Schwibbögen, Loggienwölbungen, die dicken Mauern und das gesenkte grasüberwucherte Pflaster Kunde gaben. Früher dürfte es von ein paar wohlhabenden Bürgerfamilien bewohnt gewesen sein, jetzt hatten sich zahlreiche und weit weniger wohlhabende Familien hier eingenistet. Diese Familien und auch der Hausherr bewiesen wenig Sinn für die altertümlichen Schönheiten des Gebäudes, denn die Hofseite jedes Stockwerks war durch umlaufende Eisengalerien verschandelt, die man hierzulande »Pawlatschen« nennt. Von diesen Pawlatschen hing Wäsche zum Trocknen herab und einige besser eingerichtete Parteien bearbeiteten hier ihre Teppiche, Läufer, Steppdecken und Plumeaus mit dem sausenden Klopfer.

In der Finsternis des ersten Flurs, knapp neben dem Aufgang, hing ein sehr großes Kruzifix, zu dessen Füßen eine ewige Lampe brannte und ein nicht minder ewiges Kränzchen aus rosa Papierblumen schwebte. Ein ähnliches, wenn auch kleineres Kruzifix sollte Hugo später in der Wohnung von Ernas Mutter vorfinden sowie einen Öldruck der Madonna und des heiligen Antonius dazu. So war der erste Eindruck, den der Knabe hier empfing, ein religiöser. Seine Eltern waren keine gläubigen Menschen, sehr selten wurde Hugo von ihnen zu einem Gottesdienst geführt. Die letzten Ostern war er nach Rom mitgenommen worden. Im Petersdom hatte er eine Papstmesse erleben dürfen. Aber all dies Klargewölbte, Feierliche oder Glasfenstermystische der verschiedenen Kirchen war ihm nicht fremd, es verbreitete kein heilig-dumpfes Grauen, sondern eine wohltätige Entrückung, es hing undeutlich, aber ohne Zweifel mit der komfortablen Welt seines Vaterhauses zusammen. Er war in Rom neben seinen Eltern vor hundert Heiligtümern, Altären, Madonnen und Märtyrern gestanden. Aber Papa sprach knapp und trocken über diese gottgeweihten Bilder und Geräte. Ungewöhnliche Worte fielen wie: »Manier«, »Farbauftrag«, »Skurzo«, »Quattrocento«. Es schien ein geheimes Abkommen zwischen Papa und seinesgleichen zu herrschen, wonach die heiligen Gegenstände zumeist respektiert werden mußten, nicht weil sie heilig waren, sondern weil sie einen beglückenden und erhebenden Kennerwert darstellten. Die Eingeweihten sprachen mit selbstbewußten Fachausdrücken von ihnen, deren Gebrauch das Göttlich-Furchtbare hinter all diesen Dingen heiter und nobel entwirklichte. Wer weiß, vielleicht war der Papst auf seiner Sedia, von Wolken und Pfauenfedern umfächelt, von silbernen Trompeten verkündigt, das herrliche Haupt dieser Eingeweihten. Wo aber war Gott? Gewiß, er lebte in allen Kirchen und auch draußen auf dem Lande, in den Bildstöcken der Kreuzwege, und dort ganz besonders. Aber nirgends hing er schwerer und wirklicher als in der Finsternis dieses Flurs, vom Schein einer Ölfunzel zauberisch-schreckhaft gefleckt. Schamlos intim, allen Bewohnern, allen Vorbeigehenden lächerlich nahe hing er in diesem Raum und dennoch hielt er, lang seinen Schatten werfend, furchtbaren Abstand. Er hing lebendiger da, atmender als in jeder Kirche, dieser gelbbemalte, süßlichduldende Leidensmann, von dessen Kunstwert gewiß niemand sprach. Wie oft hatte Hugo den Christus in Papas Galerie, die wundervolle ausgemergelte Holzplastik aus dem vierzehnten Jahrhundert, angetastet, obgleich es verboten war! Vor dem teuren Gott, den sein Vater gekauft hatte, fühlte er keine Scheu. Diesen hier, Ernas Gott, hätte er nicht zu berühren gewagt. Nicht er gehörte Erna, sondern Erna gehörte ihm an. Jetzt warf er das zuckende Netz seines Schattens über sie. Hugo spürte, wie sie sich verwandelte, wie sie ihm entglitt, ins Fremde einging, in ihr Zuhause.

Ernas Mutter öffnete die Tür des engen schwarzen Vorraums. Hugo stieß an ein Bügelbrett, das an der Wand lehnte. Aus der Küche daneben wolkte ein Geruch der Fremdheit, es roch nach Wasserdampf, Kunstfett und angebrannter Milch. Man betrat die Küche. Auch Ernas Mutter war stark geniert und deckte schnell die Töpfe auf dem kleinen Herde zu, ehe sie den Besuch in die Stube führte. Erna sagte: »Das ist Hugo!«

Die Mutter wiederholte nur: »Also das ist Herr Hugo!« Und sie warf einen unzufriedenen Blick auf ihre rote Küchenhand, ehe sie die Hand des Knaben ergriff. Die Frau stand keinen Augenblick still. Es schien, als wäre sie in ihrem Käfig immerfort auf der Flucht vor etwas. Der Verfolger steckte in ihr selbst. Sie war ein mageres Wesen mit einem dünnen Hals und einem sehr starken Leib, den die vorgebundene Schürze noch gewölbter erscheinen ließ. Wenn sie einen Augenblick stehen blieb, so pflegte sie die unmutigen Hände über diese Wölbung zu falten. Beim Eintritt der Beiden hatte sie beschämt und schnell ein Kopftuch abgenommen. Sie besaß nur wenig Haare, unter dem Grau leuchtete die Haut rosa hindurch. Ihr längliches Gesicht, das eine erstarrte, fast schon gleichgültige Bekümmertheit zur Schau trug, drückte den Wunsch aus: »Bitte haltet mich nur nicht fest! Es ist ja ganz hübsch, wenn ihr da seid und nichts tut. Aber ich werde nicht fertig, ich habe noch alle Hände voll Arbeit. Und erzählet mir um Christi willen nur nichts Neues! Alles Neue ist unangenehm und hält auf. Wie soll ich denn nur fertig werden!«

Erna aber hatte etwas Neues zu erzählen. Mit einer Kopfbewegung deutete sie zur Küche hin. Die bekümmerte Maske der Mutter wurde noch um einen Schatten düsterer. Heimlichkeiten brachten nichts Gutes. Sie lief ruhelos hin und her, sie rückte unzufrieden mit den Dingen auf der Kommode, endlich begann sie eifrig einen Stuhl abzuwischen, den sie dann Hugo anbot. Die Gegenwart dieses apart gekleideten Knaben, von dem ein glänzendes Leben ausstrahlte, machte sie unsicher. Sie empfand angesichts Hugos und ihrer Behausung ein Mißgefühl, das man am besten soziale Scham nennen könnte. Und Hugo selbst empfand etwas ähnliches, und zwar doppelt, von sich aus und von der Frau aus.

Erna und ihre Mutter standen in der Tür zwischen Stube und Küche. Hugo hatte nun Zeit, sich hier umzusehen. Nicht nur das Kruzifix hing an der Wand und ein farbiger Öldruck der Muttergottes mit schwertdurchbohrtem Herzen über dem aufgetürmten Bett, sondern auch etliche vergrößerte Photographien blickten traurigfestlich aus Glas und Rahmen. Dies waren gewiß die Bilder der Familien-Toten. Man nahm Gott und die Toten hier furchtbar ernst. Der höchste, rangälteste Tote unter ihnen, Ernas Vater, beherrschte streng den ärmlichen Raum. Ein gerade aufgerichteter Mann im ernsten Salonrock, dessen glattes Dunkel mit dem Verdienstkreuz am roten Bande geziert war. Er ertrug es nur ungern, daß ein leichtfertiger Künstler seine Photographie koloriert hatte, einen ewigen Frühlingshimmel hinter sein schlichtes Haupt bannend. Hugo spürte, wie das Bild ihn forschend und voll lebendiger Ablehnung anblickte.

Gott und die Toten! Wie anders doch war es zu Hause. Dort sprach man nicht von Gott, und von den spärlichen Toten, die als kleine Photographien auf Papas Schreibtisch standen, auch nicht. So erschien es wenigstens Hugo in dieser tiefsinnigen Minute. Überhaupt es schien, als ob das Leben zu Hause sich selber nicht ganz ernst nähme. Ein heiterer wohlbehüteter Rest von Unernst färbte alles schön und angenehm. Da war zum Beispiel das, was die Menschen Tod nannten. Hugo wußte zwar, aber glaubte es nicht, daß er einmal werde sterben müssen. Ebensowenig glaubte er an den künftigen Tod seiner Eltern. Tod war etwas, das zu seinem weißen Zimmer, zu Papas Galerie, zu Mamas Atelier und ihren Toiletten nicht passen wollte. Auf der Straße sah man oft Begräbnisse. Riesige Leichenwagen, ungeschlacht schwankend, schwarzglänzend von widerlichem Lack, mit Türmchen, Schnörkeln, Kronen geschmückt, von Quasten und Draperien umschlottert, ein Anblick des Grauens und Ekels! Wie Stanniolsilber schimmerte die häßliche Farbe des Sarges zwischen den lastenden Kranzspenden hindurch. Und diese Kränze selbst, widernatürlich auf Draht geflochtenes Grün, sie waren eine Herabwürdigung der Astern und Chrysanthemen, die in dem engen Zopf aus Rost und Moos erstickten. Der Tod war etwas ganz und gar Unelegantes. Der Tod war dasselbe wie die altdeutsche Kredenz in Frau Tapperts Stube. Er kam für Hugo und Seinesgleichen kaum in Betracht. Bevor man starb, mußte man doch krank werden. Vor den Krankheiten aber standen die Ärzte und alle möglichen weißgekachelten und vernickelten Einrichtungen der Hygiene. Wenn es Hugo recht bedachte, so hatte auch die Krankheit, wie er sie kennen gelernt, nichts mit dem Tode zu tun. Er liebte ja den Fieberzustand, währenddessen es sich so berauschend träumen ließ. Ihm fielen jetzt die illustrierten Klassikerausgaben ein, die er besaß. Ja, darin waren Krieg, Zweikampf, Mord, Tod aufgezeichnet. Aber diese Art hinreißenden Todes, sie gehörte in dasselbe Kapitel wie »Liebe und Liebesleid«. Dies gab es und gab es nicht. Man vergoß Tränen der Schönheits-Rührung, während man sich, lesend und genesend, im Bette wohlig rekelte. Hier aber, in dieser Stube und in diesem Leben, gab es alles, was es gab.

Und Erna? Sie gehörte hierher! Sie war in dieser Stube groß geworden unter der Herrschaft Gottes und der Familien-Toten. Sie war die Tochter dieser Frau, die ihre Hände über den gewölbten Leib faltete.

Wieso aber kam es, daß die Tochter dieser alten Frau immer hübsche kleidsame Gewänder trug, daß sie ihm sogar besser gefiel als Mama, deren Schönheit doch von allen Leuten gepriesen wurde? Die Alte hier schlurfte in Filzpantoffeln. Aber Erna verwandte – das hatte Hugo gleich in den ersten Tagen der Bekanntschaft mit Wohlgefallen bemerkt – die höchste Sorgfalt auf ihr schönes Schuhwerk. Für Hugo bedeuteten schöne Frauenschuhe den Inbegriff alles dessen, was entzückend war und ihn anheimelte. Erna pflegte die ihrigen – es waren fünf Paare – straff auf Leisten gespannt, offen auf eine niedrige Etagere zu stellen. Hugo ging niemals vorbei, ohne mit der Hand über das Leder zu streichen. Und doch, trotz dieser eleganten Schuhe, gehörte sie nicht zu ihm, nicht in sein helles Zimmer, sondern hierher. Sichtbar war sie dem lastenden Ernst dieses Hauses verfallen, das nicht mit sich spaßen ließ. Hugo sah plötzlich den augenlos funkelnden Tittel vor sich und dachte an den schmutzigen Fluß, in dessen Fluten Erna nun bald sterben würde.

Ehe Frau Tappert mit ihrer Tochter in der Küche verschwand, trat sie nochmals ins Zimmer und fragte mit verlegenem Blick und mit geziertem Ton den Knaben:

»Herr Hugo, werden Sie nicht Hunger bekommen? Darf ich vielleicht mit irgend etwas aufwarten?«

Hugo sprang höflich auf:

»Ich danke vielmals, gnädige Frau, ich habe keinen Hunger . . .«

Dabei verbeugte er sich, die Hand auf dem Herzen, und wurde wegen des Ausdruckes »gnädige Frau« rot, der ihm unpassend schien und beleidigend wirken konnte. Erna aber fuhr gleich dazwischen, zornig, als hätte sich ihre Mutter etwas vergeben:

»Wo denkst du hin, Mama? Hugo darf niemals etwas außer Haus und zwischen den Mahlzeiten zu sich nehmen.« Daraufhin folgte die alte Frau der Tochter schnell in die Küche nach, vergaß aber die Tür ins Schloß fallen zu lassen. Durch den Spalt konnte Hugo hie und da ein Wort erlauschen. Aber das Erhorchte, die plötzlich abreißenden Gesprächsfetzen waren nur angetan, seine wirren Gedanken über Ernas Unglück noch mehr zu verwirren. Er hätte ja in der Stube umhergehen und sich immer wieder dem Türspalt unauffällig nähern können, um besser zu hören. Aber er blieb aufrecht und steif sitzen. Seine Hände lagen regungslos auf den nackten Knien. (Zu seinem Mißvergnügen bestand Mama darauf, daß er noch immer kurze Strümpfe trug, obgleich er schon ins Zwölfte ging.) Er wandte seinen Blick nicht von Ernas leichtfertig koloriertem Vater, der die rosarote und blaugeäderte Faust auf eine verschnörkelte Tischkante stützte und des Knaben Blick feindselig und unabwendlich erwiderte.

Erna schien zu weinen. Hugo hatte sie noch niemals weinen gehört. Er kannte nur die jähen, gehetzten Ausbrüche der Schweigsamen und Schweren. Jetzt aber drang ein kindisch plätscherndes Klagen aus der Küche, eine ganze Weile lang, und immer im gleichen Ton. Die Mutter schwieg. Nur ihre unruhigen Hände hörte man laut mit dem Geschirr hantieren. Erna war zu Ende. Da vernahm Hugo Frau Tapperts Stimme:

»Gib mir den Mörser herunter!«

Dann wieder Schweigen, Zuckerstoßen, Küchengeräusch und nach einer Weile:

»Der wievielte Monat sagst du?«

Und Erna, aufschluchzend:

»Im dritten . . .«

Die Mutter sprach einige mißbilligende Sätze, aber Hugo verstand nur:

»Warum hast du so lange gewartet? . . .«

»Mein Gott«, entgegnete Erna, »ich hab's halt immer verschoben«, und sie fing wieder zu weinen an.

Hugo saß steif auf dem Stuhle, den ihm Frau Tappert angeboten hatte. Ohne daß er wußte warum, nisteten sich Mamas Worte in sein Bewußtsein ein, mit denen sie seine Frage, wie er zur Welt gekommen sei, jüngst beantwortet hatte: »Ich habe dich unterm Herzen getragen, Hugo ...« Aber auf nähere Erklärungen wollte sie sich dann nicht mehr einlassen und behauptete, sie müsse einen Brief schreiben. Hugo hatte es bisher vermieden, sich dieses »Unterm-Herzen-getragen-werden« körperlich vorzustellen. Es war ein peinlicher, ja unappetitlicher Gedanke, der sich ihm aber jetzt, gerade in diesem Augenblick, quälend aufdrängte. Überhaupt, die Frauen schienen vielerlei Heimlichkeiten und auch Tücken zu besitzen. Man bemerkte gar manches. Was bedeuteten die hundert Fläschchen, Tiegel, Dosen auf Mamas Toilettetisch, wozu brauchte sie all das Kautschukzeug, auf das man stieß, wenn sich die Gelegenheit ergab, ungezogener Neugier voll, in verschwiegenen Schubladen zu stöbern. Wozu lag Mama ganze Tage lang im Bett, ohne krank zu sein? Hugo haßte diese verdachtserfüllten und unauflöslichen Betrachtungen. Er heftete mit strenger Mühe seinen Blick auf die Kommode, wo unter allerhand Porzellangerümpel zwei alte blutrote Rubingläser standen. Die peinlichen Vorstellungen wichen. Stärker erhoben sich nun die Stimmen nebenan. Frau Tappert sagte:

»Ich werde halt zur Seifert gehn . . .«

Erna schien in immer größere Erregung zu verfallen. Sie flüsterte zwar, aber ihr Geflüster wurde immer schärfer und bitterer. Da klagte auch die Mutter, nun selber trostlos: »Kind, Kind!«

Wie? Also auch Frau Tappert konnte ihrer Tochter nicht helfen? War Ernas Schicksal rettungslos besiegelt? Der trübe langsame Fluß mit den vielen Brücken wartete. Hugo erhob sich und durchquerte scheu den Raum. Er ging auf Zehenspitzen, als hätte er Angst, jemanden zu wecken, Ernas Vater wohl, den kolorierten Toten, der ihn nicht aus dem Auge ließ. Während dieses vorsichtigen Ganges begann ein Entschluß in ihm zu keimen, vor dem er selber erschrak. Doch es zeigte sich kein anderer Ausweg. Durch den engen Türspalt drang schärfer jetzt Ernas Stimme: »Wer soll das bezahlen?«

»Stell die Kartoffeln auf«, gab die Mutter zur Antwort.

Erna wich nicht zurück:

»Ich hab euch Monat für Monat alles gegeben, bis auf den letzten Heller . . .«

Statt einer Erwiderung klapperten nun vielsagend genug die Töpfe und Deckel. Erst nach einer Weile erklang Frau Tapperts ruhige, ihres Rechts bewußte Stimme:

»Für mich, das weißt du ja, brauch ich nichts. Aber denk an Albert!«

Hugo blieb stehen und schloß die Augen. Wenn er von alledem auch nichts verstand, eines wurde ihm klar, daß Mutter und Bruder von Erna lebten, von dem Gelde lebten, das sie in dem Haus seiner Eltern verdiente. Der keimende Entschluß regte sich mächtig in seinem Herzen. Zugleich aber zog es ihn zu den beiden Frauen in der Küche und lautlos schlich er näher. Aber jetzt fuhr er zurück, denn die vollkommen verwandelte Stimme der alten Frau, höhnisch haßzitternd, sie traf ihn wie ein Schlag:

»Was willst du? Die Männer!? Die machen einen nur krank, so oder so, und nachher verlangen sie selber noch Geld.«

Hugo saß nun wieder artig auf seinem Stuhl und ließ den Kopf hängen. Vor seinem inneren Auge zerflossen der schöne Zelnik und der häßliche Tittel in eine einzige verzerrte Figur. Hüftenschlank und brillenblitzend näherte sie sich Fräulein Erna, die einen Krug unter die Wasserpalme des Springbrunnens hielt. Die Vision wurde von schweren Schritten unterbrochen. Albert kam heim.

Erna hatte von ihrem Bruder einmal gesagt, er sei ein Krüppel, seitdem er mit zwölf Jahren die Kinderlähmung bekommen habe. Krüppel, das war ein furchtbares Wort, es kostete Überwindung, diese schamstachligen Silben auszusprechen. Warum hatte Albert die Kinderlähmung bekommen und Hugo nur den Scharlach ohne bleibende Folgen? Albert ging an Stöcken. Seine Beine gehorchten ihm nicht. Er mußte sie weit und mit Gewalt vom Leibe schleudern, dann erst fielen die Füße hart auf und faßten Stand. Der junge Mann war mit leidenschaftlichem Eifer in das Problem seines mühsamen Ganges vertieft. Nichts anderes kümmerte ihn als sein Schritt, der laut den Boden stampfte. Er strebte zu dem Lehnstuhl am Fenster, dort blieb er stehen, nahm die beiden Stöcke in die rechte Hand und ließ sich nieder. Seine Stirn schimmerte feucht. Ein schweres Werk war getan. Jetzt erst bekam er Augen, blaue, ein bißchen lauernde, und erblickte seine Mutter und Erna, die aus der Küche getreten waren:

»Na, Erna, das ist aber eine Auszeichnung! Ich hoffe, daß es eine Auszeichnung ist und nichts Schlimmeres.«

Das Fräulein stellte wiederum den Knaben vor:

»Dies ist Hugo!«

Albert deutete eine Bewegung an und sah spöttisch drein:

»Dein Zögling, Erna, wie?...«

Er reichte Hugo die Hand hin, der sie, zum Lehnstuhl gehend, mit einer Verbeugung erfaßte. Doch kaum war diese Begrüßung erfolgt, als sich Albert von Hugo wegwandte und das gerötete Gesicht der Schwester, den unsicheren Blick der Mutter bemerkte:

»Was habt ihr?« fragte er.

Frau Tappert begann ihren sinnlos sorgenden Rundgang durchs Zimmer, währenddessen sie mit der Schürze über die Kanten der Möbel fuhr und den Standort einiger Dinge vertauschte. »Ach was«,

brummte sie, »gar nichts haben wir. Was sollen wir denn haben?«
Mit eiligen schuldbewußten Fingern steckte Erna ihrem Bruder
eine Schachtel Zigaretten in die Tasche. Albert tat, als merke er es
nicht, wurde rot, bekam eine unwillige, ja gehässige Miene, beherrschte sich aber.

In dieser Sekunde überkam den Knaben ein sonderbares Erlebnis.
Er versenkte sich in Alberts Gesicht, er verglich sein mit Ernas Antlitz. Unendlich ähnlich war eines dem andern. Dasselbe Haar, derselbe schwerfällige Mund, bei Erna stumm, bei Albert trotzig. Da
gewann Hugo diesen abweisenden, gar nicht freundlichen Menschen auf einmal stürmisch lieb. Dies war aber noch nicht das We-
sentliche. Etwas ganz und gar Verrücktes trat hinzu. Hugo liebte
und bewunderte Albert plötzlich, weil er ein Krüppel war. Eine
blitzschnelle abgründige Empfindung: Der Leidende ist mehr wert
als der Glückliche. Erna und Frau Tappert behandeln den Albert wie
einen bedeutenden oder vornehmen Mann. Gebrechen, das ist
etwas Hervorragendes, fast Heiliges. Blitzschnelle, abgründige
Empfindung, wohlgemerkt, und kein Gedanke! Aber diese Empfindung sollte Hugo durchs Leben begleiten, ohne daß er später
ahnte, aus welcher Stunde sie stammte.

So tief hatte sich Hugo in Alberts Gesicht verloren, daß er es gar
nicht bemerkt hatte, daß Erna dem Bruder seine Vortragskunst und
sein Gedächtnis rühmte. Er war immer wieder erstaunt darüber,
wie demütig die schöne Schwester, die doch dieser Familie all ihren
Verdienst hingab, um die Gunst des Krüppels buhlte. Albert wandte
sich an Hugo:

»Als ich so alt war wie Sie, habe ich Ingenieur werden wollen.«

Seine Mutter fügte stolz hinzu:

»Ehe er das Unglück hatte, war er in der Realschule immer der
Beste. Sein Vater war aber auch ein sehr gebildeter Mensch ... Bei
der Eisenbahn.« Albert unterbrach sie wütend: »Schweig, Mutter!«
Hugo blinzelte zu dem rangältesten Toten hinauf, der seine rosa-
gemalte Faust auf dem verschnörkelten Tisch ohnmächtig zu ballen
schien. Erna aber bemühte sich immer schmeichlerischer um ihren
Bruder:

119

»Was macht deine neue Erfindung?«

Albert hielt eine Antwort für überflüssig. Ernas Gesicht zeigte – als wäre alles Unglück vergessen – einen kleinen Zug von Prahlerei, als sie jetzt nachdrücklich Hugo belehrte:

»Du mußt wissen, er ist ein großer Erfinder und besitzt schon zwei Patente!...«

Mit geringschätziger Ungeduld überhörte Albert das weibliche Lob und wandte sich, Mann zu Mann, an Hugo:

»Befassen Sie sich mit technischen Dingen?«

Der Knabe spürte den bedrückenden Raum um sich, den Raum der Fremdheit, der jetzt überfüllt zu sein schien von Menschen, von ihren Sorgen, Lügen, Hinterhältigkeiten. Zugleich aber war es eine merkwürdig süße Befriedigung, daß ihn Albert, der leidende Mensch, durch sein Vertrauen auszeichnete. Ob er sich mit technischen Dingen befasse? Schuldbewußt gedachte Hugo der Elektrisiermaschine und des anderen physikalischen Spielzeugs, das ungenützt in einem seiner Wandkästen lag. Doch hätte er um alles in der Welt dies dem Techniker Albert nicht eingestehen mögen, daß er die einzig wichtigen und manneswürdigen Realien zugunsten seiner Lesewut vernachlässige. So hauchte er denn ein lügnerisches: »Ja.«

Daraufhin kommandierte Albert: »Bring das Modell, Mutter.« Frau Tappert erschrak und zögerte, denn sie war gerade dabei, die Teller des Mittagessens auf den Tisch zu stellen. Alberts Gesicht verzerrte sich, er schloß die Augen. Da stellte die Mutter eilig alles hin, kniete nieder und zog aus einer Lade ein großes Gewirre von Drähten, Spulen, Rädern, Batterien hervor, das sie sorgfältig auf den Tisch hinbreitete. Nun befand sich ein neues unverständliches Wesen in dem überfüllten Raum. Albert dachte nicht daran, Sinn und Zweck seiner Erfindung klarzulegen. Mühsam erhob er sich und trat mit dem belästigten Gesicht eines Virtuosen, dem man eine unerwünschte Zugabe abzwingt, an den Tisch. Mit müden Händen begann er das Ding in Ordnung zu bringen. Kaum aber hatte er die ersten Griffe getan, als er schon die Arbeit unterbrach und an Hugo die Frage stellte:

»Sie wissen natürlich, was Wechselströme sind?« Hugo schlug die Augen nieder und schwieg. Wechselströme? Jeder dieser erwachsenen Herren besaß einen Sack voll ungewöhnlicher Worte: Papa, Zelnik, Tittel und nun auch Albert. Unter all diesen Worten stellte sich Hugo mancherlei vor, aber man konnte es nicht aussprechen. Was seit einer Stunde ihm kalt und heiß über den Rücken lief, vielleicht war dies ein Wechselstrom. Oh, dieses Zimmer hier war voll von Wechselströmen. Albert aber kümmerte sich nicht um diese heimlichen Überlegungen, sondern wiederholte, sehr spöttisch, seine Frage:

»Sie wissen also nicht, was Wechselströme sind?«

Der Geprüfte senkte den Kopf immer tiefer, fühlte aber den Strom von Lebensvorwurf, ja Haß, der aus des Krüppels Blick ihn traf:

»Wenn Sie diesen einfachen Begriff nicht kennen, ist natürlich alles umsonst. Aber ein junger Mann in Ihrem Alter und in Ihren Verhältnissen müßte eigentlich schon wissen, was Wechselströme sind. Sie gehen ins Gymnasium, nicht wahr? Die Anfangsgründe der Elektrizität gehören zum Lehrstoff der Unterklassen. Aber natürlich! Die jungen Herren aus den besten Kreisen haben keine Ahnung von der Induktion.«

Er schien die ganze Erfinderei satt zu haben und schob mit einer Handbewegung alles zusammen. Und ohne sich umzusehen, herrschte er die Frauen an:

»Was habt ihr beide vorhin gehabt?«

Erna lachte: »Ich bitte dich, Albert...«

Aber der Bruder schrie jetzt:

»Gut! Ich weiß ja, daß ich hier der Niemand bin! Ich weiß ja, daß ich von euch nur geduldet und ausgehalten werde! Ihr seid zu gar nichts verpflichtet. Jeder Bissen, den ich esse, würgt mich. Aber alles wird anders werden. Ihr sollt noch staunen. Bis dahin werde ich mich halt umsehn müssen...«

Die letzten Worte hatte Albert jammernd gesprochen.

Erna führte ihn zärtlich zu seinem Lehnstuhl zurück. Ihre Augen schimmerten, aber ihr Gesicht war fröhlich:

»Es ist wirklich gar nichts, Albert ... Wir haben doch nur ein bißchen getratscht, Mama und ich ... Warum machst du dir so schlechte Gedanken, Albert? ... Er sekkiert uns immer, Mama, was? ... Aber jetzt los, Hugo! ... Adieu, ich komm bald wieder ... Und laß es dir gut gehn, Albert.«

Frau Tappert, immer hin und her wandernd, als ginge sie die Szene nichts an, hatte den Suppentopf gebracht. Beim Abschied spürte Hugo, wie Alberts Hand vor Kränkung zitterte.

An der Wohnungstür wartete schon die Mutter ängstlich. Das Mißtrauen des armen Sohnes war ihre Hölle. Sie flüsterte zwar, aber Hugo konnte deutlich ihre Worte verstehen:

»Komm heut nachmittag wieder ... Er wird nicht zu Haus sein ... Und in der nächsten Woche ... nun, wir wollen sehn ... Ich spring am Abend zur Seifert hinüber ... Hoffentlich kannst du dir ein paar Tage Urlaub nehmen.«

Wieder finstere, krachende Holztreppen! Wieder ein schreiender Hof! Wieder der mächtige schattenwerfende Christus im Flur, unter dessen göttlicher Herrschaft sich die Schicksale der Mieter so unnachlässig ernst und wirklich gestalteten. Hugo trat, tief erschöpft, an Ernas Seite in den wilden Mittagssonnenschein.

Was nur hatte ihn so heftig angegriffen, daß er kleine stolpernde Schritte machte? Was denn war ihm in dem fremden Hause Bedeutsames begegnet, daß ihm jetzt eine Traumes- oder Zauberlast von den Schultern glitt? O nein, gar nichts Bedeutsames oder Besonderes war ihm begegnet. Er hatte eine beschränkte Stube erlebt, in der sich Bett, Tisch, Kommode, Kasten, Sofa, Tote und Heilige aneinander drängten. Die Luft dieser Stube verdarb ein unangenehmer Speisendunst, der vom Küchenherd nebenan herschwelte. All die vielen Wohnungen dieses Hauses, an denen man vorbeikam, rochen gleichsam aus dem Mund. Er hatte eine alte Frau kennen gelernt, die Erna Mama nannte, die aber Filzpantoffeln und Schürze trug wie ein schlechter Dienstbote und kaum mehr Zeit fand, vor dem Besuch ihr Kopftuch zu verbergen. Diese Mama war doch gar keine Mama, sondern eine Mutter. Er hatte ferner Ernas Weinen gehört und einige dunkle Fetzen eines erregten Gespräches vernommen.

Ob Frau Tappert ihrer Tochter würde helfen können, das blieb freilich höchst fraglich. Sie hatte sich nach Ernas Geständnis nicht unglücklicher und verzweifelter gezeigt, als sie schon vorher Hugo erschienen war. Was bedeutete diese kummervolle Unruhe, welche die alte Frau immer umhertrieb und sie zwang, unaufhörlich sinnlose Handgriffe zu machen? Kaum einen Augenblick lang stand sie still, aber auch dann zuckte es in den roten Küchenhänden, die sie über dem vorgewölbten Leib halten mußte, damit sie endlich einmal Ruhe gaben, diese alten Arbeiter! Ja, zu Tode abgearbeitet schien die Frau Tappert zu sein, so tödlich abgearbeitet, daß sie Leerlauf und Ruhe nicht mehr ertrug. Hilfe von ihr? Niemals! Hugo hatte auch Albert kennen gelernt, den Krüppel. Den Vorwurf in Alberts Augen hatte er sogleich verstanden und auf sich bezogen. Er schämte sich, daß der Kranke ihm etwas vorzuwerfen habe, und gab diesem Vorwurf recht. Wie schrecklich, daß er sich blamiert hatte, daß er nicht wußte, was Wechselströme sind. Aber hinter diesen Wechselströmen spürte Hugo noch einen anderen, weit schwereren Vorwurf, der ihn mit einem unbestimmten Schuldgefühl erfüllte. Ihm war zu Mute, als hätte er Albert irgend ein Unrecht zugefügt. Auch die Mutter und Schwester des Unglücklichen schienen etwas ähnliches zu empfinden, denn sie behandelten ihn mit verehrender Scheu und ließen sich alles bieten. Konnte es aber auch, trotz seines herrisch-gekränkten Wesens, einen verehrungwürdigeren Menschen geben als Albert, den Erfinder?!

Und über Albert und Frau Tappert, über die Toten und Heiligen, ja selbst über Erna stülpte sich diese Stube, diese rauchdurchwirkte gedrückte Luft, die so anders war als die Luft zu Hause...

Nichts Bedeutsames, nichts Besonderes hatte Hugo erlebt. Und doch, er fühlte sich krank und zerschlagen. War im gewöhnlichsten Alltag dennoch etwas Entscheidendes mit ihm geschehn? Bisher hatte er gemeint, die ganze Welt sei eine Abwandlung des ihm Eignenden, seines Lebens, seines Zuhause. Die Welt? Phantasiegewölk der vielen Bücher, und im Mittelpunkte er selbst, in seinem Bette sich rekelnd, lesend. Heute zum erstenmal war ihm das Beklemmend-Andere, das Fremde entgegengetreten.

Eine kleine, stickige Wohnung, weiter nichts!

(Aber war es soviel mehr, was der junge Königssohn Gautama vor der Parkmauer des väterlichen Palastes erblicken mußte, um von seiner Welt abzufallen? Ein Bettler, ein Leichenzug. Weiter nichts!)

Immer schwerer, immer betäubter ging Hugo dahin. Erna war ihm um mehrere Schritte voraus. Wie schöngekleidet erschien sie doch! Die Männer blickten sich alle nach ihr um. Kleine Lackschuhe blitzten an ihren Füßen. Kein Schatten ihrer Gestalt erinnerte an die Mutter, an das dumpfige Zimmer, an das übervölkerte Haus. Und dabei schenkte sie alles, was sie erwarb, ihrer Familie. Wußten diese niederträchtig-egoistischen Herren wie Zelnik und Tittel, welch einen Engel sie mißhandelt hatten? Ahnten diese Herren, daß die Gedanken, die Erna so rasch vorwärts rissen, vielleicht dem Selbstmord galten?

Hugo versuchte es nicht, die Dahinschreitende einzuholen. Gerne blieb er ein Stück zurück, um Erna, die ein unwiderrufliches Fatum vereinsamte, mit wehmütig-entzücktem Auge zu umfassen. Da niemand auf der Welt dem Fräulein beistehen konnte, so mußte er, Hugo, etwas unternehmen, um sie zu retten.

Schmerzlich war nun alles verändert, auch die Straße. Vor kaum zwei Stunden hatte Hugo eine wohlig-nichtssagende Welle von Farben, Geräuschen und Menschenbildern durchquert, jetzt begab sich das ganze eilende Mittagsleben wie auf einem Meeresgrund, niedergezogen von schweren Gewichten. Feindselig alle Gesichter, abweisend jede Gestalt. Fräulein Erna blieb bei einer Menschengruppe stehn. Auf der Fahrbahn war ein Pferd zusammengestürzt und lag schweratmend auf dem Pflaster. Der Kutscher hatte es von dem gewaltigen Lastwagen abgeschirrt, auf dem lang überhängende Eisentraversen leise schwankten. Nun stand der Mann, auf seine Peitsche sich stützend, ruhig da, redete mit anderen müßigen Männern, rauchte seine Pfeife und schien das weitere Schicksal des Tieres für ein Schauspiel zu halten, das einer sachgemäßen und unbeteiligten Betrachtung wert war. Der Ausdruck des todesgierig an die Erde geschmiegten Pferdekopfes zeigte die tief-dankbare Gleichgültigkeit des Endes. Das große gute Auge blickte erlöst und mit Gott einverstanden in den dunstigen Sommerhimmel. Dieser ruhevolle Leidensblick brachte Hugo eine Botschaft, genau so wie gestern der schleppende Sterbensgang der fliegenumschwirrten Kröte. Es war eine Verkündigung aus den Tiefen des Lebens, die einzig und allein ihm galt. Er verstand sie nicht, aber seine Seele verstand, daß sie angerufen war. Und für einen Augenblick wurde Hugo weit entrückt von Erna, von Ernas Geschick, von Frau Tappert, von Albert, von dieser Straße und dem gestürzten Pferd. Er stand am Strande von Sorrent (die Osterreise mit den Eltern) und sah die wilden Tierrudel der Brandung, die an den Klippen emporsprangen und sich mit ihren weißen Tatzen immer wieder festpranken wollten, unermüdlich und vergeblich.

Fräulein Erna hatte sich indes aus dem Haufen der Zuschauer gelöst und ging weiter, ohne sich um Hugo zu kümmern. Ehe er ihr nachlief, blickte er noch einmal zur Fahrbahn, um von dem armen Gaul Abschied zu nehmen. Der Kutscher, der vorhin so hartherzig erschienen war, kniete jetzt bei seinem Tier und schob liebevoll einen Sack unter den absonderlich langen Pferdekopf.

Auch auf dem Rest des Weges sprach die Bonne mit ihrem Knaben kein Wort. Als sie aber um die letzte Straßenecke bogen und Hugos reizendes Vaterhaus in Sicht kam, beschloß er mit einem nagenden Bangen im Herzen, aber unabänderlich, jene Idee, die ihm heute eingefallen war, zu verwirklichen. Es war eine sehr naheliegende und sehr verhängnisvolle Idee.

Da Fräulein Tappert sich für den Nachmittag beurlaubt hatte, entfiel der übliche Spaziergang und Hugo – er hatte es selbst so gewünscht – saß in ihrem kleinen Salon ganz allein bei Mama. Der Junge blinzelte die vielen hellen Kleinigkeiten dieses Raumes mit halbgeschlossenen Augen an. Mamas Antiquitäten, Dosen, Tassen, Gläser, Miniaturen, waren idyllisch freundliche Wesenheiten im Gegensatz zu Papas hochmütigen Altertümern. Auf dem weißen Tischchen lag ein eben aufgeschnittener Tauchnitzband. Hugo las den Titel: ›The sorrow of Satan by Mary Corelli.‹ Zwischen Mamas Gesicht und dem seinigen breitete sich ein Rosenstrauß in einer Vase aus. Hugo empfand das Bedürfnis, sich und zugleich auch Mama hinter diesen Rosen zu verstecken. Alles, dieser Salon, die Blumen, Mama, er selbst erschienen ihm heute so anstrengend neu, so ungemütlich anders als sonst. Er setzte sich hinter dem Strauß zurecht, damit die Rosen sein Gesichtsfeld ausfüllten, und runzelte die Stirn. Nichts sollte ihn ablenken. Um für Erna zu kämpfen, mußte er sie ja, zum Teil wenigstens, verraten. Wie bitter schwer war das. Er konnte keinen Anfang finden. Mama erkannte bald, daß ein Kampf in ihrem Kinde vorgehe, sie sah die Denkrunzeln auf seiner Stirn, das wechselnde Erröten und Erblassen. Erschrocken stand sie auf, fuhr mit der Hand unter Hugos Hemdkragen, ob er kein Fieber habe, und fühlte seinen Puls. Zugleich aber wußte sie, daß diese körperliche Besorgnis nur eine Geste ihres eigenen Schuldgefühls sei, und daß dem Knaben nichts fehle. Selbstvorwürfe, ja sogar eine Art von Reue brachen in ihrer Seele auf, Wallungen, die ihr nicht neu waren, die sie aber bisher immer mit glaubwürdigen Ausreden vor sich selber vertuscht hatte. Das Kind war ihr fremd geworden. Dieses strenge Jungengesicht, das angespannten Willens einer unhörbaren Simme zu lauschen schien, kannte sie nicht mehr. Gestern zwar hatte sie noch Auftrag gegeben, Hugo auf eine bestimmte Art das Haar scheren zu lassen. Der schöne Kopf des Jungen sollte mit dem neuen College-Gewand in Übereinstimmung gebracht werden. Wie häßlich und äußerlich erschien ihr jetzt diese eitle Fürsorge. Um solche Dinge kümmerte sie sich, während sie die Seele ihres Sohnes andern Menschen überließ. Nun, die Folgen hatte sie sich selber zuzuschreiben. Hugo gehörte nicht mehr ihr.

Der Teetisch wurde hereingeschoben.

Sie fragte sich nun, was für ein peinliches Gefühl es sei, das sie unsicher mache. So lächerlich es klingt, sie konnte sich's nicht verhehlen, daß es Verlegenheit war, Verlegenheit ihrem Kinde gegenüber, das so streng, so verschlossen dasaß! Und nicht wie eine Mutter, sondern wie eine schuldbewußte Geliebte, die den Mann versöhnen will, begann sie für den Knaben zu sorgen, ihm Tee einzugießen und Kuchen vorzuteilen.

Hugo aber, der die Tasse schon in die Hand genommen hatte, stellte sie wieder hin und sagte unvermittelt:

»Mama, ich muß dich etwas fragen...«

Und nach einer herzklopfenden Pause der letzten Entscheidung: »Sind die Tapperts – ich meine Erna – sind das arme Leute?«

Mama war ein wenig erstaunt. Dann dachte sie: Es ist eine Kinderfrage, und erwiderte:

»Arme Leute? Nein, arme Leute sind es gewiß nicht. Sie leben wohl nur in kleinen Verhältnissen.«

»Wer aber sind dann die armen Leute?«

Mama ertappte sich dabei, daß sie dies selber nicht recht definieren könne. Für alle Fälle zählte sie auf: »Arme Leute sind zum Beispiel Arbeiter, die keinen Verdienst haben, Obdachlose oder Waisenkinder... Aber Fräulein Erna hat doch etwas gelernt, sie hat Prüfungen abgelegt, sie hat ein Seminar absolviert, sie ist Erzieherin geworden, sie muß sich ihr Brot selbst verdienen... Von solchen Menschen sagt man, daß sie in kleinen Verhältnissen leben.«

»Und wir, wir sind reiche Leute, Mama, nicht wahr?«

»Aber Hugo, ich finde, daß du sehr unhübsche Fragen stellst! Kommt es denn darauf an? Es kommt auf andere, viel wichtigere Dinge an, auf Geist, Bildung und Seele.«

Die eigene Antwort erzeugte in Mama ein deutliches Mißgefühl. Sie wußte, daß sie der einfachen Frage Hugos ausgewichen war und statt einer ruhigen Erörterung dieser Dinge auf törichte und verlogene Weise moralisiert hatte. Insbesondere die Zusammenstellung von Geist, Bildung und Seele in Erwiderung von Hugos sozialer Neugier störte sie als feige Banalität und erzieherischer Fehler. Hugo aber, der gar nicht recht hingehört, wiederholte: »Kleine Verhältnisse...«

Er lehnte sich zurück und richtete seinen Sinn auf dieses Wort. Mit Frau Tapperts Wohnung also war die Welt nicht zu Ende. Hugo sah deutlich eine sonderbare, schier unendliche Zimmerflucht vor sich. Und Erna entfernte sich, indem sie langsam von Kammer zu Kammer schritt. Die Türen, durch welche sie hindurch gehn mußte, wurden immer ärmlicher und niedriger. Sie konnte nicht hindurch, ohne sich zu bucken. Vielleicht war der letzte Raum die Totenkammer. Da sagte Hugo: »Ich glaube doch, daß es arme Leute sind.«

Mama seufzte: »Wie kommst du darauf, Hugo?«

Hugo versuchte die Antwort zu überlegen. Aber er hatte keine Macht über sein Denken:

»Erna gibt ihnen doch ihr ganzes Geld, alles, was sie bei uns verdient...Weißt du, es muß wegen Albert geschehen.«

Und dann gestand er: »Wir waren ja heute dort...«

»So«, sagte Mama, sehr unangenehm berührt. Sie litt an Zwangsvorstellungen der Reinlichkeit. Alles Fremde, zumal wenn es einer geringeren Lebensklasse angehörte, erschien ihr als »unhygienisch«. Fremdheit und Ansteckungsgefahr waren ein und dasselbe. Hustete irgendwo ein ärmlich gekleidetes Kind, so hatte es gewiß Krampfhusten. Kam eine Schar von Schuljungen des Weges, so führten sie eine Wolke von Krankheiten mit sich. Roch es auf der Straße brenzlig, so wurde ganz bestimmt ein Haus in der Nähe desinfiziert. Ging ein Mensch mit einem Feuermal auf der Wange vorüber, so mußte man den Atem anhalten, denn wer weiß, ob jenes Mal nicht ein verrufener Ausschlag war. Türschnallen, Stiegengeländer, Münzen, alles Berührbare und Vielberührte, gefährdete mit wimmelnden Bazillenschichten die Hand, die unvorsichtigerweise keine Handschuhe trug. Die Bazillen selbst waren rachsüchtige Ausdünstungen, aus den Tiefen der feindseligen Fremdheit und des unkomfortablen Elends zu Mamas Lichtwelt emporgesandt. Als Hugo trotz aller Vorsicht Scharlach und Diphtherie bekam, fühlte sich Mama in ihren Angstvorstellungen nur bestätigt. Jetzt aber fragte sie spitz:

»Was hast du bei fremden Menschen zu suchen?«

Hugo, durch Mamas nervösen Ton verwirrt, vergaß die ganze Ordnung, die er sich vorgenommen hatte, und brachte alles durcheinander:

»Erna hat ja ein schreckliches Unglück gehabt ... Wer soll ihr helfen? ... Sie selbst hat kein Geld mehr ... Und ihre Mutter hat auch keines ... Albert ist nämlich ein Erfinder und das kostet schon etwas, besonders wenn einer die Kinderlähmung in der Realschule bekommen hat und sich nicht rühren kann ... Erna muß aber Geld haben, sonst geht es fürchterlich aus ... und die Frau Seifert, mit der ihre Mutter sprechen will, tut gar nichts ohne Geld ... Und da habe ich mir gedacht, ob du und Papa nicht helfen könnten ... du ... und Papa...«

Verzweifelt stieß er diese letzten Worte hervor und erkannte, daß er seine Sache schlecht mache. Er erkannte dies auch an Mamas Augen und ihrer trockenen Art zu fragen:

»Was für ein schreckliches Unglück hat denn Fräulein Erna gehabt?«

»Ich weiß es nicht, Mama ... Wie kann ich's denn wissen? ... Aber ich denke mir...«

Immer unerbittlicher munterte ihn Mama zu neuen Bekenntnissen auf: »Nun, was denkst du dir?«

Hugo wußte jetzt genau, daß er jetzt unaufhaltsam abrutsche. Aber er konnte es nicht mehr hemmen:

»Ich denke mir, daß der Herr Oberleutnant Zelnik ... oder der Herr Tittel ... daran schuld sind ... Ich weiß es ja nicht ...«

Ein Fehler, ein Verrat! Blut schoß dem Knaben zu Kopf und trübte sein Bewußtsein. Mit einem Mal befanden sich, durch Hugos Ungeschick hervorgezaubert, der Artillerieoffizier und der Konzeptsbeamte in diesem nichtsahnenden Salon. Der kakaobraune Waffenrock und die kanariengelben Schnürstiefel, in den Silben der Namen Zelnik und Tittel enthalten, verdarben alles. Mama schien jetzt ruhiger und gleichgültiger sich zu erkundigen:

»Der Herr Oberleutnant ... Der Herr Tittel ... Was sind denn das für prächtige Erscheinungen?«

Hugo, der sich nicht mehr zu retten wußte, stammelte:

»Das sind die Herren ..., mit denen wir immer spazieren gegangen sind ...«

»Mit denen ihr immer spazieren gegangen seid ...«

Mama genoß den erstaunlichen Klang dieser Tatsache, ehe sie sich in ein langes und ironisches Schweigen zurückzog. Hugo aber biß die Zähne zusammen und stand auf:

»Mama! Versprich mir, daß du der Erna helfen wirst!«

Die Entgegnung ließ etwas auf sich warten, denn Mama entnahm der kleinen Golddose mit viel Umsicht eine Zigarette, ehe sie erklärte:

»Ich verspreche es dir, Hugo!«

Dann nach einem kaum fühlbaren Zögern: »Übrigens werde ich mich auch mit Papa beraten.«

Hugo holte inbrünstig Atem:

»Und versprich mir noch, ihr nie nie nie ein Wort davon zu sagen, daß wir beide miteinander geredet haben.«

Nach langwierigen Zündungsversuchen brannte endlich die Zigarette:

»Auch das verspreche ich dir, Hugo!«

Mama liebte es, daheim weite und ein wenig individuelle Gewänder zu tragen. Heute war's ein weißer Atlasburnus. Sie wandte ihrem Sohn, der vor ihr stand, aufmerksam das von der weißen Seide verdunkelte Gesicht zu. In Hugo aber ging etwas Seltsames vor. Er hatte früher oft in liebevoller Stunde, oder wenn er etwas zu erschmeicheln hoffte, für Mama ein Kosewort gefunden. Ein albernes Wort, das »Flaus« hieß, »Flausi«, oder so ähnlich. Jetzt, in diesem Augenblick, wollte er seine Mutter wieder so nennen, bittflehend und danksagend zugleich. Aber, siehe, es war unmöglich, keine Stimme kam aus seinem Mund, er blieb stumm. Und in ein und derselben Sekunde fragte sich Mama: Er zittert für diese liederliche Person. Täte er's auch für mich? Und eine wahre und wirkliche Eifersucht nahm bitter von ihr Besitz.

Kleinlaut entschuldigte sich Hugo:

»Es ist tatsächlich ein großes Unglück, Mama! . . . Erna hat gesagt, daß sie ins Wasser gehn muß . . . Sie hat es wirklich gesagt . . .«

Aber Mama lachte leicht auf und meinte in einem herben und durchaus unpädagogischen Ton:

»Das werden dir in deinem Leben noch Viele erzählen, mein Sohn!«

Am Abend – seine Eltern hatten eine lange Unterredung miteinander gehabt – wurde Hugo zu Papa in die Galerie gerufen. Der Vater stand vor dem Tischchen mit der Münzensammlung und hielt dem Knaben ein uraltes Silberstück hin:

»Sieh dir diese ganz seltene Münze an, Hugo! Ich habe sie heute entdeckt. Dionysos von Syracus! Eine wunderbare Zeit, in der die größten Männer gelebt haben.«

Hugo betrachtete das Silberstück und sagte nichts. Papa wartete eine Weile, ehe er nochmals betonte:

»Die größten Männer! Hast du jemals den Namen Platon gehört?« Hugo war diesem Weisen in Gustav Schwabs ›Sagen des klassischen Altertums‹ wohl schon begegnet, aber sei es, daß er sich für die dort abgebildeten Helden und Heldinnen des trojanischen Krieges mehr interessiert hatte, sei es, daß ihn eine leichte Feindseligkeit gegen Papa beherrschte, er verneinte die Frage. Der Vater legte die Münze auf den Samt zurück:

»Lieber Junge! Du liest viel zu viel dummes Zeug zusammen. Wir werden jetzt systematisch beginnen müssen. Nicht wahr?« Und Hugo, der sich unter diesem »Systematisch« nichts rechtes denken konnte, hauchte aus enger Kehle: »Ja...«

Papa lächelte zufrieden und war ganz Kameradschaftlichkeit: »Du bist jetzt gesund, Hugo, und ein großer Bursche. Deine Altersgenossen sitzen womöglich schon in der Tertia. Die Verspieltheit und Träumerei muß endlich aufhören. In einigen Tagen wird Herr Dr. Blumentritt zu uns kommen. Ich bin überzeugt, daß er dir glänzend gefallen wird, und daß du in ein paar Monaten alles Versäumte mit ihm spielend nachholen kannst...«

Bei dieser Eröffnung nahm Papa seinen Sohn unterm Arm und ging mit ihm vergnügt auf und ab:

»Ich hoffe, daß wir beide gegen Mama eine feine Sache durchsetzen werden ... Möchtest du nicht, vom nächsten Semester ab, auf dasselbe Gymnasium gehn, wo ich acht Jahre lang gesessen bin? Ich habe dir ja das Haus schon oft gezeigt...«

Hugo erklärte mit leiser Stimme, daß er dies gerne möchte. Der Vater stellte einen Kampf in Aussicht, den er mit Mama und ihrer fanatischen Krankheitsfurcht werde ausfechten müssen, wobei er aber auf Hugos wertvolle Unterstützung rechne.

Die dunklen Figuren einer heiligen Familie, die fern an der Wand hing, begannen sich wahrnehmbar zu rühren, als hätten sie den Käfig des Rahmens satt und wollten nun in ein besseres Land aufbrechen. Auch andere Gestalten, die kostbaren Penaten dieses Hauses, regten sich. Hugo, der all die heimliche Bewegung merkte, sah zu Boden, als er fragte: »... Aber Fräulein Tappert bleibt doch bei uns, Papa?«

Der Vater deutete durch plötzliche Lebhaftigkeit an, daß auch er sich mit Ernas Angelegenheit eingehend beschäftigt habe:

»Ja richtig! Du hast mit Mama ein interessantes Gespräch gehabt. Sie hat mir darüber genau berichtet. Nun, ich gebe dir hiermit mein Wort, Hugo, daß für Fräulein Erna alles geschehn wird, was zu ihrem Vorteil gereicht. Mama wird noch heute mit ihr sprechen. Von dir und deiner Intervention wird natürlich nicht die Rede sein ... Es ist übrigens sehr hübsch, daß du für deine Umgebung ein Herz hast!«

Papa wiederholte, während er seine Fingernägel mit kurzsichtigen Augen betrachtete (eine Elite-Gebärde eleganter Nervosität für Hugo), sein geringfügiges Lob: »Ein gutes Herz ist ja sehr hübsch ...« Als hätte damit die gebotene Zustimmung ihr Ende erreicht, begann er nun zwischen den altersheiligen Schätzen der langen Galerie auf und ab zu wandeln, wobei er den vorigen Worten einen kritischen Nachsatz anhängte: »Aber weichliche Empfindsamkeit und Romantik sind nicht die Tugenden, mit denen man in unserer Zeit vorwärts kommt ... Was wird aus dir werden, mein Sohn? Du mußt dir härtere Ellbogen anschaffen. Es steht nirgends geschrieben, daß man für alle Ewigkeit gesichert ist.«

Gemaßregelt stand Hugo da, sehr klein in dem hohen Raum. Nach Albert nun auch Papa! Aber dieser milde Tadel bedrückte ihn nicht. Er hörte ihn kaum, da oberhalb seines Magens sich eine furchtbare Bangigkeit wie eine raschwachsende Pflanze entfaltete und alles verzerrte. Papa hielt in seinem Gang inne und streckte mit einer großen Bewegung den Arm aus, als weise er auf ein unsichtbares Porträt hin: »Dein Großvater, mein Vater, das war ein gewaltiger Mann. Er hat unser Haus gegründet, er hat alles geschaffen. Und wodurch, glaubst du, ist er so groß geworden? Durch Kraft, mein Lieber, durch zielbewußte Härte, durch rücksichtslose Energie.«

Hugo war ganz und gar nicht gesonnen, die blasse Erinnerung an diesen Großvater heraufzubeschwören und dessen sagenhafte

Willenskraft mit dem Bilde eines hilflosen alten Herrn im Rollstuhl zu konfrontieren. Die schmerzvolle Pflanze in der Zwerchfellgegend wuchs und wuchs. Papa hingegen versenkte sich mit großem Behagen in das Angedenken jenes energischen Gründers und Despoten:

»Er hat nicht lange gefackelt, der Großpapa. Wehe uns Söhnen, wenn wir uns einer Aufgabe nicht gewachsen zeigten. Weißt du, Hugo, wann ich die letzte Ohrfeige von ihm bekommen habe? Mit zwanzig Jahren.«

Papa lächelte dieser verschollenen Mißhandlung anerkennend nach. Dann warf er einen befriedigten Blick auf seine überaus schmalen Lackschuhe und schloß die Betrachtung:

»Vielleicht war diese alte Art von Erziehung richtiger.«

Hugos Mund öffnete sich schmachtend. Seine Augen suchten ringsum um Hilfe.

Die heiligen Gestalten wurden immer unzufriedener. Manche hatten sich schon halb erhoben. Der Kruzifixus vor allem, jener ausgemergelte Torso aus dem vierzehnten Jahrhundert, trat immer herrischer hervor und begann mit seinen Armstümpfen zu rudern. Er hatte es satt, ein gekaufter Sklave zu sein. Hugo spürte seinen Haß und kehrte sich ab, um ungestört die Wahrheit erfahren zu können, die seine verzweifelte Frage forderte:

»... Aber Erna bleibt doch bei uns? ...«

Weit weg und zugleich wie durch einen Schalltrichter vergrößert, erklang Papas gutmütiges Lachen:

»Hör einmal, Hugo! Eigentlich versteh ich dich nicht. M i r hätte man es in deinem Alter zumuten sollen, einen Tag nur in weiblicher Gesellschaft zu verbringen! Also einfach odios und herabwürdigend wär mir das gewesen; Herrgott, ich wär durchgegangen, auf mein Wort! Aber ich war damals halt schon ein Mann, Hugo, ein Mann ...«

Bei dem Wort »Mann« wurde der Torso plötzlich ganz schmal, schoß zur Decke empor, und begann sich mit wilder Drohung um sich selber zu drehn. Auch Hugo drehte sich um sich selbst und sank zu Boden.

Ein Schwindelanfall, eine kurze Bewußtlosigkeit, eine leichte Ohnmacht. Übrigens war es nicht das erstemal, daß der Knabe von einer plötzlichen Blutleere im Hirn befallen wurde. Diese Ohnmacht aber konnte kaum mit einer früheren verglichen werden. Als Hugo nach wenigen Augenblicken erwachte, sich auf einem Diwan fand, und die erschrockenen Gesichter seiner Eltern über sich gebeugt sah, da erfüllte ihn der Rausch eines kampferschöpften Siegers. Jetzt war Erna gerettet, er zweifelte nicht mehr daran, jetzt wird sie bis ans Ende der Tage bei ihm bleiben. Und mehr noch, er hatte gelitten, unerklärbar für Unerklärbares gelitten durch diese Ohnmacht. Alberts Augen würden ihn nicht mehr vorwurfsvoll anstarren, denn jetzt, jetzt war er ihm verwandt geworden.

Seit diesem Anfall legten die Eltern eine große Vorsicht gegen Hugo an den Tag.

Nach ihrer Heimkehr hatte Fräulein Tappert eine sehr ruhige und sehr gründliche Auseinandersetzung mit Mama. Sie kam von dieser Unterredung mit einem stillen, fast heiteren Gesicht ins Kinderzimmer und sah ihren Zögling so beruhigt, so schweigsam an, als wäre sie jeden Augenblick bereit, den Tiraden eines neugeborenen Schillerdramas hingebungsvoll zu lauschen. Da erkannte Hugo beseligt: Papa wird ihr helfen!

Zwei Umstände allerdings hätten sein Mißtrauen erwecken können, wenn der langnachwirkende Rausch der Ohnmacht seinen Klarsinn nicht tagelang umwölkt hätte. Erstens: Ernas Schuhe waren mit einemmal von dem Brett verschwunden, wo sie sonst immer als der gerechte Stolz ihrer Besitzerin in Reih und Glied gestanden hatten. Zweitens geschah es im schärfsten Gegensatz zu den letzten Monaten, daß Erna und Hugo kaum eine Minute lang des Tages allein blieben. Die Spaziergänge in den sommerlichen Anlagen entfielen. An ihre Stelle traten Autoausfahrten und Teestunden mit Mama.

Drei Tage später ergab es sich aber, daß die Eltern den Abend außer Haus verbrachten. Es war zehn Uhr etwa. Hugo saß im Bad. Er liebte es ungemein, zu später Stunde zu baden. Man konnte damit das leidige Schlafengehen etwas hinausschieben. Auch ließ es sich nirgends so leicht, so milde träumen wie im lauen Wasser.

Wenn Hugo sich gänzlich gehen ließ, wenn er gar nichts mehr dachte, nicht den geringsten Willensdruck auf seinen Geist übte, dann kamen die Worte, die allmächtigen Worte über ihn. Sie kamen ü b e r ihn und nicht a u s ihm, sie waren ihre eigenen Herren und er regierte sie nicht. Die Worte waren Wesen von einer eigenartigen und selbständigen Stofflichkeit, die gerne ein Hirn durcheilten, das zu verstummen wußte. So ziehen die eigenwilligen Farbflecke, Feuerkreise und Kringel an einem geschlossenen Auge vorbei, das in die Sonne geblickt hat. Hugo ahnte gar nicht, daß er dichte, wenn er im Bade saß und es in ihm zu sagen begann:

> »Ich bin Neptun, der Gott des Wassers.
> Ich schwimme, wohin ich will.
> Die Wellen kitzeln mich, denn das haben sie gerne.
> Fische kommen, große und kleine,
> Sie begrüßen mich steuerbords und backbords.
> Doch auch Fischinnen kommen, ich spüre sie.
> Und dann schwimmen wir Alle,
> Fischinnen und Fische,
> Wir schwimmen, wohin wir wollen.
> Durch das Meer schwimmen wir,
> Das Meer ist groß und langweilig.
> Dann schwimmen wir in die Flüsse.
> Die Flüsse sind die kleinen Verhältnisse des Meeres.
> Manchmal verirren wir uns auch in die Brunnen.
> Brunnen gibt es in alten Haushöfen.
> Sie sind die armen Leute des Wassers.«

Ernas Stimme unterbrach diese neptunische Ballade, die so oder ähnlich lautete:

> »Bist du noch immer nicht fertig, Hugo, es ist schon sehr spät.«
> »Komm doch herein, Erna!«
> »Nein! Steig erst aus dem Wasser!«

Das war neu. Erna hatte doch bisher immer bei Bad und Waschung tätige Aufsicht geübt. Warum denn blieb sie jetzt vor der Tür stehn? Nach einer Weile entriß sich Hugo der Umarmung des Wassers und stieg aus der Wanne. Erna trat noch immer nicht ein:

»Bist du schon draußen? Hast du das Badetuch um?«

Jetzt erst, nachdem Hugo dies bejaht hatte, kam sie herein. Auch sie schien eine gründliche Reinigung vorgenommen zu haben. Der blaue Schlafrock wallte um ihren Leib, das frischgewaschene Haar war von Tüchern eingehüllt und die nackten Füße steckten in Sandalen. In diesem Aufzug erinnerte die hohe, pathetisch geformte Erna an die Darstellung griechischer Göttinnen und Heldenfrauen, wie sie Hugo aus Gustav Schwabs illustriertem Sagenbuch kannte und liebte. Jetzt krempelte sie wie immer die Ärmel ihres Negligées hoch über die Arme und begann mit treulicher Kraft, die ihr aus innerster Seele zu dringen schien, Hugos Körper zu frottieren. Er überließ sich gerne ihrem starken Walten, das ihn von allen Seiten warm umhüllte. Nun kniete sie vor ihm nieder, stemmte seine Füße gegen ihre Brüste und begann gewissenhaft, ihm die Schenkel abzureiben. Hierbei löste sich der aus Handtüchern gewundene Turban, den sie um den Kopf trug, und ihre Haare fielen frei herab. Eine Wolke von Kamillenduft schlug Hugo entgegen: Ernas, des Weibes Duft, von nun an fürs Leben.

Er lag schon zu Bett. Sie zögerte ein wenig, aus dem Zimmer zu gehen, und sagte langsam:

»Gute Nacht, Hugo!«

Er dehnte sich von wohligem Frieden erfüllt und blinzelte sie an:

»Nicht wahr, Erna, jetzt ist alles in Ordnung.«

Als wäre sie glücklich, noch eine Minute verweilen zu können, setzte sie sich an den Bettrand:

»Ja, hab keine Sorge, es wird schon alles in Ordnung kommen, Hugo ...« Und mit einem Seufzer: »Ich danke dir auch recht schön für alles!«

Hugo setzte sich im Bett auf:

»Hör einmal, Erna! Wir müssen nächstens wieder zu deiner Mutter und zu Albert gehn! ... Nicht? ... Sobald wie möglich. Glaubst du, daß mir Albert seine Erfindung erklären wird?«

»Ja, natürlich! Wir werden nächstens hingehn, Hugo ... Aber jetzt ... Schlaf wohl!«

Sie erhob sich und schaltete das Deckenlicht aus, so daß nur mehr die Bettlampe brannte. Hugo aber rief:

»Nein! Komm noch einmal her!«

Langsam gehorchte Erna dieser Lockung. Der Knabe ergriff ihre Hand und sah sie fest an: »Du gehst nicht fort! Was!?«

Sie lachte hilflos. Ihr Mund verschob sich leicht. Dann beugte sie sich über Hugo, ohne ein Wort zu sagen. Seine Stimme war auf einmal rauh und tief geworden:

»Nein! Du gehst nicht fort! Aber weißt du, was ich getan hätte, wenn du fortgegangen wärst? ...«

Erna beugte sich tiefer über das Bett. Ihre Lippen gingen fragend auf. Hugos Nägel verkrallten sich leidenschaftlich in ihre Hand:

»Ich wär mit dir gegangen, Erna ... ganz weit weg ... ganz fort von hier ..., in die kleinen Verhältnisse ... Erna, das mußt du mir glauben!«

Und er ließ einen wilden Blick durch das mild-erleuchtete Dunkel des großen Zimmers schweifen, als hasse er es mitsamt seinen weißlackierten Möbeln und Turngeräten. Erna, noch immer über ihn gebeugt, rührte sich nicht. Da packte er auch ihre andere Hand mit solch heftigem Ruck, daß sich der Schlafrock verschob und ein Stück ihrer Schulter entblößte. Er aber keuchte fast weinend:

»Ich wär mit dir gegangen, Erna ... Fort von hier, von Mama ... Ich muß ja gar nicht ins Gymnasium gehn ... Ich könnte bei Albert lernen ... Sein Gehilfe werden ... Wir würden miteinander Geld verdienen ... Aber jetzt bleibst du ja bei uns, Erna ... Du bleibst bei mir.«

Ernas Lippen schlossen sich noch immer nicht, als wären sie willig zu reden. Hugo fühlte mit ruhevoller Seligkeit, wie ihr schönes großes Gesicht, ihr glorreiches, vom Waschen wolkiges Haar ihm näher kam, sich immer tiefer zu ihm herabbeugte.

Erna aber sagte nur »Gute Nacht, Hugo« und küßte ihn sanft auf den Mund.

Dieser Kuß war nichts als ein stärkerer Anhauch des Kamillenduftes. Sie ging. Das Blau des langen Gewandes spielte um ihren wirklich schreitenden Sandalen-Schritt. In der dunkleren Ferne des

Raumes schien sie von übergroßer Gestalt zu sein. Nun verschwand sie und schloß die Tür hinter sich. Das erstemal, seitdem sie im Hause lebte, schloß sie am Abend die Tür hinter sich.

Längst war es schon finstere Nacht. Hugo schlug sich mit einem widerspenstigen Gedanken herum. Dieser Gedanke hatte nicht nur mit kleinen Verhältnissen und Alberts Erfindungen zu tun, sondern auch mit Papas Sammlung und dem Gymnasium. In diese ziemlich wachen Gedanken mischten sich peinigende Bilder. Papa bewältigte mit seiner grandiosen Vornehmheit spielend alle Aufgaben des Lebens, während Hugo talentlos und ungeschickt an ihnen scheiterte. Beide, Hugo und Papa, schwammen im Meer, Papa mit leichten sicheren Stößen, Hugo hingegen kam nicht vom Fleck. Nicht anders erging es ihm mit dem Geräteturnen und dem Kopfrechnen. Der Knabe warf sich im Bette hin und her. Wie widerwärtig war dieser Zustand unfertiger, tückisch fliehender Vorstellungen!

Da spürte er – und sein Herz erstarrte –, daß er nicht allein in seinem Bette liege. Ganz klein machte er sich. Aber das nützte nichts, denn das andere war unabwendbar da, neben ihm, weich, riesig, warm. Es atmete. Sein glühender Hauch traf mit gleichmäßiger Woge seinen Nacken. Kein Zweifel, es lag in seinem Rücken. Wehe, und jetzt berührte es ihn, jetzt preßte es sich an ihn, dieses Übermächtige, Glutheiße, Nackte: Das Weib! Erna! Hugo wollte aufschreien: »Was willst du? Ich bin ja wach!!« Aber die gräßliche Wonne verbiß sich in seinen Leib und würgte ihn. Er schlug um sich. Es gelang ihm, für einen Augenblick die kamillenduftende Umstrickung abzuschütteln. Er floh durch Straßen und Gassen der Heimatstadt. Aber sogleich hielt ihn das Übermächtige, Glutheiße, Atmende wieder umschlungen. Wie er auch lief, es preßte ihn herrlich und schrecklich an sich, immer gleich nahe, immer gleich brennend. Und jetzt stieß ihn Erna mit ihren nackten Armen und Brüsten vor sich her in einen dunklen Hausflur. Im Schatten des großen Kreuzes sank er zusammen. Nun mußte er sterben, denn sein Blut floß.

Mit dem Schrei: »Ich schlafe ja nicht!« war Hugo aus dem Bett gesprungen. Er stand im gänzlich entfremdeten Zimmer. Lange konnte er sich nicht orientieren. Wo lagen nur die Fenster? Ach ja, dort, das mußte die Tür sein. Kein Lichtspalt! Sie war geschlossen. Zitternd kroch er in sein Bett zurück, das nicht mehr sein altes Bett war, sondern eine lockende und gefährliche Höhle.

Als Hugo am nächsten Morgen erwachte, sah er Mama in seinem Zimmer. Sie hatte eben die Läden geöffnet und lachte ihn an:

»Aufstehn, mein Herr! Genehmigen Sie bitte gnädigst meine Anwesenheit! Fräulein Erna hat für einige Zeit Urlaub genommen. Wir werden also jetzt aufeinander angewiesen sein. Ich bitte um eine möglichst schonende Behandlung.«

Hugo sagte nichts, sondern machte Miene, sich umzudrehn und von neuem einzuschlafen. Aber Mama drängte ihm schon seine Strümpfe auf:

»Ernsthaft, Hugo, beeil dich! Unten wartet schon Herr Dr. Blumentritt auf dich. Ein prachtvoller Kerl, und ein junger Mensch noch! Ich hab mich bereits mit ihm eine ganze Weile glänzend unterhalten, sag ich dir!«

Hugo sah unbeweglich zu Boden. Er ist noch schlaftrunken, dachte Mama. Sie eiferte ihn an. Er verzog nicht den Mund, er fragte nicht, wann Erna zurückkehren werde. Langsam begann er sich anzukleiden.

Die wahre Geschichte
vom wiederhergestellten Kreuz

I

Die Geschichte habe ich von ihm selbst gehört. Er war ein kleiner stämmiger Rotkopf mit einem grobporigen Gesicht und den schweren Händen eines Bauern. Seine Augen, die ins Grünliche spielten, hielt er zumeist niedergeschlagen, manchmal aber ließ er sie in einem unbeherrschten Feuer auffunkeln, wodurch der vierzigjährige, vom Leben umhergestoßene Mann einen knabenhaften und trotzigen Ausdruck gewann. Daß er ein katholischer Geistlicher war, sah man ihm nicht an. Er trug weder Kollar noch schwarzen Rock, sondern einen grauen Touristenanzug mit Kniehosen und Wadenstrümpfen. Als ich ihn das erstemal in Paris sah, war dieser Anzug schon recht abgewetzt. Zwei Jahre später in Amerika war er durchaus nicht eleganter geworden. Wir waren einander in Paris flüchtig begegnet. Obwohl mich seine Gestalt und sein Wesen sogleich mit ausgesprochener Sympathie erfüllten, kam es doch zwischen uns zu keiner Annäherung. Man hatte mich nämlich vor Kaplan Ottokar Felix gewarnt.

Das Mißtrauen ist eine der giftigsten Schattenpflanzen des politischen Exils. Jeder Emigrant mißtraut dem andern, und könnte er's, er würde sich selbst verdächtigen, denn seine Seele ist verstört, weil sie nirgendwo hingehört. Wer ist dieser österreichische Kaplan? fragten die Leute. Warum hat er sein Land verlassen? Niemand weiß etwas von ihm. Er ist nicht im Kampf gegen die Nazis gestanden, weder mit Tat noch Wort. Der österreichische Klerus hat nach dem Anschluß Frieden mit ihnen gemacht. Kann dieser famose Priester in Wadenstrümpfen nicht ein Emissär der Partei sein, dessen Aufgabe es ist, uns zu bespitzeln? Wie ist er über die Grenze gekommen? Jüngst hat man ihn übrigens in der Rue de Lille gesehen. In der Rue de Lille befindet sich die Deutsche Botschaft.

Ich hielt all dies Gerede für baren Unsinn, dennoch aber ging ich ihm aus dem Wege. Als er aber plötzlich vor mir stand in meinem Zimmer in Hunter's Hotel zu Saint Louis, empfand ich eine unerwartete Freude. Das war jüngst im Spätherbst des Jahres 1941. Ich hatte am Abend vorher einen Vortrag gehalten, in dem ich, über die Krise der modernen Menschheit sprechend, die tiefste Ursache unseres Elends im Verlust des Gottesglaubens zu zeigen versuchte. Kaplan Felix, der unter meinen Zuhörern gewesen, zollte meinen Ausführungen einiges Lob und meinte, ich sei auf dem richtigen Wege, werde aber auf diesem Wege noch tiefer eindringen in das Geheimnis der modernen Verzweiflung. Er sah blaß aus, müde, unterernährt. Als ich mich aber, mit dem Vorsatz, ihm zu helfen, nach seinem Ergehen erkundigte, wehrte er mit einer brüsken Handbewegung ab. Er habe alles, was er brauche. Schon während unserer zwei oder drei Begegnungen in Paris hatte er es abgelehnt, über sich selbst und seine Verhältnisse zu sprechen. Die Unterhaltung verließ also die allgemeinen Gegenstände nicht, als mir plötzlich jene Verdächtigungen einfielen, die damals in Frankreich unter den Refugiés gegen ihn laut geworden waren. Sie schienen mir jetzt angesichts dieses Mannes abstruser zu sein als je. Ich aber konnte mich nicht überwinden. Gegen meinen Willen und den Widerstand meines Gefühls fragte ich ihn nach den Erlebnissen, die ihn aus der Heimat vertrieben hatten.

Er sah mich voll an mit seinem treuen verwitterten Gesicht, dessen Sommersprossen und grobe Poren beinahe an Blatternarben erinnerten. Das rote Haar wuchs ihm borstig über einer niedrigen, aber schön zerfurchten Stirn. Die wimperlosen Augen lagen tief in den Höhlen, was ihr Aufleuchten beunruhigend machte.

»Ich bin Ihnen dankbar«, sagte der Kaplan, »daß Sie mich gerade danach fragen, was schon so weit zurückliegt, und nicht etwa nach den Konzentrationslagern in Frankreich, denen ich entkommen bin, nach meiner Flucht mitten durch die deutschen Linien, nach den Schleichwegen in den Pyrenäen, nach all diesen Abenteuern, die schließlich jeder von uns bestanden hat ... «

»Warum sind Sie mir dankbar?«

Er schwieg eine Weile, ehe er antwortete, ohne zu antworten.

»Ja, ja, das kommt daher, daß ich den ganzen Tag an Aladar Fürst denken mußte. Ihr Vortrag ist nicht unschuldig daran . . . «

Und als er meine verwunderte Miene sah, lächelte er nachsichtig:

»Das war ein feiner Mann, ein guter Mann, der Doktor Aladar Fürst. Und er ist als erster in diesem großen Krieg vor dem Feinde gefallen, vor dem Weltfeinde. Und niemand weiß von diesem ersten Gefallenen, der für seinen Heldentod keine Medaille empfangen wird. Und dabei hat er mehr getan, als nur im Kriege fallen . . . «

»Von welchem Kriege reden Sie? Im Jahre 1938, als Österreich verschluckt wurde, gab es gar keinen Krieg. «

»Oh, Sie werden gleich sehen«, nickte der Kaplan, »daß der große Krieg damals begonnen hat . . . Seit gestern hab ich nämlich den Wunsch, Ihnen diese verschollene Geschichte anzuvertrauen, das heißt, sie in Ihre Hände zu legen. Verstehen Sie mich?«

»Was für eine Geschichte?« fragte ich.

Der Kaplan schützte seine empfindlichen Augen mit der Hand, denn grelle Nachmittagssonne stieß durchs Fenster, das auf den großen Park von Saint Louis hinaussah.

»Es ist die Geschichte von einem Juden, der Gottes Namen nicht mißbrauchen wollte«, sagte Felix ziemlich leise und fügte nach einigen Sekunden hinzu:

»Es ist die wahre Geschichte vom geschändeten und wiederhergestellten Kreuz . . . «

II

Pater Ottokar Felix hatte die Pfarre in dem Marktflecken Parndorf inne, der im nördlichen Burgenlande zwischen einem waldigen Hügelzug und dem weitgestreckten Schilfsee von Neusiedl liegt. Das Burgenland, das seinen Namen von den zahlreichen mittelalterlichen Burgen herleitet, die im Südwesten seine Höhen krönen, ist die jüngste, ärmlichste und in mancher Beziehung merkwürdigste

Provinz von Österreich. Vor dem Ersten Weltkriege hatte es zu Ungarn gehört, das es durch den Zwang der Friedensverträge an seinen österreichischen Nachbarn abtreten mußte. Es ist ein typisches Grenzland, wo Ungarn, die Slowakei, Jugoslawien und Österreich einander begegnen. Demgemäß wird es auch von einem bunten Völkergemisch bewohnt, von ungarischen Gutsbesitzern, österreichischen Bauern, slowakischen Erntearbeitern, jüdischen Handelsleuten, kroatischen Handwerkern, Zigeunern und schließlich von dem undefinierbaren Stamm der Kumanen, die durch die türkischen Invasionen des siebzehnten Jahrhunderts nach Westen gespült wurden.

Parndorf selbst ist mit seinem ringförmigen Marktplatz, dem Gänsetümpel und den niedrigen, von Storchnestern besiedelten Strohdächern eines der trostlosen Kirchdörfer dieser Gegend, deren beinah schon asiatische Schwermut in scharfem Gegensatz steht zur Größe und Lieblichkeit der österreichischen Landschaft. All diesen Ortschaften würde niemand die Nähe Wiens und der edlen Alpenwelt anmerken. Durch sie scheint haarscharf die Grenze zwischen Ost und West zu schneiden. Die einzige Bedeutung Parndorfs besteht darin, daß es an der Hauptstrecke Wien–Budapest liegt und daß die strahlenden Waggons der großen Expreßzüge, die Orient und Okzident miteinander verbinden, an seinem winzigen Bahnhofsgebäude vorübersausen, welche weltweite Auszeichnung den Hauptorten der Provinz nicht zuteil geworden ist.

Warum Ottokar Felix aus der Wiener Arbeiter-Vorstadt Jedlersee, wo er Kaplan an der Hauptkirche war, in das gottverlassene Parndorf versetzt wurde, ist mir nicht bekannt. Da die Versetzung aber im Jahre 1934 erfolgte, nach den traurigen Schlachten zwischen den Wiener Arbeitern und den Regierungstruppen – wer erinnert sich nicht an diese historische Station auf dem Wege zum Absturz –, so nehme ich vermutlich nicht ohne guten Grund an, daß sich der Kaplan durch Parteinahme für die Sozialisten in den Augen seiner Obern kompromittiert haben mochte und nun eine Art strafweise Verbannung zu erleiden hatte. Er machte darüber keine Andeutung, und ich empfand eine Scheu, ihn auszufragen.

In Parndorf lebte eine kleine Gemeinde von Juden. Es waren etwa zehn Familien mit dreißig bis vierzig Köpfen insgesamt. In allen Bezirken und Ortschaften des schmalen aber langgedehnten Burgenlandes lebten solche Gemeinden, in Eisenstadt und Mattersdorf, den großen Städten, in Kittsee und Petronell, dem sogenannten Dreiländereck, wo Ungarn, die Tschechoslowakei und Österreich zusammenstoßen, und in Rechnitz, weit unten im Süden, an der Grenze des südslawischen Königreiches. All diese Gemeinden setzten sich zumeist aus einigen alten Familien zusammen, die durchs ganze Land hin miteinander verwandt oder verschwägert waren. Man stieß überall auf dieselben Namen: Kopf, Zopf, Roth, Wolf, Fürst. Neben der Millionärs-Familie Wolf in Eisenstadt waren die Fürsts die Angesehensten, freilich in einem ganz anderen Sinne als jene. Großes Vermögen hatten sie nicht erworben, jedoch schon seit dem siebzehnten Jahrhundert eine Reihe von Rabbinern und Gelehrten hervorgebracht, die in der absonderlichen Geistesgeschichte des Ghettos eine bedeutende Rolle spielten. Auf zwei Dinge waren die burgenländischen Juden stolz: auf ihre gelehrten Männer und auf ihre Bodenständigkeit. Im Gegensatz zu andern jüdischen Stämmen nämlich hatten sie den Fluch der Wanderschaft und Heimatlosigkeit längst vergessen. Sie waren weder aus Rußland und Polen, noch aus Mähren und Ungarn immigriert, sie rühmten sich, von jeher im Lande gesessen zu haben, und nur ein Teil von ihnen war während der Reformationszeit mit den verfolgten Protestanten aus der benachbarten Steiermark ins freiere Grenzgebiet gezogen.

Die namhafte Familie Fürst stammte aus demselben Parndorf, wohin das ungnädige Schicksal den Kaplan Ottokar Felix verschlagen hatte. Dort lebten auch Doktor Aladar Fürst, ein Mann von einigen Dreißig, jung verheiratet, Vater dreier Kinder, von denen das jüngste, ein Knäblein, an dem schwarzen Freitag, da Österreichs Freiheit gemordet wurde, genau drei Wochen alt war. Aladar Fürst muß ein Schwärmer und Abseitsgänger gewesen sein, denn als Doktor der Philosophie und Rechte, als Absolvent des berühmten hebräischen Seminars zu Breslau, als Weltmann, der in verschiedenen

Hauptstädten Europas gelebt hatte, wußte er nichts Besseres zu tun, als zu den Strohdächern seines Heimatdorfes zurückzukehren, sich dort in seiner erlesenen Bibliothek zu vergraben und ansonsten das Amt eines ländlichen Rabbiners für Parndorf und einige Nachbargemeinden zu versehen. In einem uralten winzigen Bethaus hielt er Gottesdienst und erteilte in verschiedenen Schulen der Umgebung Religionsunterricht für die israelitischen Kinder.

Es war in diesem kleinen Orte selbstverständlich, daß der Kaplan und der junge Rabbi einander beinahe täglich begegneten. Und nicht minder selbstverständlich war's bei der delikaten Amts-Ähnlichkeit und Amts-Verschiedenheit dieser beiden Männer, daß sie es bis vor kurzer Zeit beim höflichen Gruße hatten bewenden lassen. Jüngst erst, bei Gelegenheit eines Hochzeitsfestes, zu dem auch Doktor Aladar Fürst zugezogen war, ergab sich zum erstenmal ein längeres Gespräch zwischen ihnen. Daraufhin machte Fürst im Pfarrhause einen Besuch, der sofort erwidert wurde. Der Rabbi lud den Geistlichen zu einer Mahlzeit ein. Es entwickelte sich ein regelmäßiger, wenn auch gemessener und förmlicher Verkehr. Zwischen Felix und Fürst stand vermutlich nicht nur die Verschiedenheit des Glaubens als hemmende Macht, sondern die jahrhunderttiefe Fremdheit und ein uralt gegenseitiges Mißtrauen, das sich auch unter höheren Seelen nur schwer überbrücken läßt. Dennoch faßte, wie er mir gestand, der christliche Priester eine rasche Zuneigung zu dem jüdischen Rabbi. Mehr als die Belesenheit und der Geist des Intellektuellen, den er als Mann der Praxis weniger schätzte, erfüllte ihn ein anderer Umstand mit hohem Erstaunen. Sooft er bisher mit einem Sohne Jakobs zu tun hatte, mußte er in dessen Augen eine dunkle Abwehr, ja ein mühsam verhehltes Grauen bemerken, das dem geweihten Priester der einst so feindseligen Kirche galt und jedem Gespräch eine enge Grenze setzte. Fürst unterschied sich von dieser Art sehr auffällig. Er war in allen Fächern der katholischen Theologie unheimlich gut beschlagen und schien ein großes Vergnügen zu empfinden, wenn er sein Licht leuchten ließ; er zitierte Paulus, Thomas, Bonaventura, Newman kenntnisreicher, als ein geplagter Dorfkaplan dazu imstande gewesen wäre. Der Geistliche glaubte zu erkennen, daß Aladar Fürst weit über dieses vielleicht noch eitle Wissen hinaus in sich die ebenso alte wie durch unendliches Leid begreifliche Christus-Scheu seiner Väter überwunden hatte, ohne freilich sich von seinem eigenen Glauben auch nur einen Schritt zu entfernen. Felix erzählte mir, daß eine gewisse Bemerkung des Rabbiners auf ihn einen bewegenden Eindruck gemacht habe. Sie fiel während eines Gespräches über die Judenmission, welch heikles Thema nicht er, sondern Fürst erschreckend freimütig aufs Tapet brachte.

»Ich weiß nicht, Hochwürden«, so lautete jene Bemerkung des Rabbi, »warum die Kirche solchen Wert darauf legt, die Juden zu taufen. Kann es ihr genügen, unter hundert streberischen oder schwächlichen Renegaten vielleicht zwei oder drei echte Gläubige zu gewinnen? Und dann, was würde geschehen, wenn sich alle Juden der Welt taufen ließen? Israel würde verschwinden. Damit verschwände aber auch der einzige reale fleischliche Zeuge der göttlichen Offenbarung aus der Welt. Die heiligen Schriften nicht nur des Alten, sondern auch des Neuen Testaments würden damit zu einer leeren und kraftlosen Sage herabsinken wie irgendein Mythos der alten Ägypter und Griechen. Sieht die Kirche diese tödliche Gefahr nicht ein? Und gar in diesem Augenblick der totalen Auflösung? ... Wir gehören zusammen, Hochwürden, aber wir sind keine Einheit. Im Römerbrief steht geschrieben, wie Sie wohl besser wissen als ich: ›Die Gemeinde des Christus fußt auf Israel.‹ Ich bin überzeugt davon, daß, solange die Kirche besteht, Israel bestehen wird, doch auch, daß die Kirche fallen muß, wenn Israel fällt ...«

»Und woher kommen Ihnen diese Gedanken«, fragte der Kaplan.

»Aus unserem Leid bis auf den heutigen Tag«, versetzte der Rabbi, »denn glauben Sie vielleicht, daß Gott uns so viele Jahrhunderte hätte zwecklos erdulden und überstehen lassen?«

III

An jenem schwarzen Freitag Österreichs, dem elften Tage des März, da das Unfaßbare geschah, saß der Kaplan Ottokar Felix in seiner Stube. Es war sieben Uhr abends. Er hatte vor einer Stunde im Radio die Abschiedsworte des Kanzlers Schuschnigg vernommen, eine dumpfe Stimme, »wir müssen der Gewalt weichen« und dann »Gott schütze Österreich« und dann ein großes Verstummen und dann eine Musik von Haydn, feierlich und herzzerreißend. Felix saß noch immer vor dem Radio, das er abgestellt hatte, und rührte sich nicht. Ohne zu einer Klarheit zu kommen, überlegten seine lahmen eingerosteten Gedanken, wie er sich würde zu verhalten haben in dieser Katastrophe, die so plötzlich über das arme Land hereingebrochen war.

Da ging die Tür auf und Doktor Aladar Fürst stand in der Pfarrersstube. Er hatte die Anmeldung durch die Wirtschafterin gar nicht abgewartet. Fürst trug einen langen feierlichen Schlußrock. Es war ja der Sabbat schon angebrochen. Sein schmales Gesicht mit den dunkeln langwimperigen Augen und dem dünnen schwarzen Backenbärtchen war um einige Schatten blasser als sonst.

»Verzeihen Sie mir, Hochwürden«, hob er ziemlich atemlos an, »daß ich so ohne alle Umstände bei Ihnen eindringe ... Wir hatten die Feier schon begonnen und so habe ich erst jetzt ... «

»Ich denke wohl, daß die Ereignisse den Sabbat brechen«, bemerkte der Geistliche, als wollte er ihm zu Hilfe kommen, und schob den Lehnstuhl für den unerwarteten Gast heran, der aber niederzusitzen ablehnte.

»Ich brauche Ihren Rat, Hochwürden ... Denn wissen Sie, ich selbst habe das nicht erwartet, ich war so sehr vertrauensvoll, und jetzt ... Haben Sie gehört, daß der junge Schoch in der Gegend sich aufhält, seit einer Woche bereits, alles war längst abgekartet. Schoch ist Sturmführer der hiesigen SA. Er hat die ganze Bande zusammengetrommelt, die Bauernburschen, die Hilfsarbeiter der Kapselfabrik, die Arbeitslosen, sie sitzen alle besoffen im Wirtshaus und drohen, sie werden alle Juden in heutiger Nacht noch umbringen ... «

»Ich will sofort zum alten Schoch gehen«, sagte der Kaplan, »der Lausbub hat noch immer Angst vor dem Vater...«

Das war nicht wahr, und Felix wußte selbst sehr genau, daß nicht der Sohn vor dem Vater, sondern der Vater vor dem Sohn heute zitternde Angst hatte. Er hatte nur so gesprochen, weil ihm nichts eingefallen war, um Fürst zu beruhigen.

Der alte Schoch war der reichste Weinbauer des Bezirkes und ein guter Katholik. Mit seinem Jüngsten, dem Peterl, hatte er ausgesprochenes Pech gehabt. Bisher wenigstens. Die Biographie Peter Schochs hat ihre Reize. Nachdem der auffallend hübsche Bursche mit siebzehn Jahren einer Magd des väterlichen Hauses ein Kind gemacht hatte – was nach ländlichen Begriffen noch lange keine Sünde ist –, hatte er das Mädel mitsamt dem Kinde tätlich bedroht, den Koffer der Verängstigten aufgebrochen und ihre ganzen Ersparnisse geraubt. Der alte Schoch, an seinen Jüngsten durch bedenkliche Affenliebe gebunden, geriet diesmal im Gegensatz zu früheren Streichen in die heftigste Wut, vor allem deshalb, weil die gemeine Geschichte unter die Leute geraten war. Er verprügelte mit Hilfe seiner älteren Söhne den Peter erst einmal gründlich und schickte ihn dann auf die Forstschule in die Stadt Leoben. (Neben den Weingärten besaßen die Schochs auch Waldungen.) Da aber der wohlgewachsene Tunichtgut ganze sechs Jahre lang in der untersten Volksschulklasse sitzengeblieben war und noch immer kaum Lesen und Schreiben gelernt hatte, rasselte er in Leoben schon bei der Aufnahmeprüfung durch, die dort jeder bessere Holzknecht leicht bestand. Peter berichtete seine Niederlage keineswegs nach Hause, sondern blieb in der lebhaften Stadt, wo es ihm weit besser gefiel als daheim in dem traurigen Parndorf, und verjuxte eine Menge Geld, das er zu vorgeblichen Studienzwecken seinem Alten zu entlocken verstand.

Peter Schochs ganz erstaunliche Laufbahn hätte in ruhiger Zeit zweifellos schlimm geendet. In unsern so denkwürdigen Tagen aber kam ihm die vom Dritten Reiche in allen Nachbarländern wohlbezahlte »Bewegung« rettend zu Hilfe. Die Bewegung pflegte sich mit weitblickender Weisheit solcher Taugenichtse zu versichern. Sie wußte aus alter Erfahrung, daß die Abneigung gegen Alphabet und

regelmäßige Beschäftigung die Eignung für rücksichtsloses Gewalt-
tätertum zur fast ausnahmslosen Folge habe. Für jenen ersten Stoß
aber, der den Widerstand des österreichischen Volkes brechen sollte,
brauchte man nichts dringlicher als eine Garde entschlossener
Gewalttäter. Nicht unwesentlich für das Wohlwollen, das gewisse
Parteihäuptlinge für Peter hegten, war sein goldblondes Haar, sein
schlanker Wuchs, sein kleines stumpfes Gesicht. Er wirkte im Gegensatz zu den Kahlköpfen, Schmerbäuchen und Hinkebeinen der
Führer wie eine strahlende Illustration zu den Lehren der Rassentheorie und ihrer Verklärung des nordischen Modellmenschen. Man
erwies ihm täglich photographische Ehren, und sein Bild zierte in
vielen Exemplaren die Kartotheken der deutschen Rassenämter. So
geschah es also, daß der Sohn des reichen Weinbauern von Parndorf
ein ›Illegaler‹ wurde. Er bezog von der Münchner Parteikasse eine
Unterstützung von solcher Höhe, daß er unter seinesgleichen die
Rolle eines imposanten Krösus spielte. Ein paar tollköpfige Misse-
taten für die Partei machten seinen Namen berühmt, und als er
schließlich als Saboteur und Bombenwerfer für einige Monate ins
Gefängnis wandern mußte, da war er endlich in die Reihe jener Mär-
tyrer emporgerückt, die nach der Begegnung von Berchtesgaden
und dem Zusammenbruch der österreichischen Regierung aus
»Schmach und Not erlöst wurden«. Dies ist in aller Kürze die Geschichte des jungen Peter Schoch, dessen bloßer Name schon dem
Doktor Aladar Fürst bleiches Entsetzen einflößte, und nicht nur
ihm.

Jetzt hatte sich der Rabbi endlich doch niedergesetzt. Der Kaplan
reichte ihm ein Gläschen Schnaps:

»Man muß nicht gleich an das Allerärgste denken«, meinte er.

»Wieso muß man nicht«, fragte Fürst, den Kopf mit einem Ruck
hebend, »vielleicht müßte man ... Hören Sie, Hochwürden«, fuhr er
nach einer Weile gepreßt fort, »in einer Stunde geht ein Zug an die
ungarische Grenze ... Sollten wir nicht, ich meine die ganze Familie
... Freilich meine arme Frau ist erst vor drei Tagen aus dem Wochen-
bett aufgestanden ... was soll ich tun. Hochwürden, raten Sie mir
... Ich brauche einen Rat ... «

Und jetzt tat Pater Ottokar etwas, was er sich nie verziehn hat. Anstatt die Achseln zu zucken, anstatt zu sagen, ich weiß nicht, was das richtige ist, gab er einen Rat, einen bestimmten Rat, einen schlechten Rat. Doch wer kann in solcher Lage ahnen, ob er gut oder schlecht rät?

»Wollen Sie wirklich alles so schnell im Stich lassen, lieber Doktor Fürst?« sagte also der Kaplan, der verhängnisvollerweise seine eigene Lage mit der des andern verglich, »wir kennen noch nicht einmal die neue Regierung, wer weiß, vielleicht kommt in Österreich alles anders, als man denkt ... Warten Sie doch die nächsten Tage ab!«

Aladar Fürst atmete bei diesen Worten erleichtert auf:

»Ich danke Ihnen für diesen Rat ... Sie haben gewiß recht, die Österreicher sind keine Deutschen, und ich bin ein guter Patriot ... Es würde mir schrecklich schwerfallen, unser Haus zu verlassen ... Meine Familie lebt seit Menschengedenken hier, unsre Grabsteine auf dem Friedhof reichen bis ins Mittelalter zurück, und ich bin eigens aus der Welt nach Parndorf zurückgekommen ... Vielleicht ...«

Der Kaplan begleitete ihn in die sternhelle Nacht hinaus.

»Ich werde mich morgen nach Ihnen umschauen‹, sagte er zum Abschied.

Aladar Fürst aber meinte zuletzt, als er Felix bekümmert die Hand drückte:

»Ich fürchte nur eins, Herr Pfarrer ... Ich fürchte, daß unsereins schon zu sehr verweichlicht ist und die alte Kraft und Haltung unsrer Väter in der Verfolgung verloren hat ... Gute Nacht ...«

IV

Um neun Uhr am nächsten Morgen – Kaplan Ottokar Felix überlegte grade, wie weit er sich am Sonntag in seiner Predigt nach dem Evangelium im Kampf gegen die Sieger vorwagen dürfe – wurde er durch Geschrei und wachsenden Lärm aufgestört, der dumpf durch das geschlossene Fenster drang. Er stürzte sofort aus dem Hause, wie er war, ohne Hut und Überrock. Der Ringplatz war von einer Menge angefüllt, so zahlreich, wie sie sich nicht einmal zu Wochenmärkten und Kirchweihfesten zusammenzufinden pflegte. Aus den Ortschaften der öden Parndorfer Heide, ja aus den entfernten Uferdörfern des großen Schilfsees war sie in Erwartung interessanter Ereignisse herangeströmt, Bauern, Bauernknechte und Mägde, Arbeiter aus den Kapsel- und Zuckerfabriken der Gegend und ein Haufen von Arbeitslosen zumal, die keine staatliche Unterstützung mehr empfingen und sich als das unruhigste Element im Volke zu jedem Krawall zu drängen pflegten. Den Kern dieser Menge bildete eine Abteilung von Braunhemden in Reih und Glied, die bereits alle die Binde mit dem Hakenkreuz überm linken Arm trugen. Die Reihe stand mit der Front dem ansehnlichsten Gebäude zugewandt, das Parndorf überhaupt besaß. Es ist wahrscheinlich ungebührlich, daß gerade die Familie Fürst dieses stattlichen Gebäudes Eigentümerin war, einer der wenigen im Orte, das zwei Stockwerke und überdies noch eine Mansarde hatte. Kann man aber Aladar Fürst dafür verantwortlich machen, daß sein Großvater in der glücklichen Zeit vor fünfzig Jahren so unvorsichtig oder so überheblich gewesen, in einer Welt von armseligen Strohhütten dieses großstädtische Haus zu errichten? Im Erdgeschoß, zu beiden Seiten der Toreinfahrt, befanden sich zwei große Kaufläden, das »bürgerliche Backhaus« von David Kopf und die »Gemischt- und Kolonialwarenhandlung« von Samuel Roths Sohn. Die Inhaber dieser Geschäfte, ihre Ehefrauen, Söhne, Töchter, Verwandten, Hilfskräfte standen in einer dichten Gruppe vor dem Haustor und in ihrer Mitte der junge Rabbi Aladar, der einzige, der den Kopf ziemlich hochtrug und im Gegensatz zum gestrigen Abend keinen gebrochenen Eindruck machte. Dem beschatteten Häuflein gegenüber hatte Peter Schoch Posto gefaßt, der Kommandant dieser militärischen Aktion. Er trug mit sichtbarem Herzensvergnügen ein automatisches Gewehr im Arm, dessen Lauf auf Aladar Fürst deutete. Neben ihm stand ein kleiner dürftiger Mann mit einem verzwickten Hexengesicht, das aussah, als könne man es nach Bedarf auseinanderziehen wie eine Ziehharmonika. Auf der Nase saß dem Mann eine Stahlbrille und auf dem

Schädel eine rote Dienstkappe, denn es war der Bahnhofsvorstand von Parndorf, Herr Ignaz Inbichler in Person. Als Kaplan Felix hinzutrat, vollendete Peter Schoch gerade eine markige Ansprache, deren zugleich tiefgekränkten und hohnpeitschenden Tonfall er den Radioreden der großen Parteigötter recht trefflich abgelauscht hatte:

»Deutsche Männer und Frauen! Es ist untragbar für deutsche Volksgenossen, unser tägliches Brot aus den Händen einer jüdischen Backstube zu empfangen. Das würde den internationalen Juden so passen, unsere unschuldigen Kinder mit seinen Mazzes weiter zu vergiften. Diese Zeiten sind vorüber, weil das ein historischer Moment ist. Im Namen der deutschen Volksgemeinschaft erkläre ich das Backhaus Kopf für arisiert. An seine Stelle tritt der deutsche Volksgenosse Ladislaus Tschitschevitzky in Kraft ... Sieg Heil!«

Peter Schoch sprach in einer angestrengten Schriftsprache, durch deren Laute überall der nackte ordinäre Dialekt hindurchlugte. Die Braunhemden brüllten ihm das Sieg-Heil im Takt nach. Die Menge aber blieb seltsam still, voll unbeteiligter Neugier, wie es schien. Jetzt aber nahm der Mann mit der roten Kappe das Wort. In diesem Grenznest waren nicht anders wie in Berlin die beiden Grundcharaktere der nationalsozialistischen Partei am Werke. Schoch repräsentierte den unbedingten Heroismus, Inbichler hingegen die augenzwinkernde Diplomatie, die dem Opfer treuherzig auf die Schulter klopft, dieweil ihm der Heroismus den Bauch aufschlitzt. Also sprach Inbichler, der Bahnhofsvorstand, zu dem Häuflein vor dem Haustor:

»Meine Herrschaften! Es geht alles in Ordnung. Es gibt keine wilde Aktion. Alles verläuft befehlsgemäß. Deutschtum heißt Organisation. Keinem von Ihnen wird ein Haar gekrümmt werden. Sie haben nur einen Revers zu unterschreiben, daß Sie uns in voller Freiwilligkeit Ihren Krempel übergeben und den deutschen Grund und Boden sofort verlassen ... Wenn nach fünf Uhr nachmittags ein Bewohner dieses Hauses hier noch angetroffen werden sollte, dann wird er sich die unangenehmen, aber schon sehr unangenehmen

Folgen selbst zuzuschreiben haben! Auch ich werde ihm dann nicht mehr helfen können ... Es gibt nur zwei Wege, die Judenfrage zu lösen. In seiner unendlichen Herzensgüte wählt unser Führer den zweiten Weg ...«

Der Kaplan erkannte, daß er durch seine Einmischung hier nicht nur nichts erreichen, sondern sich selbst unnütz gefährden würde. Er rannte daher spornstreichs nach Hause und setzte sich erregt mit der Gendarmerie, mit der Bezirksbehörde und schließlich mit der Provinzialregierung in Eisenstadt in telephonische Verbindung. Überall erhielt er denselben ausweichenden Bescheid. Man könne beim besten Willen nichts gegen jene zweifelhaften Elemente unternehmen, die im Augenblick die Straßen beherrschen. Sie seien Mitglieder der Partei und die Partei erhalte ihre Befehle unmittelbar aus Berlin. Die Stimmen am Telephon vibrierten in peinlicher Verlegenheit. Gewiß waren die Leitungen alle bespitzelt, und die Beamten wagten kein offenes Wort. Kurz entschlossen lief Pater Felix zu einem bekannten Gutsbesitzer in der Nähe, in dessen Auto er eine halbe Stunde später nach Eisenstadt sauste. Dort in der Hauptstadt eilte er von Pontius zu Pilatus, um endlich beim apostolischen Administrator des Burgenlandes zu landen, dem Vorstand der Kirchenprovinz, einem Monsignore Soundso. Der bequeme Prälat empfing ihn mit salbungsvoll düsterem Argwohn. Da es der höchsten kirchlichen Stelle, Seiner Eminenz dem Kardinal-Erzbischof von Wien, gefalle, der neuen Obrigkeit, die ja der Lehre gemäß auch von Gott sein müsse, mit Vertrauen entgegenzukommen, so könne er selber den Herren Seelsorgern im Lande nur die gehorsame Nachahmung dieser Haltung anempfehlen. Er wisse genau, was in den Ortschaften dieses Landes heute im Gange sei, spreche aber den dringlichen Wunsch aus, jede Einmengung zu Gunsten der vertriebenen Juden zu unterlassen. Diese Vorkommnisse seien gewiß verurteilenswert, fallen aber nicht im mindesten in den Aufgabenkreis der Herren Pfarrer. Und die Hände faltend schloß der Prälat:

»Wir wollen für die Juden beten, sonst aber noch einmal und immer wieder uns die Wahrheit vor Augen halten, daß jede Obrigkeit von Gott ist ...«

»Auch wenn der Herrgott den Satan zur Obrigkeit einsetzt, Monsignore?« fragte der Kaplan ein wenig aufrührerisch.

»Auch dann«, sagte Monsignore, zu jedem Kompromiß entschlossen.

Auf der Heimfahrt neigten die Gedanken des Kaplans immer mehr dazu, die Entscheidung des Kardinals und des Prälaten für weise zu halten. Es gab Wichtigeres zu schützen als ein paar ausgeraubte und verjagte Juden. Die Kirche selbst war in Gefahr. War's nicht am besten, sich in den nächsten Tagen im Pfarrhaus zu verkriechen, das Sonntagsamt ohne Predigt zu halten und jegliche Reibung zu vermeiden? Er hätte vermutlich dieser Anwandlung nachgegeben, wären ihm jene Worte Aladar Fürsts nicht immer wieder durch den Kopf gegangen: »Ich bin überzeugt davon, daß, solange die Kirche besteht, Israel bestehen wird, doch auch, daß die Kirche fallen muß, wenn Israel fällt ...«

V

Als der Kaplan Felix auf dem Ringplatz von Parndorf eintraf, schlug die Kirchuhr gerade drei. Vor dem Hause Fürst standen die beiden Lastkraftwagen der Fuhrunternehmung Moritz Zopf. Aus der Bäckerei, dem Kaufladen und dem Haustor wurden Einrichtungsgegenstände, Betten, Schränke, Tische, Stühle geschleppt und auf einem der beiden Lastwagen verladen. Der Bahnhofsvorstand Inbichler untersuchte jedes einzelne Stück mit kurzsichtiger Eindringlichkeit und der gewissenhaften Inbrunst eines guten Zollbeamten, denn ohne seine Einwilligung wurde den Vertriebenen kein Aschenbecher und keine Zündholzschachtel freigegeben. Er ließ auch jeglichen Gegenstand, der ihm einigermaßen gefiel, sogleich für sich abseits stellen, wobei er die Besitznahme durch ein dumpf gemurmeltes Zauberwort verschleierte, das ungefähr klang wie: »Deutsches Nationalgut.« Die Braunhemden hatten ihre Karabiner in Pyramiden aufgebaut und rauchten und lungerten herum. Schoch und sein Stab saßen im Wirtshaus, wo Peter seit mehreren

Stunden schon einer üppigen Festtafel präsidierte, zu der sich der Bürgermeister und andere Notabeln von Parndorf mit kriecherischer Eile gedrängt hatten. Es war windstill und ein merkwürdiger milchiger Dunst lagerte über der Ortschaft. Die Gruppe der Verjagten hatte sich beträchtlich vermehrt und zählte schon mehr als dreißig Seelen. Der Kaplan Felix wunderte sich darüber, daß all diese Menschen emsig und kopflos hin und her schossen, hunderterlei unsinnige Gänge machten und mehr durch eine insektenhafte Unruhe als durch vernünftige Planung gelenkt zu sein schienen. Die Kinder unter ihnen starrten keineswegs mit erschreckter, sondern mit gieriger Erregtheit auf das Getriebe. Alle jedoch sahen höchst übernächtigt aus und glichen welken Schatten, die von einem wühlenden Schicksalswind bewegt wurden, der für Christen nicht wahrnehmbar war, obwohl er in heftigen Stößen über den Platz wehte.

Felix betrat die Wohnung des Rabbi Aladar. Die kaum genesene Wöchnerin, eine zarte, helläugige Frau, die aus dem Rheinland stammte, wirtschaftete atemlos herum. Ihre weiße Stirn unterm gescheitelten braunen Haar war von übermäßiger Anstrengung tief gerunzelt. Sie stand inmitten eines Berges von Bett-, Tisch- und Leibwäsche, die sie in einem schon überfüllten Reisekorbe vergeblich noch unterzubringen suchte. Manchmal hob sie die Augen. Sie waren feucht glänzend von Schwäche und Verständnislosigkeit. Vom Nebenzimmer her hörte man friedliches Kindergeplapper und dann und wann das aufbegehrende Greinen eines Säuglings.

Der Kaplan fand Aladar Fürst vor seinen Bücherschränken, die alle vier Wände des großen Wohnraumes bis zur Decke füllten. Ein paar hundert Bände, die er unter den vielen Tausenden ausgesucht hatte, wuchsen zu seinen Füßen in schwanken Türmen. Er aber hielt ein Buch in der Hand und las, las tief versunken mit dem Schimmer eines Lächelns um seinen Mund. Er schien über der Seite, die er angeblättert hatte, die ganze Wirklichkeit vergessen zu haben. Der Anblick dieses hingebungsvoll lesenden Juden mitten im Zusammenbruche seiner Welt machte einen starken Eindruck auf den Kaplan, wie er mir ausdrücklich gestand.

»Ehrwürden Doktor Fürst«, sagte er nun, »ich habe Ihnen leider einen schlechten Rat gegeben ... Daß dieser schlechte Rat mein Gewissen sehr quält, hilft Ihnen nicht und mir nicht ... Glücklicherweise besitzen Sie aber einen ungarischen Paß ... Vielleicht meint es der Herrgott mit Ihnen und den Ihrigen besser als mit uns ... Es wäre nicht das erstemal, daß er das Volk, in dem er sich offenbart hat, in Sicherheit brachte, als er es zu strafen schien ...«

Doktor Aladar Fürst sah den Priester mit einem langen verlorenen Blick an, der diesen so sehr bewegte und beunruhigte, daß er selbst mit Hand anlegte und die zur Mitnahme ausgewählten Lieblingsbücher hinabtragen half.

Eine Stunde später war man reisefertig. Inbichler hatte das beste Gut der Vertriebenen zurückbehalten, die wertvolleren Möbel, alles Silber, den ganzen Schmuck der Frauen, die Effekten und Geldbeträge, deren er habhaft geworden war, denn jeder der Ausgewiesenen, auch Fürst, wurde bis aufs Hemd ausgezogen und einer peinlichen Durchsuchung unterworfen. Der Rabbi nahm diese erniedrigende, durch höhnische Bemerkungen der Braunhemden verschärfte Prozedur mit der gleichmütigsten Geistesabwesenheit hin, so daß Felix sich beinahe über ihn ärgerte. Ich würde um mich schlagen, dachte er. Das einzige, was Inbichler ohne Kontrolle und mit einer wegwerfenden Handbewegung passieren ließ, waren die Bücher.

Da aber nach Inbichlers Worten »alles in Ordnung gehn« mußte und »Deutschtum Organisation« war, stellte er über jeden der zurückgehaltenen Gegenstände eine genaue Bescheinigung aus, wodurch der nackte Raub gleichsam auf die Höhe des Gesetzes und einer staatspolitischen Maßnahme gehoben wurde, um so süßer dadurch für den Räuber.

Peter Schoch, der sich jetzt neben den Lenker des ersten Wagens gesetzt hatte, gab wütende Signale. Es war vier Uhr. In spätestens zwei Stunden brach die Nacht an.

Die Braunhemden stießen ihre Opfer mit Puffen und Tritten auf den ersten Kamion, wo sie zuerst durcheinander kollerten und dann auf dem Boden Platz nehmen mußten. Jetzt erst wurde es den kleineren Kindern unbehaglich und einige begannen zu zetern. Die dichte

Menge der Zuschauer blieb totenstill, und ihren neugierigen Blicken war nicht zu entnehmen, ob sie diese Geschehnisse billigten oder verdammten. Schon machten Schochs Leute ihre Motorräder bereit. Da trat der Kaplan Ottokar Felix scharf auf Ignaz Inbichler zu:

»Chef«, sagte er und richtete sich mit einem Ruck auf, »ich weiß nicht, ob und in wessen amtlichem Befehl Sie handeln ... Aber ich mache Sie darauf aufmerksam, sollten Sie auf eigenen Befehl handeln, daß man Sie zur Verantwortung ziehn wird, morgen, übermorgen, einmal, so oder so ... Diese Leute da leben erwiesenermaßen seit Jahrhunderten hier, und das Volk hat niemals zu klagen gehabt über sie ..., In Wien und in den Großstädten mag das anders sein, hier aber ist es so ... Sie haben ihnen jetzt einen gewaltigen Schreck eingejagt, Chef, das ist Strafe und Rache genug, mein' ich. Lassen Sie's dabei bleiben, und warten wir alle die gesetzliche Regelung der Judenfrage ab!«

Der Verzwickte mit dem Ziehharmonika-Gesicht sog wollüstig an seiner Zigarette und blies dem Geistlichen eine Rauchschwade ins Gesicht:

»Nur nicht drängeln, Euer Hochwürden«, säuselte er liebenswürdig, »es kommt ein jeder dran. Die Herren Pfaffen könnten ganz gut die nächsten sein. Den Einfall hab' ich schon gehabt ... Wenn Sie aber die Saujuden so gern haben, können Sie ihnen gleich Gesellschaft leisten ...«

»Das will ich auch«, sagte der Kaplan und sprang mit einem Satz auf das Lastauto, ohne zu wissen, wie dieser lebensgefährliche Entschluß über ihn gekommen war. Es war auch gar kein Entschluß. Es war eine Handlung, die nicht aus seinem eigenen Willen zu stammen schien. Die Juden starrten ihn ungläubig an. Frau Fürst saß als einzige auf einem Stuhl, den man für sie in den Wagen gehoben hatte. Sie hielt den Säugling im Arm, während der Vater gerade das zweite Kind, ein winziges Mädchen, zu beruhigen suchte. Da nahm der Kaplan den Ältesten des Rabbi, einen vierjährigen Jungen, auf den Schoß und begann mit ihm zu scherzen ...

Der Motor sprang an. Der mächtige Wagen setzte sich mit einem Holperstoß in Bewegung, denn die Straße war voll von tiefen

Löchern. Der zweite Wagen folgte. Die Motorräder der Braunhemden ratterten hinterdrein.

VI

Die Fahrt holperte die schlechte Bezirksstraße am großen Schilfsee entlang, der sich aber von hier aus nicht blicken läßt. Diese Straße führt zu einer gottverlassenen Übergangsstelle der ungarischen Grenze. Warum nicht die Hauptstrecke zu dem wichtigen Grenzort Hegyeshalom gewählt wurde, blieb ein tückisches Geheimnis Peter Schochs. In dem ersten der Lastautos, vollgepfropft mit durcheinandergeschüttelten Menschen, sprach niemand ein Wort. Wenn Kaplan Ottokar Felix versuchte, den Ausgestoßenen Mut zuzusprechen, hörten ihm alle mit den angestrengten und wäßrigen Augen von Taubstummen zu. Man mußte schon den mächtigen Steinbruch von Rust im Rücken haben, als zugleich mit der Dämmerung vom Schilfsee her einer der dicken erstickenden Nebel einbrach, die das Volk dieses Landstriches so abergläubisch fürchtete.

Schoch ließ die ganze Kolonne halten. Die Braunhemden stiegen von den Motorrädern. Ein kurzer Befehl:

»Alles aussteigen! Abladen! Die Wagen zurück!«

Im hexenhaften Dampf, darin das Tageslicht versickert war, warfen sich die Sturmleute auf das zweite Lastauto. Kommoden, Kredenzen, Schränke, wohlbehüteter Hausrat, Kisten mit Tisch- und Küchengeschirr jeglicher Art krachten unter Hohngelächter von Turmeshöhe in den Straßendreck und zerschellten. Ein wehleidiger Aufschrei der Frauen! Außer sich packte der Kaplan den Schoch beim Handgelenk:

»Was soll das?... Sind Sie verrückt?«

Schoch versetzte dem Priester einen Faustschlag vor die Brust, daß dieser zurücktaumelte:

»Dich kauf' ich mir noch vor dem Nachtmahl, Pfaff elendiger«, lachte er.

Jetzt folgten die Bücher des Rabbi dem ermordeten Hausrate nach. Aladar Fürst lief mit weit ausgebreiteten Armen hinzu. Als

158

sich Felix aber bückte, um wenigstens eins oder das andere der Bücher aufzulesen, machte Rabbi Aladar, so schien es dem Kaplan, eine bis zum Grotesken jüdische Geste der Resignation:

»Was verloren ist, soll verloren sein«, sang er vor sich hin, und der schmale Kopf lag ihm dabei auf der rechten Schulter.

»Direktion links von der Straße«, kommandierte Peter Schoch gellend. »Vorwärts marsch!«

Und die Zögernden, alt und jung, wurden von den Braunhemden ins freie Feld getrieben. Niemand durfte zurückbleiben. Auf die Greise wurde keine Rücksicht genommen und auf die Kinder auch nicht. Wenn eines oder mehrere von den Judenbälgen auf dem Gewaltmarsch verendete, um so besser! Hier waren völlig Vogelfreie, hier waren Menschen außerhalb des Gesetzes, Menschen, die keine staatliche Macht der Welt mehr schützte, hatten sich doch die Regierungen Englands, Frankreichs und Amerikas nicht nur nicht zu einem entscheidenden Protest aufgerafft, sondern die eilige Versicherung abgegeben, sie würden sich jeder Einmischung in innerpolitische Geschehnisse weise enthalten. Es war nicht nur in den leitenden Kreisen der Partei, sondern hinab bis zum einfachsten Partisanen bekannt, daß der englische Premier, Mr. Chamberlain, samt seiner Anhängerschaft ein augenzwinkernder Freund sei und den Kampf gegen den jüdischen Bolschewismus (in Parndorf von Aladar Fürst vertreten) mit verschwiegenem Wohlwollen betrachte. Wann anders also als jetzt und hier kam man mitten in Europa und einer weichen Zeit zu dem urtümlich heldischen und dazu noch erlaubten Vergnügen einer regelrechten, einer patentierten Menschenjagd? Das ging ins Blut mit frisch-fröhlichem Halali! Die lusterregten Jäger schüttelten sich vor Lachen über die jüdischen Schatten, die im Nebel vor ihnen einherkeuchten.

Der Nebel verfärbte sich immer dunkler. Plötzlich fühlte der Kaplan, daß er bis zu den Knöcheln und dann bis unterhalb der Knie durch eiskaltes Wasser watete. Man war in die schmatzenden Sümpfe geraten, die bei Mörbisch dem See vorgelagert sind. Ottokar Felix riß den Vierjährigen hoch, den er bisher an der Hand geführt hatte ... Nun trug er ihn auf dem linken Arm, während er mit der freien Hand die junge Mutter stützte, die ihren Säugling und sich selbst mechanisch weiterschleppte ...

Ich erinnere mich, daß Felix bei dieser Stelle der Erzählung innehielt. Die grauen Augen in dem grobporigen Gesicht starrten mich an. Ich benutzte die Pause und fragte:

»Was haben Sie sich damals in den Sümpfen von Mörbisch gedacht, Herr Kaplan?«

»Ich weiß nicht, was ich mir damals gedacht habe«, erwiderte er, »vermutlich gar nichts ... Jetzt aber denke ich: Die Menschheit muß sich ununterbrochen selbst bestrafen. Und zwar sehr logisch, für die Sünde der Lieblosigkeit, aus der unser ganzer Jammer entsteht und sich Glied um Glied weiterentwickelt ...«

VII

Es war wie ein Wunder, daß man nach dieser »Abkürzung des Weges« innerhalb verhältnismäßig rascher Zeit den Sümpfen entkam, um die Straße wieder zu erreichen. Und es war ein noch größeres Wunder, daß niemand Schaden genommen oder in Verlust geraten war. Mit Einbruch der Nacht wurde es schneidend kalt, und der Nebel zerriß. Dort, das waren schon die Lichter von Mörbisch. Alles geriet ins Laufen. Hinter den letzten Häusern von Mörbisch lag die ersehnte Grenze. Schon war die Heimat, gestern noch die selbstverständliche Stätte des trauten Lebens von Anfang an, zu einer fremden Hölle geworden, nach der man sich nur mit Grauen umblickt.

Die Nacht war sehr dunkel. Ein eisiger Wind kam angesprungen. Vom österreichischen Zollhaus flatterte schon die Fahne des Eroberers. Als aber die alte Grenzwache, die noch nicht abgelöst war, Peter Schoch mit seinen Braunhemden und ihren Opfern erblickte, verschwand sie so schnell von der Bildfläche, als hätte der Sumpf sie verschluckt. Der Weg zum ungarischen Grenzhaus hinüber, keine hundert Schritte weit, lag frei. Aladar Fürst sammelte die Pässe der Vertriebenen. Die meisten davon, darunter auch der seine, waren ungarische Papiere, hatte doch ein großer Teil der Burgenländer, ungeachtet der Friedensschlüsse von St. Germain und Trianon, die ursprüngliche ungarische Staatsbürgerschaft aus verschiedenen Gründen beibehalten. Es konnte kein Zweifel herrschen, daß sich die magyarische Grenzschranke zumindest all jenen, die ordnungsgemäße Dokumente vorweisen konnten, widerstandslos öffnen werde. Das war ja Gesetz und Recht! Rabbi Aladar wanderte mit dem Stoß von Pässen in der Hand nach dem ungarischen Zollhaus hinüber. Der Kaplan begleitete ihn schweigend. Peter Schoch folgte ihnen, vergnügt schlenkernd und pfeifend. Der Beamte drüben in der Kanzlei warf nicht einmal einen Blick auf die Pässe:

»Haben die Herren bitte die Permission vom Königlich Ungarischen Generalkonsulat in Wien«, fragte er mit größter Höflichkeit.

Die Lippen des Aladar Fürst wurden weiß:

»Was für eine Permission um Gottes willen?«

»Gemäß Verordnung von heute zehn Uhr vormittag ist der Grenzübertritt nur mit Permission des Generalkonsulats gestattet...«

»Aber das ist ja ganz unmöglich«, stammelte Fürst, »wir haben davon nichts gewußt und hätten uns diese Permission gar nicht verschaffen dürfen. Man hat uns doch unter Todesandrohung nur sechs Stunden Frist gegeben...«

»Bedaure sehr«, zuckte der Grenzbeamte die Achseln, »aber da kann ich nichts machen. Die Herren müssen die Permission des Generalkonsulats vorweisen...«

Peter Schoch trat vor und knallte die »Reverse« auf den Tisch, in welchen die Verjagten mit ihrer eigenhändigen Unterschrift bekräftigten, daß sie ihre Heimat freiwillig und ohne Zwang zu verlassen gesonnen waren.

»Holen Sie Ihren Kommandanten her«, sagte der Kaplan, und er sagte es so, daß der junge Beamte aufstand und ohne Widerrede gehorchte. Nach zehn Minuten etwa kehrte er mit einem schlanken graumelierten Offizier zurück, dem man es ansah, daß er noch in der alten glorreichen Armee gedient hatte. Er nahm die Pässe in die

Hand wie ein Kartenspiel und blätterte sie nervös an, während ihn der Kaplan scharf anging:

»Ich bin Zeuge, Herr Major, daß man diese Leute vor wenigen Stunden his auf die Haut ausgeraubt und durch den Sumpf an die Grenze gejagt hat, schlimmer als Tiere... Doktor Fürst ist ungarischer Staatsbürger und viele andere auch, wie Sie an den Pässen sehen können ... Es gibt unter zivilisierten Menschen keine Verordnung, die diesen schutzsuchenden Staatsbürgern die Aufnahme verweigern könnte...«

»Na ... na ... Herr Pfarrer«, sagte der Offizier und sah Felix mit dunkeln bittern Augen an, »es gibt unter zivilisierten Menschen so mancherlei...« Und er fügte kalt hinzu: »Ich habe nach Vorschrift zu handeln...«

»Wir sind doch nur wenige», bat Aladar Fürst. »Die meisten von uns haben in Ungarn Verwandte. Wir werden dem Staat nicht zur Last fallen... «

Der Major schob das Kartenspiel der Pässe mit angeekelter Hand von sich. Er würdigte keinen der Anwesenden eines Blickes, weder Fürst, noch Felix, noch Schoch. Nach einer Weile gerunzelten Nachdenkens sagte er ziemlich grob:

»Gehen Sie jetzt über die Grenze zurück und warten Sie ab!«

Erst als der Kaplan ihn entsetzt anschaute, murmelte er:

»Ich werde nach Sopron telephonieren, an den Herrn Obergespan ...«

VIII

Vor dem österreichen Zollhaus lag ein freier Platz. Links führte der Weg zu den Schilfufern des Sees, rechts verlor er sich im dichten Rebengelände. Auf dem Platz hatten die Braunhemden mit den Scheinwerfern ihrer Motorräder eine Art von belichteter Bühne geschaffen. Sie trieben in diesen Lichtkreis die alten Männer zusammen und vergnügten sich nach dem Muster der deutschen Konzentrationslager damit, diese Hinfälligen in raschem Tempo Kniebeugen und andre gymnastische Übungen vollführen zu lassen:

»Auf – nieder! Eins – zwei!« Nach einer Weile brach der achtzigjährige David Kopf, der Vater des Bäckers, mit Herzkrämpfen zusammen. Der Kaplan war nahe daran, in die Reihe der Gemarterten zu
treten und sich mit ihnen erniedrigen zu lassen. Er wußte aber zu
gut, daß er damit nichts andres hervorgerufen hätte als das äffische
Hohngelächter der Siegestrunkenen. Ein Gedanke durchdrang immer wieder seinen Sinn: »Diese Glücklichen müssen sündigen, diese
Unglücklichen dürfen büßen. Wer also sind die Glücklichen und
wer die Unglücklichen?« Zuschauer hatten sich ringsrum versammelt, Leute aus Mörbisch und die Soldaten der ungarischen Grenzwache. Diese verbargen nicht ihren Abscheu und Zorn. Felix sah,
wie ein Unteroffizier ausspuckte und empört zu seinem Neben-
mann knurrte:

»Wenn ich so was erleben müßte, ich würde mich umbringen,
mich und meine ganze Familie, auf der Stelle.«

Nach einer Stunde traf ein Automobil ein, in dem der Obergespan (so lautet der Titel eines ungarischen Provinzgouverneurs)
höchst persönlich saß. Sopron, die Hauptstadt des Komitats, lag nur
wenige Meilen von der Grenze entfernt. Der Bezirks-Gewaltige
war ein freundlicher dicker Herr, von jener federnden Eleganz, wie
sie korpulente Würdenträger oft zu beweisen lieben. Er hatte ein pu-
terrotes Gesicht, einen schneeweißen Schnurrbart und schwitzte
sichtbar trotz der Bärenkälte. Nachdem er mit sicherer Nonchalance
in den Lichtknoten der Scheinwerfer getreten war und alle jovial zu
sich herangewinkt hatte, stemmte er die Fäuste in die Hüften, um
dadurch seine überquellende Gestalt vorteilhafter herauszumodel-
lieren, und wippte reitermäßig auf den Zehenspitzen:

»Kinder, was macht ihr mir da für Geschichten«, begann er väter-
lich, wobei er sich ausschließlich an die Vertriebenen wandte. »Ich
kann gesetzliche Verordnungen nicht umstoßen. Ich bin nur ein
ausführendes Organ. Ich hafte dem Ministerium des Innern in Budapest. Ungarn ist ein Rechtsstaat, und wir haben den christlichen
Kurs, gewiß ... Aber ultra posse nemo teneatur ... Ich darf keinen
Präzedenzfall schaffen. Denn warum? Wenn ich euch heute über die
Grenze lasse, kommen morgen andere und berufen sich darauf,

morgen und übermorgen und vielleicht viele Monate lang. Das wäre so was, das müßt ihr ja selbst einsehen … Ungarn ist ein Land, dem man Arme und Beine abgeschnitten hat, und es hat beinahe eine Million israelitischer Staatsbürger und es hat Arbeitslose ohne Zahl, das wäre noch besser … Ihr habt mich verstanden, nicht wahr? Na also! Dann geht jetzt schön nach Haus', alle miteinander und macht mir keine Schwierigkeiten … Mir persönlich tut es leid, daß ich nichts für euch tun kann … «

Der Obergespan hatte wie ein gütiger alter Herr gesprochen, der ungezogene Kinder dazu bewegen will, von einem dummen Streich abzustehen und brav heimzukehren. Er hatte seine Rede an die Falschen gerichtet, die bewaffneten Braunhemden nur dann und wann mit einem verlegenen Blick streifend. Da sagte Peter Schoch in die tiefe Stille hinein:

»Ehe daß die hier nach Hause gehn, schießen wir sie alle über den Haufen … «

Und jeder wußte, daß diese Worte des Sturmführers keine leere Drohung waren. Zuerst versuchte Aladar Fürst dem Obergespan mit ruhiger Stimme darzulegen, daß es tiefe Nacht und doch völlig ausgeschlossen sei, Säuglinge, kleine Kinder, eine Frau knapp nach den Wochen und eine Anzahl kranker alter Leute im Freien (was heißt im Freien?), im Nichts nächtigen zu lassen, denn hier, wo weder das eine noch das andere Land ist, hier sei doch wahrhaftig das Nichts. Seine Stimme flehte nicht, sondern klang müde, wie die Stimme eines Mannes, der weiß, daß keine Bitte und kein Ruf zur Vernunft fruchten wird. Die Stimme des Kaplans aber klang flehend jetzt. Er beschwor den hohen Beamten in Christi Namen, die Ausgestoßenen wenigstens in dieser Nacht jenseits der Grenze zu beherbergen, denn sie würden ja weder in Mörbisch noch in einer andern österreichischen Ortschaft Aufnahme finden, und die Morddrohung der Bewaffneten sei bitter ernst zu nehmen. Der Obergespan wippte eifrig auf seinen Fußspitzen und wischte sich den Schweiß:

»Aber hochwürdiger Herr«, klagte er beinahe gekränkt, »warum machen Sie mir meine Situation noch schwerer, gerade Sie? …

Glauben Sie, ich bin kein Mensch? ... Ein für allemal! Die Regierung hat die Grenze gesperrt. Ich bedaure lebhaft ... «

Zum Trost ließ daraufhin der Obergespan von seinem Chauffeur an die Frauen und Kinder einige Lebensmittel verteilen, die er aus Sopron mitgebracht hatte. Vielleicht war's ein Zufall, vielleicht lag es in seinem Charakter, daß diese Lebensmittel zumeist aus den klebrigen Zuckerwaren bestanden, wie sie an Straßenecken feilgeboten werden. Der graumelierte Major stand wortlos die ganze Zeit dabei und betrachtete seine Stiefelspitzen. Da bat der Obergespan ihn und den Kaplan abseits. Sie gingen auf der Straße zwischen den beiden Grenzhäusern auf und ab.

Und nun entwickelte er seinen Plan:

»Mir ist da etwas eingefallen«, begann der Obergespan, »vielleicht ist das ein Ausweg, der dem Herrn Pfarrer gefallen wird ... Ich darf aber von der ganzen Sache nichts wissen, verstehen Sie, Herr Major?«

Der Major möge »die Gesellschaft« zum Schein die Grenze übertreten lassen, sie aber im Laufe der Nacht wieder nach Österreich zurückschmuggeln, am besten auf einer der platten Barken, die den See befahren. Damit sei zugleich dem Gesetz und der Menschlichkeit Genüge getan ...

Der Major blieb stehen und straffte sich:

»Herr Obergespan brauchen nur zu zwinkern, und ich werde in diesem Fall das Gesetz umgehen ... Aber ich bin selbst Familienvater und dazu gebe ich mich nicht her, Frauen und Kinder massakrieren zu lassen, und sie werden massakriert werden, wenn wir sie zuerst aufnehmen und dann wieder ausliefern.«

»Bitte sehr, mein Lieber, es war ja nur so eine Idee«, lächelte der Obergespan sehr empfindlich und bestieg seinen Wagen, ohne auf die erhobenen Hände des Kaplans zu achten.

IX

Die Nacht hatte sich ein wenig erhellt. Ein sehr weißer Viertelmond war aufgestiegen, der die Kälte zu verschärfen schien. Im nahen Rebengelände zeichnete sich eine Winzerhütte ab, die während der Weinlese als Schutzdach für Wind und Wetter diente. Dorthin brachte Aladar Fürst die erschöpfte Frau und seine Kleinen. Der Kaplan trug den Vierjährigen, der in seinen Armen eingeschlafen war, in die Hütte. Indessen hatte der Major aus der ungarischen Grenzkaserne Strohsäcke und Decken bringen und Brot und Kaffee verteilen lassen. Auch befahl er seinen Leuten, zwei Zelte für die Vertriebenen aufzustellen, eines für die Männer, eines für die Frauen. Die Braunhemden betrachteten diese Zurüstungen höchst mißgünstig, wagten aber nicht sie zu verhindern, da sie von einer fremden bewaffneten Macht getroffen wurden, deren Freundschaft und Wohlwollen man im Augenblick noch bedurfte. Der Kaplan widerstand der Versuchung, sich nach Mörbisch zu begeben und dort im Pfarrhaus ein Nachtlager zu erbitten. Aladar Fürst hatte ihn selbst dazu bewegen wollen. Bis zum Morgen könne sich ja nichts mehr ereignen, sagte der Rabbi. Felix aber war ein abgehärteter Mann, und eine unbequeme Nacht wog leicht für ihn. Er hatte vom Major eine große Flasche mit Milch für die Kinder von Fürst erbeten und erhalten. Als er aber mit dieser Gabe sich der Winzerhütte näherte, erscholl vom Platz her ein kurzes Hornsignal und ein scharfes Kommando der schneidenden Stimme Schochs:

»Vergatterung! Alle Männer antreten!«

Die Schatten, die sich in und vor den Zelten soeben zum Schlaf hingestreckt hatten, taumelten auf und versammelten sich hohläugig und grell angestrahlt im Licht der Motorräder. Zuletzt kam Aladar Fürst heran und hinter ihm Felix. Während manche der alten Männer stöhnten wie aus einem schweren Schlaf heraus, blickte Rabbi Aladar jetzt sanft und verträumt drein. Peter Schoch stapfte gravitätisch auf ihn zu, sehr langsam, die kleinen Augen wollüstig zugekniffen und einen schiefen vielversprechenden Zug um den Mund. Die Braunhemden lachten alle aus vollem Halse. Jetzt kam

gewiß das Hauptvergnügen, wofür es sich hoch lohnte, im Sieges-
rausch mehrere Nächte um die Ohren zu schlagen. Peterl, der
Sturmführer, war ja weitberühmt für seine trefflichen und witzigen
Einfälle. Jetzt stand er blond und rank vor Fürst, die kleine Gestalt
des Rabbi hoch überragend. Er hielt in seiner Rechten ein hölzernes
Hakenkreuz, das er als schlichtes Armen-Grabkreuz vom Mörbi-
scher Friedhof entwendet und durch flüchtig angenagelte Quer-
brettchen in das Symbol des Sieges verwandelt hatte, und zwar
eigens für den Spaß, den er im Sinne trug. Noch gab es keine Haken-
kreuze im Lande, und so war Schoch in der Not auf den Gedanken
verfallen, den eingesunkenen Grabhügel eines Vergessenen seines
Christenschmucks zu berauben. Er hob diese seltsame makabre
Swastika hoch über den Kopf wie ein Kreuzritter:

»Saujud und Knoblauchfresser«, rief er, und man hörte seiner
Stimme an, wie er sich selbst amüsierte. »Du bist der Rabbiner, he?
Bist du der Rabbiner?«

Keine Antwort.

»Als Rabbiner mit Peikes und Kokelores springst du herum am
Schabbes vor der Bundeslade, wie, Mojschehamazze, Schojreha-
scheisse ...«

Die Motormänner brüllten, beseligt von dieser Parodie des Hebräischen. Fürst stand schweigend da, beinahe unaufmerksam.

»Als Rabbiner küßt du am Schabbes deine Bundeslade, he?«

Keine Antwort.

Da versetzte Schoch mit der Linken Aladar Fürst einen kurzen
Faustschlag gegen den Magen, daß er in die Knie brach. Dann
wandte er sich an die Braunhemden:

»Niemand soll sagen, daß wir euch schlecht behandeln ... Ich
gebe dir die Ehre, Saujud, das Hoheitszeichen der germanischen
Rasse mit deinem dreckigen Maul zu küssen ... Und der Pfaff dort
soll Kyrie eleison singen dazu ...«

Aladar Fürst, noch immer auf seinen Knien, nahm ruhig das Hakenkreuz, das ihm Schoch, der jetzt einen Schritt zurücktrat, entge-
gengehalten hatte. Er hielt es zuerst unschlüssig in der Hand, dieses
grobe morsche Grabkreuz eines unbekannten Toten, das nach nasser

Frühlingserde roch. Ottokar Felix betete während dieser gespann-
ten Sekunden, Fürst möge nichts Unvorsichtiges tun, sondern das
Hakenkreuz küssen. Es geschah aber etwas völlig Unerwartetes.

Der Kaplan sagte wörtlich zu mir, seine Erzählung unterbre-
chend:

»Ein jüdischer Rabbi hat das getan, was ich, der Priester Christi, hätte tun müssen ... Er stellte das geschändete Kreuz wieder
her ...«

Aladar Fürst handelte mit halbgeschlossenen Augen, wie in einem fernen Traum verloren und durchaus nicht mit raschen, sondern mit nachdenklichen Bewegungen. Er knickte eins nach dem
andern die nur lose angenagelten Seitenbrettchen ab, die aus dem
Kreuz ein Hakenkreuz machten. Da aber das Kreuz schon sehr von
Wind und Wetter zermürbt war, brach bei dem Knicken das eine
Ende des verfaulten Querholzes mit ab, wodurch es sich zeigte, daß
das rückverwandelte Kreuz Schaden genommen hatte und nicht
mehr dasselbe war wie früher. Totenstille herrschte. Niemand hinderte den Verlorenen an der langsamen Vernichtung des triumphie-
renden Symbols. Peter Schoch und die Seinen schienen nicht zu verstehen, was diese Tat bedeute. Sie standen mehr als eine Minute
hilflos da und wußten nicht, was sie tun sollten. Ein schwebendes
Lächeln lag auf dem Gesicht Rabbi Aladars, das sich voll dem Kaplan zuwandte, der neben ihm stand. Und er reichte dem Priester
das Kreuz hin wie etwas, das diesem gehörte und nicht ihm. Kaplan
Felix nahm es mit der rechten Hand. In der Linken hielt er noch immer die Milchflasche ...

Da rief jemand aus der Reihe der Braunhemden:

»Saujud, hörst du nicht, daß der Ungar dort dich haben will ...
Lauf, Saujud, lauf ... «

Und wirklich. Aladar Fürst taumelte auf, blickte um sich, atmete
schwer, sah fern unter den Lichtern des anderen Zollhauses die
Gruppe ungarischer Soldaten, die sich dorthin zurückgezogen hat-
ten. Er zögerte noch einen Augenblick, dann begann er in wilden
Sprüngen in die Richtung Ungarns zu laufen, in die Richtung des
Lebens. Zu spät. Der erste Schuß fiel. Und dann noch einer. Und

jetzt das Geknatter automatischer Gewehre. Fürst war keine zwanzig Schritt weit gekommen. Die Braunhemden warfen sich über den Gestürzten und trampelten mit ihren genagelten Stiefeln auf ihm herum, als wollten sie ihn in die Erde stampfen.

Drüben erschollen peitschend magyarische Kommandoworte. Mit gefälltem Bajonett ging die ungarische Grenzwache gegen die Mörder vor, von Wut und Kampflust bebend, allen voran der Major, die Pistole in der Faust.

Bei diesem Anblick ließen Schoch und seine Leute ihr Opfer liegen, machten kehrt, schwangen sich auf die Motorräder und verdufteten mit Benzingestank. Es gehörte nämlich nicht nur zum Genie ihrer Parteipolitik, sondern ebenso zu der Eigenart ihres Mördermutes, immer auf das Genaueste zu wissen, wie weit man gehen dürfe, ohne die große Sache zu gefährden.

Der Verwundete wurde ins ungarische Grenzhaus getragen und dort auf eine der Pritschen gebettet. Er war bewußtlos. Bald kam der vom Major herbeigerufene Arzt. Er stellte eine Verletzung des Rückenmarks und zwei Lungenschüsse fest. Außerdem waren dem Mißhandelten mehrere Rippen gebrochen und schwere Quetschungen zugefügt worden. Der Kaplan bemühte sich um Frau Fürst, die durch das Schreckliche Stimme und Sprache verloren hatte. Mit weit aufgerissenen Augen hockte sie neben dem Gatten und bewegte verzweifelt und tonlos die Lippen. Das dünne scharfe Schreien des Säuglings durchschnitt den Raum. Die Mutter konnte ihm die Brust nicht reichen.

Gegen Morgen starb Aladar Fürst, der Rabbi von Parndorf. Bevor es zu Ende ging, schlug er die dunklen Augen auf, groß ... Sie suchten die Augen des Kaplans von Parndorf. Ihr Ausdruck war gelassen, weit entfernt und nicht unzufrieden.

Durch seinen Tod rettete Aladar Fürst seine Gemeinde. Der Major verging sich gegen den Regierungsbefehl und setzte seine eigene Existenz aufs Spiel, indem er den Frauen, Kindern und Greisen den Grenzübertritt gestattete. Diese wurden nach Sopron gebracht. Neun Männer in der Vollkraft ihrer Jahre blieben zurück. Ihnen riet der Major, sich nordwärts zu wenden. Er habe Nachricht, daß die tschechoslowakische Grenze für Flüchtlinge geöffnet worden sei. Sic mögen auf Gott vertrauen und jenseits des Schilfsees eine Fahrgelegenheit suchen ...

X

»Und Sie, Herr Kaplan«, fragte ich.

»Und ich«, wiederholte Ottokar Felix geistesabwesend. Dann nahm er seinen Hut: »Um mich ging es ja gar nicht in dieser Geschichte, die Ihnen nun anvertraut ist. Da es Sie aber interessiert, nach Parndorf konnte ich nicht mehr zurückkehren, das war ja klar. So bin ich denn mit den neun Männern als der zehnte an einem unbewachten Punkt über die slowakische Grenze entkommen. Wir schwammen über einen Fluß. Seitdem wandere ich mit den Kindern Israels von Land zu Land.«

Wir traten aus dem Portal von Hunter's Hotel auf die Straße. Die Sonne ging glorreich unter hinter dem riesigen Park. Es war Freitag abend und eine linde Stunde. Die Menschen kehrten heim. Dichter Verkehr herrschte. Vier Reihen von Autos kamen nicht vorwärts auf der Straße. Die Frauen waren sehr schön mit ihrem nackten leuchtenden Haar. Ihre lachenden Stimmen durchwirkten den Lärm. Frieden und Fröhlichkeit lag über Amerika.

»Sehn Sie«, blinzelte Felix in das Treiben hinaus, »sehen Sie doch diese freundlichen Menschen, alles wohlgekleidet, satt und guten Willens. Diese Unschuldigen ahnen noch nicht, daß sie längst in den Krieg verwickelt sind, in den ersten Krieg ihrer Geschichte, in dem es wirklich um Sein und Nichtsein geht. Sie ahnen noch nicht, daß Peter Schoch über ihnen ist und vielleicht auch unter ihnen. Viele von diesen Männern werden fallen. Sie werden ausziehen, um das anständige Leben und die Freiheit ihres Volkes zu verteidigen. Aber viel mehr steht auf dem Spiel als Freiheit und anständiges Leben, das geschändete Kreuz nämlich, ohne das wir in Nacht versinken müssen. Und Gott allein weiß, ob eine ganze Welt wird tun dürfen, was der kleine Jude Aladar Fürst getan hat mit seinen schwachen Händen.«

Essays und Betrachtungen

Fragment gegen das Männergeschlecht

Gezwungen, viele Monate lang nur unter Männern, in der rein ›männlichen Gesellschaft‹ zu leben, habe ich manche sonderbare Erfahrung machen müssen.

Eine alte Beobachtung war mir folgendes schon immer gewesen:

Ein Mädchen, das mit seiner Puppe spielt, ist ganz schon die Mutter mit dem Kind; es spielt ja nicht, es erfüllt nur ein Sinnbild mit all seiner *wirklichen* Liebe, Sorge und Sorgfalt.

Der Schutzmann, der an jener Ecke steht (er blickt auf seine Stiefel, kreist um sich selbst, schreitet knapp, fühlt Helmfunkeln auf seinem Kopf), ist er nicht ganz der Knabe, der gravitätisch in seiner kleinen Uniform auf und ab geht? Sein Knabenspiel ist nicht das Sinnbild seines männlichen Berufs, die kleine Nachahmung einstigen Amtes, nein, ganz im Gegenteil, sein Amt, sein männlicher Beruf, ist Sinnbild und Nachahmung jenes alten Knabenspiels.

Diese Bemerkung sah ich in diesen Kriegszeiten und -räumen immer wieder von neuem bestätigt.

Einige junge Offiziere fanden sich in einer Feldkantine zusammen. Ich konnte vom Nebentisch ihrem Gerede zuhören. Sie begrüßten einander nicht mit ihren Namen, sondern als ginge das bei weitem über die menschliche Wesenheit hinaus, mit der Bezeichnung ihrer Diensteinteilung.

»Servus, Stationskommandant«, rief der eine, der andere: »Servus, Telephonoffizier«, der dritte: »Servus, Aufklärer«, und so weiter. Sie blieben mit Leidenschaft beim Spiel. Ihnen war alles Wesen und Wirkliche verstellt durch eine gegenseitige unbewußte Abmachung, ein Spiel zu spielen, dessen kodizierte Regeln man gleichsam erst durch den Akt der Unterschrift anerkennen muß, um es dann bitterernst zu nehmen.

Wer ein richtiger Junge gewesen ist, weiß, welcher Aufwand von Leidenschaft, Schmerz, ernstlicher Hingabe, vielleicht von keiner

Hingabe und Leidenschaft der Erwachsenen je erreicht, bei jedem Spiel dabei ist.

Wie gespenstisch ist doch die Eigenschaft des männlichen Naturells, mit zusammengebissenen Zahnen des Eifers, am Wesen vorbei dem Wahn sich hinzuwerfen, wenn diesem Wahn nur durch ein Arrangement ihm auferlegter Gesetze ein Schein von Lebenslogik verliehen ist. (Taktik, Sport, Karten, Wette, Umstand, Ehrgesetz.)

Die Offiziere in jener Kantine sprachen nur über Krieg. Aber der Krieg hatte in ihrem Munde nichts von der Erscheinung, die er in Wirklichkeit ist.

Geschütze, das waren nicht Maschinen, die mit Sprengstoff gefüllte Metallgefäße weithin schleudern, damit sie am Ziel krepieren und möglichst vielen Menschen das Leben kosten; nein, diese wahrhafte Realität war den verbildeten Gehirnen verlorengegangen, oder besser, von je verloren gewesen.

Geschütze, das waren komplizierte Spielzeuge mit einem interessanten Regelmechanismus, mit denen auf beiden Seiten ein aufregend abgekarteter Sport getrieben wurde, gleichsam ein gewaltiges Feuer-Lawn-Tennis. Der Begriff des Tötens und Getötetwerdens war in diesen Köpfen gar nicht vorhanden, sondern peripherisch gleichgültig als eine Floskel da, die den großen Nutzen hat, dem, der in der Lage ist zu töten und getötet zu werden, die grandiose Vorrangstellung des Helden zu geben.

Wer immer aus der Realität des Todes hauchen durfte, dem trocknete der süße Wahn den Angstschweiß, und sogleich war ihm der Tod wieder stolze Phrase.

Spiel und Verspieltheit bis zum Aberwitz, Verspieltheit noch dazu, die sich durch riesige wissenschaftliche Terminologie wichtig macht. Was müssen wir hören? Auch die Wissenschaftlichkeit eine Form der unsagbaren Männerverspieltheit? – Gewiß und mehr noch als manches andere. Die Welt wird von allen Seiten mit Nomenklatur angegriffen, nirgends aber gefaßt. Warum? Weil in dem Angreifer nie Welt ist. Steht er draußen, ist sie drinnen, steht er drinnen, ist sie draußen.

Die *Wissenschaftlichkeit* scheint das transsubstantiierte böse Gewissen der männlichen Verspieltheit zu sein, das aufgeblasene Kauderwelsch, in das sich ein Knabe flüchtet, der einen Regenwurm zerschneidet und sein Schuldgefühl mit dem Ausruf »Vivisektion« beschwichtigt.

Und erst die Begriffe, die diesem wissenschaftlichen untergeordnet sind!

Da ist vor allem die *Sachlichkeit*, ein Wort, das heute von allen Selbstbetrügern und Weltbelügnern im Maul geführt wird. Sachlichkeit ist die Kunst, das lebendige Ding zu erwürgen, damit das Aas der Sache übrigbleibe, das man ohne Widerstand beherrschen kann. Und auf dieses Sich-Bemächtigen kommt es dem Verspielten an, denn der Spieltrieb, wie wir ihn gesehen haben, kennt keine Realität, kein in sich geschlossenes und ruhendes Leben, sondern nur die Spannung von Oben und Unten, Macht und Ohnmacht, Sieg und Niederlage.

Aber wir sind von Prometheus auf den Oberingenieur herabgekommen.

Ein solcher Oberingenieur sagte mir einmal: »Man wird dereinst dieses Zeitalter das ›sachliche‹ nennen.« »Gewiß«, gab ich ihm zur Antwort, »weil es uns gelungen ist, das Wesen aus unserm Augenkreis zu verjagen.«

Im Grunde hält diese menschliche, oder besser gesagt, männliche Gesellschaft nicht die Gottesfurcht, nicht das Vernunftgesetz, nicht der Lebenswille zusammen, sondern der *Comment*, das ungeheuerlichste Produkt der Männerverspieltheit. Es scheint, daß für diese Mannheit die zehn Gebote nicht aus dem Pentateuch stammen, sondern aus dem Ehrenkodex des Barbagitti.

Krieg wird geführt, jene höchste Tollheit mit höchster Methode, aber über die Realität brandiger Glieder, zermalmter Kadaver, Eiterjauche und Gewimmer hinweg jammern die Sekundanten, daß das Völkerrecht gebrochen sei. Ein Mörder rauft sich die Haare, daß er sein Opfer nicht kunstgerecht umgebracht habe; schwerverwundete Duellanten geraten in Verzweiflung, weil es unklar ist, ob es eine Beleidigung zweiten oder dritten Grades war; ein Ehrenrat erbleicht, ein Komitee streitet haßentbrannt über die Wahl roter und weißer Schleifen, in einer Antichambre schaudert eine Schar von Fräcken nahem Ordenssegen entgegen.

Das Gute in einem Irrenhaus ist, daß die Tollen mit ihrem Wahn allein bleiben, daß sie in ihrem Garten aneinander vorbei monologisieren, daß sie keine mittlere Narrenproportionale haben, innerhalb derer sie sich verständigen könnten. Wenn das nicht wäre, wehe den Wärtern und der Ordnung des Hauses.

Für das Wahnmedium dieser Verständigung ist aber von den politischen Kerzenweibern und den superklugen Mäulchenspitzern ein scheußliches Fremdwort hervorkokettiert worden. *Mentalität* heißt es und bezeichnet die verrückte Geistesverfassung, in der bübisch verranntes An-der-Welt-Vorbeisehen sich heilig ernst nimmt.

Nein – die großen Worte sagen wenig: Militarismus, Kapitalismus. Der Grund liegt in der fürchterlich weltunaufgewachten Knabenverspieltheit, in der grausigen Fiktivität des Männergeschlechts.

Einen Orden haben zu wollen – ist keine Eitelkeit. Eitel ist zum Beispiel ein Mensch, der in jeder Straßenauslage sich spiegelt und es nicht fünf Minuten lang aushalten kann, seinen wirklichen oder eingebildeten Wert nicht bestätigt zu sehen.

Die Ordens- und Medaillenstreberei ist eine Geisteskrankheit, zu der sich allerdings ein Großteil der Streber freiwillig entschließt, aus der niedrigen Instinktlosigkeit des Mannes heraus, der nicht unterscheiden kann zwischen heiliger Wirklichkeit und Humbug, zwischen Wert und Geltung, die selbst die Geltung des durchschautesten Blödsinns anerkennt, sofern diese Geltung nur gilt. Wenn es heute für den zukömmlichen Gruß gälte, vor einem mächtigen Mann sein Wasser abzuschlagen, die Herren hielten das bald für selbstverständlich.

Allerdings gab es Völker von viel holderen Gebräuchen, als diese europäische Buschmannschaft sich nur träumen lassen kann.

Bernal Dias del' Castillo, ein spanischer Soldat, der unter Hernando Cortés den Raubzug nach Mexiko mitmachte, berichtet in seinen Memoiren, daß Montezuma, der Kaiser der Azteken, dem Manne, der sich durch Rat und Tat verdient machte, die Rose zu überreichen pflegte, die er in seinem schönen gepflegten Haar trug.

Wie feinfühlig ist diese Sitte, etwas Lebendiges, Flüchtiges zu schenken, eine Rose, die das doppelte Freudengefühl verleiht, das des Lobes und der natürlichen Schönheit, das nicht mit kaltem Metall ein Leben an eine unwahre Stunde kettet, sondern vergänglich, wie ein Wort, wie ein Kuß, die freie adelige Gabe einer Liebesregung ist.

Dagegen sich ein Kreuz an die Brust hängen ...

Das bringen doch nur die Scheinmenschen fertig, die von sich behaupten, sie wären des Glaubens, daß ihr anerkannter Heiland an dem Kreuze gestorben wäre, dessen Symbol das Kreuz ist, das sie als Zeichen ihres irdischen Ruhmes an der Brust tragen.

Es gilt nun den tieferen Naturgrund für die Verspieltheit, Fiktivität und Wahnsucht des Männer-Geschlechts zu finden.

Sollte uns da nicht – (man möge den biologischen Dilettantismus verzeihen) – sollte uns da nicht symbolisch der Bienenstaat belehren können?

Die Drohne ist die überaus verdeutlichte Karikatur des männlichen Standes in der Schöpfung. Sie ist das Wesen, das ewig ausgeschlossen ist aus dem ungeheuren Geheimnis der kosmischen Fruchtbarkeit, Trillionen Samen sind da, aber nur *ein Schoß*, *einen* zu empfangen, ihn zu hüten und reifen zu lassen.

Die Königin schwirrt in den Juli auf, ein Schwarm von närrischen Eitlen ihr nach, nicht ihr, der Majestät, sondern einem Blendwerk von Befriedigung nach, die selbst dem nicht zuteil wird, den das Schicksal zur Befruchtung auserkoren hat. Dann kommt die lächerliche Schlacht, die Rache an den Nutzlos-Eitlen.

Der Mann ist ausgeschlossen aus dem höchsten Urgeheimnis des Lebewesens. (Mit seinem wachsenden Schlüssel gerät selbst Faust nicht in die Sphäre der Mütter. – Goethe täuscht uns da.)

Dem organischen Leben bringt der Mann keinen anderen Tribut als den der Verwesung.

Die Natur überlistet ihn, indem sie ihm immer den Hexentrank reicht, mit dem er das Spiegelbild der Helena sehen kann, darein er sich verspritzt. Das Spiegelbild aber zerrinnt, und er muß erkennen, daß die Hexe ihn durch peinliche Ermüdung um die wahre Befriedigung geprellt hat.

Indes hat das Spiegelbild, das ihn empfing und ihm zerrann, ein tieferes Leben gewonnen, als ihm je beschieden sein kann.

Daß dem Manne das Geheimnis des *Empfangens*, des *Tragens*, das hohe Schmerz-Glück des *Gebärens* versagt bleibt, daß er nur die Blamage des *Verlustes* erfährt, daß er innerhalb der kosmischen Unsterblichkeit nur eine Clown-Rolle spielt, das halte ich für die Ursache jenes großen Unruhezustandes, aus dem sowohl unendlich der Wahn als auch unendlich das Werk steigen muß.

Das männliche Wesen fühlt, daß es für die Unsterblichkeit der Natur nur etwas Ungenügendes leistet, darum prangt das Männchen mit prunkvollem Pelze – und im weiteren Sinne darum stieg es zur Höhe jenes Gebirges empor, von dem die Welt Gottes und die Welt der Geister geschaut wird.

Aber was zwischen dem Tal der prächtigen Pelze und dem Gipfel des Horeb liegt, ist die Welt des Wahns, der Verspieltheit, des Scheindurstes.

Trotz deiner hohen Werke, Mann, bist du dennoch der prahlerische Faulenzer der Natur.

Das Weib ist selig, wenn es dich empfangen hat, es behält dich, es gebiert dich wieder.

Nur du bist das animal tristissimum post, ante et inter coitum.

Du bestenfalls idealistischer Windbeutel du!

Fragmente zu einer Ästhetik

Wo der Glaube an die völlige Behebbarkeit des irdischen Übels herrscht (in der sozialtechnischen Welt also), dort kann es keine Kunst geben. Sie ist geradezu gegründet auf das Bewußtsein der Ohnmacht. Ähnlich wie die Religion verewigt sie die Ohnmacht, um mittels ihrer Tröstungen einen Ausgleich zu schaffen. Verfestlichung von Tod, Trennung, Leiden, das ist ihr Handwerk. Die Bejahung dieser Übel bis in die kleinsten Haargefäße, davon lebt sie. Denn da sie eine Form der Erlösung ist, braucht sie Erlösbares als Voraussetzung.

Abfall von der ›Opernhaftigkeit‹, vom ›Pathos‹, ist schon Abfall von der Kunst.

Nur Völker, die sich in der Wirklichkeit noch nicht sicher fühlen, verdammen das Pathetische und Opernhafte. Beides nämlich, ›Wirklichkeit‹ und ›Oper‹ (pars pro toto), sind Konventionen; man muß sie aber besitzen.

Die Deutschen haben die beiden größten Pathetiker und Operngenies vielleicht der Welt besessen, Schiller und Wagner. Weil jedoch keine korrespondierende Wirklichkeit da war, hat das keine guten Folgen gehabt.

Nicht die Erschauung der Wirklichkeit, sondern die Selbstverherrlichung des Menschen ist der Antrieb der Kunst.

Vielleicht ertragen wir das Leben nur deshalb, weil wir noch immer hoffen, uns einmal grandios selbst überraschen zu können.

Der göttliche Sinn jeder Niederlage ist es, unsere irdische Vermessenheit in kosmischer Zuversicht aufzulösen.

Betrachtung über den Krieg von morgen
– angestellt im Jänner 1938

I

Denke ich an meine Dienstzeit in der k.u.k. Armee zurück, so erinnere ich mich genau eines strategisch-taktischen Lehrbuches, das zum ›Schulgebrauch‹ für Einjährig-Freiwillige bestimmt war. Die ersten Seiten dieses roten Büchleins haben auf mich einen nachhaltigeren Eindruck gemacht, enthielten sie doch in säuberlich ausgefeilten Definitionen die allgemeinen, man möchte beinahe sagen, die philosophischen Grundsätze von Krieg und Kriegsführung. Ausgehend von der berühmten Formel, wonach der Krieg erst dann in seine sittlichen Rechte tritt, wenn alle anderen politischen Mittel erschöpft sind, entwickelten jene einsilbig klassischen Paragraphen die Reihenfolge der Ereignisse und Akte, die nach dem Versagen der Diplomatie mit eherner Notwendigkeit zu erfolgen hätten; und sie entwickelten sie in einem feierlich knappen Ton, als ob es sich nicht um menschliche Konventionen, sondern um ewige Naturgesetze handelte. Mit der Überreichung des Ultimatums (in französischer Sprache) begann das Vorspiel des wohlgeregelten Dramas. Nach Zurückweisung dieses gemessenen Aktenstückes beschloß ein pathetischer Abbruch der diplomatischen Beziehungen in dumpfen Akkorden den kurzen Prolog. Nun setzte mit frischen, schneidenden Klängen die Exposition des ersten Aktes ein: Kriegserklärung und gleichzeitig allgemeiner Mobilmachungsbefehl. Die Exposition brauchte ihre Zeit. Man mußte ja die beiderseits kraft der Wehrpflicht verursachten ›Volksheere‹ auf die Beine bringen, abgesehen von den Linientruppen, soundso viele Jahrgänge der Reserve, der Landwehr und des Landsturms. Was die sogenannten Volksheere jener Zeit anbelangt, so bestanden sie zum größten Teil aus politisch gestaltlosen Massen, die ohne Ausnahme vom Kriege überrascht wurden und von seinen Ursachen und Zielen eine sehr verschwommene Vorstellung hatten. Sie zogen in heiterer Gemütsverfassung mit munteren Liedern ins Feld, weil Millionen Männer sich vom Alltag erlöst fühlten, weil nach endlos langer Friedenszeit das Schlachtgemetzel einen sagenhaft unwirklichen Traum bedeutete und weil sie – dies der wichtigste Grund – nur eine ganz bescheidene Menge von politischem Affekt anno dazumal an die Front mitbrachten. Mit heutigen Maßen gemessen, fällt die nationalpatriotische Leidenschaft dieser Zeit, soweit sie in den breiten Massen vorhanden war, nur wenig ins Gewicht. Bis zum Jahre 1914 war der Krieg die ausschließliche Angelegenheit einer Oberklasse und der sie repräsentierenden Kasten. Die uniformierten Völker standen ihm als einer Veranstaltung der Herren innerlich fremd gegenüber. Ihr Selbstgefühl unterschied sich im wesentlichen nur wenig von dem der Söldnerheere aus vergangenen Zeitläufen. Sie waren bis gegen Ende des Weltkrieges nichts als Instrument, das für Zwecke arbeitet, welche es selbst nicht durchfühlen kann.

Dies alles beweist, daß die Militärform der Barockzeit sich in mancher Beziehung noch bis zum Weltkrieg erstreckt. Durchaus barocken Geist atmen die erwähnten Eingangsparagraphen jenes k. u. k. Lehrbüchleins. Nach der Exposition von Kriegserklärung und Mobilisierung setzte die treibende Szene des ›Aufmarsches‹ ein. Dabei wurde stillschweigend angenommen, daß keiner der Gegner die Konvention durchbrach und ein unfaires Spiel trieb, indem er die einzelnen Phasen des wohlgeregelten Dramas tückisch vertauschte und die Mobilisierung zum Beispiel verhülltermaßen vor dem Ultimatum durchführte, um Zeit zu gewinnen. Es ging wie bei einem Duell zu. Die Ehrenhaftigkeit oder zumindest der Schein der Ehrenhaftigkeit wurden nach Vorschrift gewahrt. Die Frist des Aufmarsches bedeutete jenseits der strategischen Bewegung den Salut der Fechter, den diese einander durch Heben und Senken des Degens leisten. Ein klärendes Beispiel. Der serbische Generalstabschef Putnik wurde von der Kriegserklärung in Karlsbad überrascht, wo er die Kur gebrauchte. Kaiser Franz Joseph aber stellte ihm einen eigenen Salonwagen zur Verfügung, damit er rechtzeitig in Belgrad eintreffe, um den Aufmarsch seiner Armee durchzuführen. Die Tat eines echt barocken Kavaliers, dem auch noch in der bewußten Entscheidungsstunde zwischen Tod und Leben die Ehre über jedem Vorteil steht.

Wir sehen somit, daß die Kriegspraxis von 1914 noch auf zwei grundlegenden Tatsachen beruhte, die heute aus der Welt verschwunden sind: Auf der Ehrenregel des in den einzelnen Offizierskorps nachlebenden barocken Berufssoldatentums (eine Ehrenregel, die gewisse Übervorteilungen des Gegners ausschloß) und auf den in Volksheeren als willensloses Instrument zusammengefaßten apolitischen Massen.

Was sich in diesen Tatsachen ausdrückt, entspricht auch gewissen anderen Vorstellungsweisen der Epoche, die im Abgrund des großen Krieges versank. Es sei hier nur das Weltbild der mechanistischen Physik mit ihrem starren Raumgerüst und ihren unbewegten Maßen flüchtig erwähnt. Nicht anders rechnete die damalige Lehre vom Krieg mit starren Fronten, korrelativen Richtungen und unverändertem ›Menschenmaterial‹. Begann man von der ökonomischen Seite eines Krieges gerade etwas zu ahnen, die psychische und ideologische war nicht vorhanden. Ein oberstes Gesetz verbot unter schwerster Strafandrohung dem Soldaten jede politische Betätigung, ja, sogar jegliches politische Fühlen. Er war herausgeschält aus seinem Volk und dazu berufen, als Werkzeug der legitimen Macht die Waffe gegen seine eigenen Brüder nicht anders zu richten als gegen den erklärten Feind. Die politische Indifferenz der Armeen bildete das Fundament der alten Reiche.

In dem roten Lehrbuch vom Anfang des zwanzigsten Jahrhunderts schloß der erste Akt des Krieges mit dem beginnenden ›Rencontre‹. An dieses prächtige Wort erinnere ich mich noch, das ähnlich wie das Wort ›Mêlée‹ Fahnengeflatter, rhythmisch steigende Rosse und malerische Gefallene hervorzaubert. Das Rencontre hat, so ungefähr lautet jene alte Formel, den Zweck, ins Land des Feindes den Kampf zu tragen und endlich seine Hauptstadt einzunehmen.

Nicht ganz so einfach entwickelte sich das Rencontre des Weltkrieges, dem zwölf Millionen Männer ihr Leben opfern mußten.

Und dennoch, so polyfrontal sich dieser Krieg auch zeigte, so vielfältige Koordinationen er auch erforderte, seine Fronten waren unveränderlich klar, Freund und Feind geordnet und nicht zu vertauschen, die Stoßrichtungen eindeutig. Es war ein Krieg des starren Raumsystems wie die Kabinettskriege vor ihm, ein gleichsam eindimensionaler Krieg.

2

Ein neuer Krieg droht. Worin wird er sich von dem letzten unterscheiden? Bis vor kurzem konnte man oft der Meinung begegnen, daß der Unterschied zwischen dem drohenden und dem abgelaufenen Kriege sich hauptsächlich in der Fülle phantastisch vermehrter und verschärfter Technizismen offenbaren werde, als da sind: Gewaltige Luftflotten, motorisierte Armeen, chemische Kampfmittel aller Arten. Die Vertreter dieser Meinung sind durch die inzwischen ausgebrochenen Episodenkriege in Abessinien, in China und vor allem durch den spanischen Bürgerkrieg eines Besseren belehrt worden. Die Technik spielt in der Strategie nur dann eine entscheidende Rolle, wenn sie durch geheimgehaltene Erfindungen die taktische Überlegenheit einer der kämpfenden Parteien auf die Dauer zu sichern vermag. Als klassisches Beispiel dafür kann das Zündnadelgewehr im Feldzug von 1866 gelten, das den Preußen eine rasante Feuerüberlegenheit gegenüber dem veralteten Vorderlader der Österreicher verschaffte. Unter denselben technischen Rüstungsbedingungen aber ist es für die Entscheidung höchst gleichgültig, ob sich die Gegner mit Pfeil und Speer oder mit Luftbomben, Giftgas und Bazillenwolken bekämpfen. Das Potential der Vernichtung, wie hoch immer es getrieben wird, bleibt ja auf beiden Seiten gleich. Auch hat es sich gezeigt, daß es mit hoher Wahrscheinlichkeit zu Anfang des drohenden Krieges keine Waffe geben wird, die nicht schon am Ende des Weltkrieges bekannt war. Der unzweifelhafte Unterschied der strategischen Grundsituation muß auf einem anderen als dem technischen Gebiete gesucht werden.

Es wurde hier in Anlehnung an physikalische Begriffe vom ›starren Raumprinzip‹ des vergangenen Krieges gesprochen. Was soll unter diesem Ausdruck verstanden werden?

Bis zum Jahre 1914 stellten die Nationen im Sinne der Kriegsführung eine leidliche Einheit dar. (Der komplizierte Fall Österreich-Ungarn sei hier ausgenommen.) Diese Nationen wurden von der herrschenden Oberklasse, ihren mittelständischen Vasallen und der farblosen großen Masse gebildet, die vor dem letzten Kriegswinter politischen Affekt nur in geringem Maße besaß. Der Mangel dieses Affekts, das Fehlen jeder eigengerichteten Tendenz war es gerade, was die große Masse innerhalb der Nationen zum Soldatentum im alten Sinne tauglich machte. Im Worte ›Soldat‹ klingt der Sold an. Den Söldner kann man überallhin führen. Er steht zu seiner Fahne, ohne viel über die Sache nachzudenken, für die er kämpft. Das ist seine Tugend.

So auch konnten die Volksheere des Jahres 1914 ohne Schwierigkeit gegen jeden Gegner geführt werden, den die Regierungen bestimmten. Wie wenig überzeugungskräftige Propaganda war notwendig! Ein verhältnismäßig so unbedeutendes Ereignis wie der Fürstenmord in Sarajewo genügte, Zehntausenden von sonst ganz vernünftigen Menschen ein Weltschlachten als unentrinnbar erscheinen zu lassen. Die jenseits der allgemeinen Teilnahme wirkenden Regierungen ordneten mit oder ohne Unterstützung der Parlamente die Mobilmachung an, und damit gut. Es war ein elementares Schicksal, wogegen sich aufzubäumen einigen verrückten Sonderlingen überlassen blieb. Die Nationen waren in jeder Weise koalisierbar. Wie die Obrigkeit den Feind bestimmte, so hatte sie auch den Verbündeten gewählt. Das ›Volk‹ kannte beide ebensowenig wie den Zweck des Unternehmens. Dies war der Grund, warum trotz des aufgestachelten Nationalpatriotismus in Wirklichkeit kein Volk das andere haßte. Eine Erscheinung wie das, was man heute ›Ideologische Fronten‹ nennt, wäre den Menschen von damals unbegreiflich erschienen.

Die Generalstäbe durften mit festen, sicheren Größen rechnen. Die sicherste war die jeweilige Armee, ein Werkzeug ohne Eigenbewegung, ein beliebig knet- und dehnbarer Stoff, der sich bis an die Elastizitätsgrenze ausnützen ließ. Gewiß, jedes Heer besaß eine Seele, die instand gehalten werden mußte. Diese Seele aber war bloß die psychische Kehrseite der physischen Notdurft. Mit Bewußtsein, Überzeugung, Intention, Zielstrebigkeit hatte sie nur in Ausnahmsfällen zu tun. Die Verhältnisse lagen im großen und ganzen bei Freund und Feind gleich. So verwickelt sich auch mit fortschreitender Kriegsdauer das Spiel gestaltete, der Stratege konnte, wie auf dem Schachbrett, immer in einer Richtung operieren, ohne daß Bauern und Läufer selbsttätige Züge unternahmen und die Felder ineinanderzufließen begannen. Bis zur Stunde des Zusammenbruches, die demgemäß die Strategen (Ludendorff) am wenigsten vorbereitet fand.

Mit diesen einst so festen und unverrückbaren Tatsachen ist angedeutet, was in dem Ausdruck ›starres Raumprinzip‹ des alten Krieges verstanden sein möchte, ein Koordinatensystem nämlich, kraft dessen man alle wichtigen Situationen der Front und des Hinterlandes errechnen konnte. Dieses Prinzip ist nunmehr verschwunden. ›Der Aufstand der Massen‹, der bereits 1917 in Erscheinung trat, hat ihm ein Ende bereitet; zugleich aber auch dem l'art pour l'art jener Kriegskunst, wie sie sich in den Köpfen der Strategen und Politiker von 1914 malte. Vor allem: In dem drohenden Rencontre wird es keine Soldaten mehr geben, das heißt, keine politisch intentionslosen Waffenträger. Der Begriff des Soldaten hat dem weit älteren Begriff des Kriegers Platz gemacht. Der Krieger aber schlägt sich nicht, weil der Offizier es befiehlt, für eine Sache, die nicht die seine ist. Der Krieger opfert das Leben für seine eigene Sache, Überzeugung, Religion oder das, was in seinem Herzen die Stelle der Religion einnimmt.

3

Aufstand der Massen! Das bedeutet eine mit bisher unbekannter Gewalt fortschreitende Individuation innerhalb der unteren Volksschichten. An Stelle des passiven, intentionslosen Menschenmate-

rials tritt nun ein aufgewühltes Menschenmeer voll neuer Lebens-
begehrlichkeiten, voll ungeahnter Geltungstriebe, voll fanatischer
Machtansprüche. Hervorgerufen wurde diese fiebrische Individuation durch den Mißbrauch der Massen im Weltkrieg, gefördert
durch die riesige Ausbreitung der neuen technischen Bildungsmittel
(Film und Radio), verschärft durch die große Arbeitskrise mit ihren
Hekatomben aufgeopferter Existenzen. Der Aufstand erfolgte in
den verschiedenen Ländern mit verschiedener Geschwindigkeit
und Vehemenz. Je tiefer die Wunden waren, die eine Nation und ihr
Herrschaftssystem im Weltkrieg empfangen hatten, um so rascher
und unerbittlicher trat die Reaktion ein. Rußland machte den Anfang. Hier zeigte sich das kriegsgeborene Vergeltungsmotiv am rein-
sten. Das Menschenmaterial, die Unterklasse, rottete die Oberklasse
völlig aus. In anderen Ländern (Italien, Ungarn, Deutschland usw.)
gelang es den stärkeren Oberklassen mit Hilfe eines durch seine
Proletarisierung erbitterten Mittelstandes, den Gegenstoß des Men-
schenmaterials aufzufangen und ihn in eine andere Richtung um-
zubiegen. Auch hier ließ sich die fortschreitende Individuation der
Massen nicht ersticken, bekam aber im Sinne der Oberklasse ein
neues, radikal nationalistisches Vorzeichen, durch das Zauberwort
›Ordnung‹ verklärt. In der dritten Staatengruppe endlich, die von
den westlichen Siegermächten gebildet wird, war die erwähnte Individuation schon vor dem Kriege im Werden begriffen. Infolgedes-
sen und auf Grund des militärischen Sieges entwickelte sich hier der
Aufstand der Massen nur schrittweise, ohne bisher die geltenden
Herrschaftssysteme gestürzt zu haben.

Wir sehen somit drei Stufen, drei Grade, drei Arten desselben
Vorganges überall. Diese Dreistufigkeit oder Dreiartigkeit bedeutet
einen starken Potentialunterschied zwischen den Nationen und Sy-
stemen. Der politische Potentialunterschied aber erzeugt einen dia-
lektischen Strom, dessen Spannung von Tag zu Tag wächst. Er wird
durch die Worte ›Kommunismus, Faschismus, Demokratie‹ so un-
gelenk gekennzeichnet wie jede andere Lebenserscheinung durch
den sprachlichen Begriff. Es liegt jedoch keineswegs in der Aufgabe
der vorliegenden Betrachtung, sich in die wahre Wirklichkeit jener

Begriffe zu versenken. Einzig und allein ihr Einfluß auf Form und Führung eines neuen Krieges soll hier untersucht werden.

Vor folgende Tatsachen sieht sich die künftige Kriegspolitik gestellt: Das starre Raumprinzip, mit dem die ehemalige Strategie rechnen konnte, ist aufgehoben. Die farblosen Volksheere von 1914 gehören endgültig der Vergangenheit an. Nicht mehr wird aus seiner friedlichen Beschäftigung der nichtsahnende Untertan aufgeschreckt, ›einrückend gemacht‹ und durch feldgraue Verkleidung in einen Soldaten, das heißt, in ein leicht brauchbares Werkzeug ohne Eigenleben verwandelt werden. Jetzt rückt ein geeichter und vielumschmeichelter Parteigenosse allenthalben ein, das Ohr vollgestopft mit bellenden Ideologien, das Herz voll dumpfer Fanatismen. Ein Krieg ohne innenpolitische Sinngebung kann daher heute nicht mehr entfesselt werden. Der verwöhnte Parteigenosse ist ja kein Soldat, kein abstrakter Held von gestern, sondern ein Krieger, der für den Sieg seiner religionssurrogierenden Weltanschauung kämpft. Dadurch gerät das erste Mal seit undenklichen Zeiten die Staatsführung in verzweifelte Abhängigkeit zu den Parteimassen und mit ihr die Kriegsführung. Letztere darf nicht wie bisher mit affektlosen Formationen arbeiten, die frei zu koalieren und leicht zu bewegen sind, sondern mit gefährlich durchpolitisierten Heeren, ungemein empfindlichen Organismen, die nicht nur kommandiert, sondern ununterbrochen umworben werden wollen. Der Führer wird so zum Pantoffelhelden der Geführten.

Das barock-militärische Kernwort ›Kuschen und weiterdienen‹ hat seinen Sinn verloren. Dem Soldaten alter Zeit genügte der barsche Tagesbefehl vollkommen. In dem drohenden Weltkrieg wird es wahrscheinlich hüben und drüben bei jedem Bataillon politische Seelenwarte geben müssen, welche die wichtigsten Parteischlagworte unausgesetzt wiederholen, um das Affektfieber nicht sinken zu lassen.

Versuchen wir, dieses Fieber zu diagnostizieren. Zu dem heute aufs äußerste verschärften nationalpatriotischen Affekt ist ein anderer getreten, der sich im Jahre 1914 noch kaum geregt hat. Er ist weit mehr, als das Wort ›sozial‹ oder ›sozialistisch‹ ausdrückt, er ist der

Pubertätsschauer der jugendlichen Massen und der sich in ihnen emporkämpfenden Individuation und Differenzierung. In gröbster Vereinfachung kann man demnach von zwei alleinherrschenden Affekten sprechen, dem rechtsgerichteten und dem linksgerichteten. In allen Völkern sind beide Affekte am Werk, wühlt Rechts und Links, gleichgültig, welcher Partei und Regierungsform diese Völker unterworfen sind. Seltsam ist es aber, daß die entgegengesetzten Affekte sich nicht immer ausschließen, sondern in einigen Fällen trüben, mischen und sogar chemische Verbindungen eingehen.

Wenn man in neuerlich grober Vereinfachung die Großmächte in Despotien und Demokratien einteilen will, ergibt sich folgendes Bild: Alle diese Staaten stellen Kräfteparallelogramme dar, deren Seiten von Rechts und Links gebildet werden. Die Neigung der Resultante wird von der mächtigeren Seite bestimmt. In der russischen Despotie herrscht nach völliger Vernichtung der Oberklasse scheinbar uneingeschränkt der linke Affekt. Dennoch gilt das Gleichnis der Kräfteparallelogramms auch für Rußland, denn die Resultante fällt nicht mit der linken Seite zu einer Linie zusammen. Der rechte, der nationalpatriotische Affekt, wächst dort von Jahr zu Jahr und erzwingt eine scharfe Abweichung vom ursprünglichen Ideal und Personal. In Italien und Deutschland sind es die gleichen Verhältnisse mit umgekehrter Bedeutung. Die Gefühlsweise der Oberklasse und des ihr dienstbaren Mittelstandes hat den Sieg errungen. Trotzdem erzwingt hier auch ohne sichtbare Opposition die linke Seite eine Resultante mit immer stärkerer Winkelneigung. Sie äußert sich in ununterbrochener Umräucherung der Unterklasse sowie in dem betäubenden Versuch, ihr auszureden, daß sie und ihr wesenseigenes Affektverhalten überhaupt existieren; Narkotisierung des Klassenkampfes, der zuliebe die siegreiche Oberschicht Opfer um Opfer bringen muß und allgemach unter das Diktat der unterworfenen Plebejermasse zu geraten droht.

Zum Wesen der Despotie gehört die Verschleierung der tatsächlichen Verhältnisse. Diese treten in den Demokratien offen zutage. Es erübrigt sich, zu erwähnen, daß in England, in den Vereinigten Staaten und in Frankreich das Ringen zwischen dem rechts- und dem linksgerichteten Affekt in erbittertem Gange ist. Bleibt es in England in gesittetem Gleichgewicht, so neigt sich in Amerika und gar in Frankreich die offizielle Waagschale deutlich nach der linken Seite.

Was bedeuten aber diese allbekannten Sachverhalte für eine kriegspsychologische Betrachtung wie dieser hier?

Sie verraten uns, daß der drohende Weltkrieg kein eindeutiger Völkerkrieg sein wird, wie der letzte es war. Sie verraten uns, *daß quer durch die nationalen Fronten ein allumfassender Bürgerkrieg laufen wird*, wie ihn der Planet noch nicht erlebt hat. Die Frage ist nur, in welchem Zeitpunkt und an welchem Ort er aus dem Zustand der Latenz heraustreten und offenbar werden darf.

Die Kriegsführung aller Nationen hat demnach mit völlig neuen Voraussetzungen zu rechnen. Der eindimensionale Krieg vergangener Epochen entspricht nicht mehr der Wirklichkeit, denn in den eigenen Reihen zieht der Gegner mit zu Felde, während zugleich im feindlichen Schützengraben der Verbündete liegt. Mag sich im Augenblick des neuen Weltbrandes der Nationalismus noch so heftig übersteigern, trotzdem – wie könnte zum Beispiel ein radikal rechts gesinnter Franzose mit vollem Einsatz seiner Person gegen einen Feind kämpfen, der seiner eigenen politischen Religion zum Siege verhelfen will? Wenn dieser Franzose nicht mehr als seine Pflicht erfüllt, so weiß er doch, daß er damit dem verhaßtesten aller Gegner, dem inneren Feind, einen Triumph bereitet und dessen Reich zu befestigen hilft. Indem er sein Land vor dem äußeren Feinde rettet, liefert er es an den inneren aus. Welche unabsehbaren Konflikte müssen durch derartige Alternativen entstehen, von denen keine der künftigen Fronten verschont bleiben kann. Gerade weil der verhaltene soziale Affekt heute weit stärker zu sein scheint als der laut dröhnende nationalpatriotische, ralliieren sich die Staaten nach ihrer herrschenden Gesinnung und bilden die bekannten ›ideologischen Blocks‹. Darin äußert sich das im Grunde irrationale Bestreben, Bündnisse nicht nach geographisch-strategischen Gesichtspunkten zu schließen, sondern um jeden Preis hohe Millionenziffern zugunsten der eigenen Parteianschauung zu vereinigen. Zu diesem Zwecke geht der radikale Blinde mit dem zähnefletschenden Lahmen, koste es, was es wolle.

All dies beweist, daß die neue Kriegspolitik und Strategie auf beiden Seiten hundert ungelösten Rätseln wird ins Auge sehen müssen. Die Heere, einst sichere Werkzeuge des militärischen Führerwillens, werden in dem Augenblick, wenn die Linientruppen verbraucht sind und die aufgepeitschten Parteimassen nachrücken, unbekannte und unheimliche Größen sein. Die linken Demokratien werden vermutlich nicht wissen, wieweit ihre Oberklasse zuverlässig ist, die rechten Despotien in bange Zweifel geraten, wie lange ihnen die narkotisierte Opposition die Treue hält. Das blutige Spiel ist von allem Anfang an vieldeutig und mehrdimensional. Freund und Feind sind nicht ganz klargestellt. Die Geschosse schwersten Kalibers können sich leicht in Bumerangs verwandeln. Vielleicht wird die große Strategie des drohenden Völkerkrieges nach den ersten Belastungsproben in dem verzweifelten Versuch bestehen, dem allgemeinen frontauflösenden Bürgerkrieg der Welt zuvorzukommen. Dann dürfte es freilich zu spät sein. Denn das kommende Völkerringen kann seiner Natur nach nichts anderes sein als die tragische Maske, hinter der sich die entscheidende Auseinandersetzung der zeitbedeutenden Massenaffekte einen Augenblick lang verbirgt.

4

Wichtiger als jemals in der Kriegsgeschichte wird diesmal der Anfang sein, das heißt die Ausgangsposition der feindlichen Mächte. Die Despotien wissen das besser als die Demokratien und machen daher schon heute die gewaltigsten Anstrengungen, eine günstige Ausgangsposition zu gewinnen. Die Demokratien haben sich noch immer nicht von dem barocken Formalismus freigemacht, wie er auf den ersten Seiten jenes k. u. k. Lehrbüchleins verzeichnet stand. Die feierliche Reihenfolge von Ultimatum, Kriegserklärung, Mobilisierung und Aufmarsch dürfte sich aber morgen bestimmt nicht mehr wiederholen. Die Zeiten der fechterischen Ehrenbezeigung sind vorüber.

Derartige Konventionen haben die gegenseitige Absicht zur Voraussetzung, den furchtbaren Möglichkeiten des menschlichen Vernichtungstriebes Schranken zu setzen. Auch das sogenannte Naturrecht erfließt nicht aus der Natur, sondern aus der göttlich-vernünftigen Entscheidung des Menschen zum Guten. Dieses Gute aber wächst nicht am Baume dieser Welt, sondern ist die Frucht einer geistigen Überwelt. Trotz der entsetzlichen Grausamkeiten des letzten Weltkrieges, wie es zum Beispiel der Massenmord an den Armeniern war, blieb die Konvention eines allgemeinen Völkerrechts aufrecht. Wird aber dieses schwache Völkerrecht seine Geltung behaupten können, wenn sich das ansteckende Prinzip durchsetzt: ›Recht ist, was dem eigenen Volke (lies: der weltanschaulichen Partei) Nutzen bringt.‹ Die einzige völkerrechtliche Sicherung wäre in diesem Falle die Furcht vor der Vergeltung, vor dem Aug-um-Aug und Zahn-um-Zahn. Der Strom des Affekts müßte dann aber nur eine gewisse Hochspannung erreichen, damit auch diese Sicherung durchschmelze. Wer kann heute sagen, ob man nicht im zweiten Jahr des drohenden Weltkrieges das Statut des Roten Kreuzes aufheben und alle Gefangenen gegenseitig umbringen wird, Verwundete und Unverwundete?

Mit imposanter Bewußtheit ringen die Diktaturen um die überlegene Ausgangsposition. Sie zeigen der in dieser Beziehung veralteten Gegnerwelt, daß die psychologischen Grundlagen der künftigen Kriegführung mindestens ebenso wichtig sind wie die materiell-ökonomischen. Da der Krieg ihre eigentliche Lebensform ist, warten sie nicht erst seinen Ausbruch ab, sondern führen ihn schon, ehe er manifest wird. Mag dies auch widerspruchsvoll klingen, durch die wachsenden Erfolge des unerklärten Krieges hoffen sie, den erklärten Krieg abzuwenden; denn dieser enthüllt unerbittlich auf die Dauer immer die wirklichen Kraftverhältnisse. Die Diktaturen halten daher sowohl den möglichen Feind im eigenen Lande wie auch den möglichen Verbündeten der Gegenfront unablässig unter propagandistischem Trommelfeuer. Sie haben damit ein neues strategisches Gesetz entdeckt, *das Gesetz von der politischen Zersetzung des gegnerischen Aufmarsches in Friedenszeiten.* Dies ist in Wahrheit ebenso ein strategisches Gesetz, wie die neue Propaganda eine echte Kriegswaffe ist, wichtiger vermutlich als Tanks und Luftgeschwader. Wie altfränkisch bescheiden werden sich neben ihr die Presseämter des Weltkrieges ausnehmen, in denen man brave Märchenerzähler versammelte, um daheim dem hungrigen Zeitungsleser empfindsame Frontgeschichten vorzusetzen. Der Soldat im Graben hegte eine leise Verachtung für diese Märchenerzähler. Morgen werden sie ein Elitekorps und ihm übergeordnet sein. Die Propaganda ist übrigens die einzige Waffe, die seit Ende des Weltkrieges eine grundlegende technische Neuerung erfahren hat. Der Rundfunk war vorher nicht in der Welt. Da sich die Ätherwellen um Grenzen nicht kümmern, kann er zum furchtbarsten aller Kriegsmittel werden. Doch welche technische Vollkommenheit das In-den-Feind-hinein-Funken auch erreichen sollte, weit wichtiger ist die moralische oder, besser, die amoralische Seite dieser Kunst. Aller Propaganda ist wesensgemäß der Entschluß zum äußersten Zynismus in Verfolgung ihres Zieles. Unter ihrem Ansturm muß die letzte Spur von Wahrheit, Objektivität, Urteilskraft, Intellekt, Anständigkeit, Feingefühl rettungslos vergehen. Wenn kein Wunder geschieht, wird nicht nur der Hagel der Geschosse, sondern auch der Aschenregen der Lüge die weiße Menschheit begraben.

Es liegt in der Natur der Dinge, daß die Demokratien im Gegensatz zu den Diktaturen außerstande sind, den Kampf um eine günstige Ausgangssituation zu führen. Hier wird die politische Freiheit zur Waffe, die sich gegen ihren Eigentümer kehrt. Da der latente Bürgerkrieg zwischen linker und rechter Intention diese Länder offen beherrscht, sind sie außenpolitisch so gut wie gelähmt. Große Teile der Bevölkerung führen unverfolgt die Sache des Feindes, der dadurch schon in die heimische Front eingebrochen ist. Während auf Seite der rechten Despotien jeder Vorstoß wohlberechnet, die Zielrichtung klar, die kleinste Bewegung, die winzigste Äußerung absichtsvoll ist, bieten die Demokratien ein Bild des Schwankens und Geschütteltseins. Die Zielrichtungen durchkreuzen sich hier immerfort. Will die eine Partei des Volkes eine ihr lebenswichtige

Position wahren, erfindet die andere sogleich ein Mittel, um sie daran zu hindern: (Nichteinmischung, Isolationspolitik und so weiter.) Was jenseits der demokratischen Grenze unzweifelhafter Landesverrat wäre, gilt diesseits als selbstverständliches politisches Recht. Der innere Dualismus zwingt diese Staaten dazu, dem Gegner, sportlich gesprochen, immer mehr vorzugeben. Die Verbündeten werden dadurch unsicher und fallen ab. Zugleich aber strömt durch hundert Breschen und Lücken der propagandistische Dampf der feindlichen Gesinnung ins Land, die ja für weite Kreise die eigene, die ersehnte Gesinnung ist.

Dies sind gewichtige Nachteile für die künftige Kriegführung der Demokratien. Ihnen stehen freilich nicht minder gewichtige Vorteile entgegen: Reichtum, Weltbesitz, Menschenzahl, unerschöpfliche Hilfsquellen. Und dann – was sich als motorische Sehnsucht aller Geknechteten unbedingt auswirken wird – die höhere sittliche Lebensform, die sie darstellen. Freilich ist es noch keineswegs ausgemacht, daß es all diesen Staaten gelingen wird, die demokratische Verfassung bis zum offenen Ausbruch der Feindseligkeiten aufrechtzuerhalten.

Jeder Versuch, die Grundtatsachen des künftigen Weltkriegs zu klären, führt zu einer unstatthaften Vergröberung. Auch dieser. Undurchdringlich erhebt sich vor dem forschenden Blick die Vieldeutigkeit und Mehrdimensionalität des herandrohenden Geschehens. Wenn die Formel von dem durch alle Völkerfronten quergelagerten Bürgerkrieg auch zweifellos richtig ist, so erhellt sich doch nicht alles. Antwortlose Fragen steigen auf: Auf welche Seite werden die mittleren und kleinen Staaten fallen, die heute noch schwanken? Wird jeweils die geographisch-realpolitische Notwendigkeit über den extremen Parteieffekt siegen oder umgekehrt? Wie werden sich die farbigen Rassen verhalten? Kann man von der Jugend, die dem Anschein nach überall einen neuen biologischen Typus vorstellt, irgendwelche ungeahnte Überraschungen und Entscheidungen erwarten? Und dann: Jeder weltzerspaltende Krieg entwickelt mit fortschreitender Dauer ein ungeheures X, an dem jegliche Berechnung zerschellt.

Vor diesem geheimnisvollen Ungeheuer erkaltet die schreibende Hand. Der Soldat kämpft nur gegen den Soldaten, der Krieger gegen das feindliche Volk als Ganzes. Die Griechen zerstörten Ilion, töteten alle Männer und führten sämtliche Frauen in die Sklaverei. Wird dieser antike Brauch wieder erstehen, durch die Technik millionenfach verschärft? Wenn das kommende Völkerringen sich zum allgemeinen Bürgerkrieg verjüngt, wenn Rechts oder Links gesiegt haben werden, wird dann völlige Zerstörung, Ausrottung und Deportation die Folge sein? Da Rechts und Links – im Drang der Ereignisse notwendig ihr noch unbekanntes Extrem erreichend – dynamische Prinzipien sind, können sie kaum haltmachen, bevor der Träger der verhaßten Gegen-Ideologie auch physisch vollkommen vernichtet ist. Welch ein Grauen! Denn gerade zwischen und über Links und Rechts schweben jene geheiligten Werte, die uns manchmal noch diese Erde nicht als Hölle erscheinen lassen.

Ein Versuch über das Kaisertum Österreich
(Prolog zur amerikanischen Ausgabe von ›Aus der Dämmerung einer Welt‹)

I

Dieses Buch umfaßt eine Anzahl mehr oder weniger umfangreicher und schmaler Novellen und Romane, die in tieferem Sinne eine Einheit bilden. Es ist freilich nicht die Einheit einer bescheidenen Comédie humaine, die in ihrer Geschichtenreihe mit durchgehenden Gestalten und übergreifenden Ereignissen arbeitet, es ist auch nicht die Einheit des postumen Bewußtseins, das die Trümmer des unverbundenen Lebens aus der Vergängnis reißt und neu zusammenfügt. Die Einheit dieses Buches ist die Welt, von der es weniger handelt, als in ihr spielt. Eine eigenartige, eine denkwürdige Welt, deren Namen allen geläufig war und die doch nur ganz wenige kannten, vielleicht diejenigen allein, die sie im Guten und im Bösen an sich selbst erfahren haben, ihre wissenden Kinder also. Diese Welt ist dahin für immer. Sie starb nach der langen Dämmerung ihres Greisenalters nicht leicht, sondern im schmerzhaften Todeskampf. Sehr viele ihrer Kinder leben noch, und manche unter ihnen sind wissende Kinder. Sie gehören zwei Welten an, jener toten, die in ihnen noch nicht gestorben ist, und der neuen Welt, der Erben, die sie übernommen hat wie die Waren eines Ausverkaufs. Zweien Welten anzugehören, mit einer Seele zwei Zeitalter zu umspannen, das ist ein höchst paradoxer Zustand, der sich in der Geschichte selten wiederholt und nur wenigen Menschengeschlechtern aufgebürdet wird. Als Rom zerfiel und auf Italiens Boden neue Staaten hervorsprossen, da mochten Generationen gelebt haben, die ähnliches erfuhren und erfühlten. – Alle Sterblichen, die noch im vorigen Jahrhundert geboren sind, gehören zwei Zeitaltern an, sie mögen wo immer zu Hause sein. Sie müssen ihre Kräfte gewaltig anspannen, um solch schwerer Bedingung Herr zu werden. Wer weiß, ob nicht so manche bittere Not der Epoche dieser geheimen Doppelexistenz zuzuschreiben ist. Zweien Welten aber gehören wohl nur die Kinder jener toten Welt an, deren Namen sogleich verraten werden wird. Der Verfasser der anliegenden Geschichten zählt dazu. Er hat sie ohne jede historische Absicht geschrieben. Er dachte nicht daran, die Schatten des ewig Verlorenen in dichten Sprachnetzen zu fangen. Er wollte nichts anderes, als von den Wesen und Dingen seiner eigenen Jugend berichten. Alle diese Novellen sind im Laufe vieler Jahre entstanden. Die frühesten unter ihnen stammen wirklich noch aus der ›Dämmerung‹ jener Welt. Sie sind aus der Agonie. Kein Wunder, daß Traum und Tod ihr Siegel ist.

2

Welche Welt. Sie trug einen großen Namen. Doch sie selbst war noch größer als ihr Name, der da lautete: ›Österreichisches Kaisertum‹ oder ›Österreichisch-ungarische Monarchie‹, wobei letztere Bezeichnung einer gewissen Künstlichkeit nicht entbehrt und für feinere Ohren schon den Niedergang des stolzen Reiches weissagt. Ein stolzes Reich wahrhaftig, nicht nur, was seine Maße betrifft, sondern weit mehr noch im Hinblick auf die unbeschreibliche Farbenfülle seiner Landschaften und Menschenstämme. Skeptische Geister werden hier vielleicht aufblicken und fragen: Wie ist das? Sind diese farbenvollen Landschaften etwa vom Erdbeben zerstört worden, diese bunten Menschenstämme aus ihren Siedlungen verschwunden? Sind nicht vielmehr diese Berge, Täler und Ebenen noch immer dieselben wie vor Jahrhunderten und ebenso die sie bewohnenden Völker? Kann überhaupt das, was hier eine Welt genannt wurde, wirklich verdämmern und sterben? Steckt hinter solchen Behauptungen nicht die Übertriebenheit und Unwirklichkeit der Metapher? Politische Systeme sterben, Regierungsformen, Verwaltungsarten, das heißt, auch sie sterben nicht eigentlich, sondern gehen in andere Systeme, Regierungsformen und Verwaltungsarten über. Die staatlichen Regelungen des Weltwesens lösen einander ab. Das Geregelte jedoch, das Regierte, das Verwaltete, sei es Land, sei es

Volk, sei es Einzelmensch, überdauert mit seiner eingeborenen Artung all diese Entwicklungen.

Was immer auch die Wahrheit sei, jeder Alt-Österreicher wird auf solche Einwendungen erwidern: »Ihr mögt recht haben, ich weiß es nicht. Mir jedenfalls ergeht es sehr merkwürdig, wenn ich die Landschaften und Städte wiedersehe, die einst zu meiner alten Welt gehört haben. Gewiß, die Alpen Tirols, die Seen des Salzkammergutes, die sanften Horizonte Böhmens, die wüsten Hochflächen des Karstes, die üppigen Gestade der Adria, die Paläste Wiens, die Kirchen Salzburgs, die Türme Prags, all das ist dasselbe geblieben, seiner äußeren Gestalt nach wenigstens. Und doch, selbst das Unverwandelte der äußeren Gestalt billige ich euch nur sehr zögernd zu. Gehört zu ihr nicht der Raum, aus dem sie wächst, die Luft, die sie durchdringt, das Licht, das sie belebt, und mehr als alles andere, das Auge, das sie erfaßt? Was sich verändert hat, auch außerhalb des Menschlichen verändert hat, das läßt sich kaum ausdrücken. Ich will nicht behaupten, daß all diese Landschaften und Städte einen ganz bestimmten Glanz verloren haben. Vielleicht ist es eher ein Schleier, den sie verloren haben, ein wohltätiger Schleier, ein Schleier der Maja, der viel verhüllte. Eines aber weiß ich gewiß: Einst war hier meine Welt, mit der ich eigentümlich verbunden war. Zu dem fernsten Huzelendorf in den Karpaten fühlte ich noch irgendeine Verwandtschaft, unbekannt warum. Jetzt ist mir auch das Allernächste entfremdet, meine eigene Stadt, meine eigene Straße, mein eigenes Haus, unbekannt warum. Ich bin in einem sehr komplizierten Sinn heimatlos geworden.« Der Mann beschreibt mit diesen Worten eine Wirklichkeit, wenn auch eine geheimnisvolle. Nur die modernen Irrlehren, ökonomische und biologische, sind platt genug, solche Wirklichkeit zu verkennen. Sie erklärten allgesamt die Geschichte der Menschheit aus dem schicksalsmäßigen Zusammentreffen der Rassen mit bestimmten irdischen Räumen, aus der Symbiose von Blut und Boden, aus den Ernährungsbedingungen des jeweiligen Bodens und der kriegerischen Notwendigkeit, sie zu verbessern und zu erweitern. In diesen Anschauungen bildet die Geschichte eines Volkes von seiner Entstehung bis zum Untergang eine einzige primitive Linie, die nur von den materiellen Mächten Erde, Art und Notdurft bestimmt ist. Für den Geist ist kein Platz, besser (nein, schlichter), er wird mit schamhaftem Zwinkern als die Frucht jener materiellen Mächte definiert. Muß man gegen solche nationalisierten Wahnvorstellungen ernsthaft polemisieren, da eine einzige Frage sie schon ins Nichts jagt: Hat Blut und Boden – als Voraussetzung des Lebens keineswegs geleugnet – die Erde gestaltet, Reiche zusammengeschlossen oder zertrümmert, Zeitalter begründet oder vollendet? War es nicht vielmehr das Christentum, eine reine, unabhängige Idee also, die das Antlitz der Welt verwandelt hat, bis in die Züge und Mienen der Landschaft hinein? Oder, um ein andres Beispiel zu nennen: der Islam. Sind die Bewohner des alten Babylon und des heutigen Bagdad der Rasse nach nicht ungefähr die gleichen geblieben, Blut und Boden derselbe? Und doch, die alten Babylonier und die modernen Araber würden einander nicht wiedererkennen, da Mohammeds weltumspannende Stiftung zwischen sie getreten ist.

Hier wird keine Theorie aufgestellt, sondern eine Erfahrungstatsache ausgesprochen. *Nur im Zeichen einer höheren Idee wurden und werden Reiche gegründet.* Nationen können bloß Staaten bilden. Nationalstaaten sind ihrem innersten Wesen nach dämonische Einheiten; wie alles Dämonische und Abgöttische reizbar, ›dynamisch‹, drohend und bedroht. Die wahren Reiche aber entstehen dadurch, daß den dämonisch-natürlichen Einheiten ein übernatürlich göttliches Element zugemischt wird, das sie über sich emporreißt: eine Offenbarung oder eine höhere Idee. Jedes echte Reich ist ein mißlingender Versuch, das Reich Gottes auf Erden zu stiften. In seiner Geburtsstunde wenigstens ist es das.

Der alte Österreicher, der vorhin sprach, hält seine abgestorbene Welt, den Kaiserstaat Österreich, für ein echtes Reich dieser Art. Die Städte und Landschaften haben sich in seinen Augen verwandelt, er ist in einem komplizierten Sinne heimatlos geworden (obwohl er einen vollgültigen Reisepaß besitzt), weil das Reich sich in seine dämonischen Einheiten aufgelöst hat, in Nationalstaaten. Er ist weit davon entfernt, jenes alte Reich zu vergötzen, ihm die Tugenden und Vorzüge des verlorenen Paradieses zuzubilligen, hat es doch nur die allerletzte Dämmerung einer Welt erlebt, deren Abendstunde mehr als ein Jahrhundert währte. Dennoch leidet er. Er leidet, weil eine höhere Ordnung zu einer niedrigeren herabgesunken ist. Er leidet unter dem Verlust einer feinen persönlichen Würde, die, ungeachtet aller völkischen Gemeinschaft, aus der übergeordneten Idee des Reiches auch auf ihn, den kleinsten Teil, herniederfloß.

3

Das Reich und seine Idee! Wie kann ihre Bedeutung einem entrückteren Leser klar gemacht werden!? Vor allem: das Kaisertum Österreich war ein sehr großes Reich, die zweitgrößte unter den Großmächten Europas, wenn nach dem Flächeninhalt uralten Kulturbodens gemessen wird. Wer einmal eine Landkarte Europas, wie es vor dem Kriege aussah, in der Hand gehabt hat, wird gewiß die gewaltige Tierform mit dem drohend erhobenen Haupt nicht vergessen haben, die inmitten des Erdteils besitzend thronte. Vierundzwanzig Länder umfaßte das Reich, schlecht gerechnet, noch in den Tagen seines Unterganges, auf der Höhe seiner Macht gehörte überdies halb Italien dazu. Vierundzwanzig Länder, wohlgemerkt, keine Provinzen, keine mit dem Lineal gezogenen Gouvernements und Verwaltungsbezirke, sondern irrtümlich organisierte Gebilde, deren Geschichte oft bis in die Völkerwanderung und sogar in die römische Zeit zurückreicht. Aber weit wichtiger als die historische Gestalt dieser Länder ist ihre äußere Natur zu werten. Sie sind auf das Wunderbarste voneinander verschieden, ja gegensätzlich. Der Kenner, vom Forscher ganz zu schweigen, gerät hier jeweils nach zwei Schnellzugstunden immer wieder in eine andere Welt. Das Kaisertum Österreich besaß unter den europäischen Staatsgebilden zweifellos den größten und spannungsvollsten Reichtum an Naturformen. Ähnlich wie die Vereinigten Staaten Nordamerikas, nur gemäßigter und milder, vereinigte es in seinen Grenzen das Klima des Nordens mit seinen Fichtenwäldern und die Südflora des Mittelmeeres mit Lorbeer, Öl, Zypressen auf nacktbraunen, vielgefalteten

Hängen. Es vereinigte die arktischen Gletscherwelten des Ortler-
gebietes und die asiatisch weiten Steppen der Pußta – die leiden-
schaftszerrissenen Zinnen der Dolomiten und die schwermütigen
Hügel Böhmens – die traumäugigen Wasser der Alpenseen und das
mittelländische Meer mit seinem schönsten Archipelagus vor der
dalmatinischen Küste – die Hochalmen der Karpaten und die Nie-
derungen der Donau mit allen Wundern ihres Stromgebietes, den
vogelreichen Wildnissen ihrer Auen und den mächtigen dichtbesie-
delten Inseln ihres Tochterflusses, der Theiß. Alles, was es in Europa
an Naturschätzen und Naturwundern gab, vereinigte das unterge-
gangene Reich in einem Raum, den es allen seinen Völkerschaften
zum gemeinsamen Leben darbot, damit sie ihr irdisches Glück fanden und zugleich einem höheren Gedanken dienten.

Was von den Naturschätzen gesagt wurde, gilt auch für die Bewohner Österreichs. Zwar umschloß er nicht alle Volksstämme des
europäischen Erdteils, doch sehr viele von ihnen und insbesondere
die wichtigsten Rassen: Germanen, Romanen und Slawen.

Den vierundzwanzig Ländern entsprachen dreizehn Völkerschaften. Außer den Deutschen und den Magyaren, die in der westlichen
und östlichen Reichshälfte seit Jahrhunderten die Führung innehatten, vereinigte das Kaisertum vier nordslawische Völker (Tschechen,
Slowaken, Polen, Ruthenen oder Kleinrussen), drei südslawische
(Kroaten, Serben, Slowenen), drei romanische (Italiener, Rumänen
und das seltsame Bergvolk der Ladiner). Zu diesen zwölf Völkern
trat als dreizehntes noch eine sehr zahlreiche Judenschaft hinzu, die
ihrerseits wieder in einen westlichen und östlichen Stamm zerfiel.
Der östliche lebte im polnischen Galizien und in dem fernen Wald-
land der Bukowina, der westliche zum größten Teil in Böhmen,
Mähren und Schlesien, den drei Erbländern der böhmischen Wen-
zelskrone. Der Mittelpunkt dieser westlichen Judenschaft war das
uralte Ghetto Prags, hochberühmt durch seine Gelehrten, seine kab-
balistischen Mystiker und seine Legenden.

Hier wurden nur die manifesten, die heute noch lebenden Völkerschaften aufgezählt. Darüber aber dürfen die latenten Stämme nicht
vergessen werden, jene Stämme, deren Name in den statistischen Ta-

bellen nicht vorkommt, deren Blut aber fortwirkt. Von der keltischen Urrasse, die in den Alpen- und Sudetenländern hauste, soll geschwiegen werden, obgleich sie gewiß alles österreichische Völkerwesen grundierte. Desgleichen seien die römischen Legionen nur flüchtig erwähnt, die von Helvetien bis zum Schwarzen Meer, das ganze Donaubecken entlang, ihre Lager und Kastelle innehatten, den Weinbau einführten, zechten und Kinder zeugten. Österreich aber ist immer ein ideales Durchzugsland gewesen, eine Schlüsselstellung bis auf den heutigen Tag, ein tragisches Kampfgefilde, auf dem sich das Schicksal unzähliger Volksstämme erfüllte. Langobarden und Gepiden, Hunnen und Awaren, Tartaren und Türken. Die asiatische Völkerbrandung, die von Zeit zu Zeit das Abendland zu überfluten suchte, brach sich immer wieder auf österreichischer Erde, zuletzt noch vor 250 Jahren bei der Belagerung Wiens durch die Türken. Ein Teil dieser heranbrausenden Reiterrassen, deren Weiber und Kinder sich zumeist im Troß befanden, strömte nach Osten zurück, der andere Teil blieb, wurde gebändigt und aufgesogen. Jedoch nicht nur durch kriegerische Einbrüche erfolgte die Zufuhr immer neuen Blutes, verwandelte sich immer überraschender das Kaleidoskop der österreichischen Nationalitäten. Auch auf gesetzmäßig friedlichem Wege ging Ähnliches vor sich. Als das habsburgische Szepter das spanische und das römisch-deutsche Weltreich beherrschte, drang nicht nur spanische Politik, spanische Art und Sitte über die Alpen, sondern auch spanisches Blut. Heute noch begegnet man in verlorenen Bergdörfern spanischen Familiennamen.

Die österreichische Erde hatte geheime humusbildende Kraft. Ganze Völker und Rassen, deren Fußspuren sie trägt, waren für sie wie vergangene Herbste, wie abgefallenes Laub vom vorigen Jahr. Sie sog all diese Rassenherbste in sich auf und verwandelte sie in etwas Neues. In was? Hier nähern wir uns der Idee.

Zuerst ein Vergleich. Wenn auch kein völlig zutreffender. Wiederum seien die Vereinigten Staaten genannt: Auch sie sind ein echtes Reich, weil sie keine natürliche, ›dämonische Einheit‹ sind, sondern der staatliche Gestaltungsversuch einer höheren, einer übergeordneten Idee. Ihre Reichsidee läßt sich nicht minder schwer formulieren als die österreichische. Umschreibt man sie etwa folgendermaßen – ›Höchstmögliche Freiheit der Persönlichkeit innerhalb einer höchstverantwortlichen Gemeinschaft‹ –, so sagt man etwas Banales, Verblasenes, das im Widerspruch zur Wirklichkeit steht und bei den Kennern dieser Wirklichkeit ein mitleidiges Lächeln hervorlocken muß. Ideen aber sind keine Begriffe, sind keine Wesenheiten des reinen Intellektes. Ideen haben ihre Sinnlichkeit. Platon selbst stellt sich unter dem, was er ›Ideen‹ benennt, keine Abstraktionen vor, sondern die ›Urbilder‹, die Modelle alles geschaffenen Seins. Bilder jedenfalls. Man wird eine wirkliche Idee niemals begreifen, wenn man das Bildhafte, ja Leibhaftige an ihr nicht zu sehen vermag, nicht zu riechen und zu schmecken. Die Vereinigten Staaten haben ihre Idee, und die obige Formel ist nur ein vager Fingerzeig auf sie hin. – Das alte Kaisertum Europas und die noch junge Republik Amerikas begegnen einander in gewissen Voraussetzungen. Beide sind, wie schon gesagt, Völkerreiche und keine Nationalstaaten. Beide sind entstanden durch Zusammenschluß und Ausgleich unterschiedlicher Rassen und Volksstämme. In beiden hat einer dieser Volksstämme die Überlegenheit erzielt und auf die andern assimilierend gewirkt. In der atlantischen Republik war es der angelsächsische Stamm, der seine Sprache und Lebensart durchsetzte, im Kaisertum der germanische Stamm, der aber leider in den großen Entscheidungsstunden sich seiner Aufgabe nicht gewachsen zeigte. Vielleicht, dies muß man den Deutschen des alten Österreichs zugutehalten, hätte keine leidenschaftliche Nation der Welt dieser Aufgabe gewachsen sein können, die unendlich viel schwerer war als das Problem, das der angelsächsische Stamm in Amerika gelöst hat. Die Vereinigten Staaten sind ein Reich, das nicht entstanden ist, sondern geschaffen wurde; nicht in dunklen Zeitaltern, sondern im hellsten Lichte der Geschichte, und zwar durch wilde Einwanderung, durch eine Art Explosion Europas. Sie wurden oft mit einem Schmelzofen der Rassen verglichen. Und wirklich, eine ungeheure, eigentümliche Kraft des atlantischen Kontinents schmilzt innerhalb weniger Generationen die einander fremdesten Völker zu hundertprozentigen Amerikanern um. Eine neue Nation ist zum

Teil schon geworden, zum Teil im Werden begriffen. Mit ihr erhebt sich aber auch jene dämonische Gefahr, welche die übergeord-
nete Idee dieses Reiches bedroht. Die großen Gegensätze tun sich
nun auf, die dem Vergleichen ein Ziel setzen. Sie sind durch die
beiden für Amerika und Österreich angewandten Bilder charakte-
risiert, der mit rasender Heftigkeit arbeitende Schmelzofen auf der
einen Seite, der langsam kauende Humus auf der andern. Dem me-
chanischen steht der organische Prozeß gegenüber.

Auch die Idee des alten Österreichers wollte es, daß der Mensch,
der es bewohnte, umgeschaffen, umgeschmolzen werde. Sie forderte
von ihm, daß er nicht nur ein Deutscher, ein Ruthene, ein Pole sei,
sondern etwas mehr, etwas darüber hinaus. Es wäre sehr übertrieben,
dieses Opfer, das die Idee forderte, ein volles Sacrificium nationis zu
nennen. Etwas Ähnliches aber war es doch. Ein Verzicht auf bequeme
Selbstbeschränkung, ein Verzicht auf die begeisternde Hingabe an
bluthafte Instinkte, ein Verzicht auf das wilde Bedürfnis nach dem
Triumph des eigenen Herkommens. Nur wer diesen Verzicht leistete,
zu solchem Opfer entschlossen war, konnte die höheren Weihen der
Idee erhalten, wurde umgeschaffen, verwandelte sich aus einem
Deutschen oder Tschechen in den neuen Menschen, den Österreicher. Die große Idee bestimmte den Umgeschaffenen, diesen Österreicher, zum Lehrer. Er sollte das Licht seiner durch Opfer erprobten
Menschlichkeit hinaustragen, damit alle, die noch jung waren, noch
barbarisch, noch erdgebunden, durch dieses Licht erleuchtet und be-
kehrt würden. Diese Bestimmung zum ›Lehrer des Ostens‹ ist mit
dem alten Österreicher untergegangen. Schon lange vorher aber war
sie verschüttet. Nur wenige wußten von ihr.

4

Der erste, welcher die Idee ›Österreich‹ erahnte, war kein Geringerer
als Karl der Große. Er legte in dem kleinen Land, dessen Herz die
Weinstadt, die Wienerstadt bildet, den Grundstein zu der sogenannten Ostmark. Schon im Augenblicke ihrer Gründung hatte diese

Ostmark eine doppelte Leistung zu erfüllen. Ihr war auferlegt das Verteidigungsamt und das Lehramt. Sie sollte als eine unüberwindliche Barrikade des Abendlandes vor dem Ansturm der Barbaren schützen und zugleich dieselben Barbaren bändigen, sittigen, umschaffen, aus blutgebundenen, dämonischen Naturmenschen zu abendländischen Christen erziehen. Diese Aufgabe Österreichs hat sich im Verlauf seiner Geschichte nicht um ein Jota geändert. Logischerweise mußte es in der Stunde zerfallen, da das dämonische Naturmenschentum in Gestalt des modernen Nationalismus und seiner wissenschaftlichen Lehren die christlich-abendländische Reichsidee verdunkelt hatte.

Am ersten Weihnachtstag des neunten Jahrhunderts empfing Karl der Große aus den Händen des Papstes Leo die Krone des römischen Cäsaren. Eines der gewaltigsten Ereignisse, das unsere Erde erlebt hat. Das alte Imperium, dessen Macht soviele Jahrhunderte geruht hatte, war neu geboren. Und im wahrsten Sinne neu. Denn anders als Caesar Augustus, als Hadrian oder Marc Aurel war der neue Cäsar nicht mehr das Sinnbild irdischer Herrschaft allein, nicht mehr Vertreter jenes Quiritentums, das sich durch höchste politische Überlegenheit den antiken Weltkreis, urbem et orbem, unterworfen hatte. Es gab kein altes Herrenvolk mehr, keinen Erben des Quiritentums, der das Imperium nach Römerweise hätte ausüben können. Aber es gab das Kreuz, in dessen beiden Balken sich die irdische Horizontale und die überirdische Vertikale kreuzten. Der Reichsapfel in Karls linker Hand, Symbol des Erdballs, trug das Kreuz. Die beiden tiefsten Gegenspieler, Cäsar und Christus, waren in der Idee des neuen ›Heiligen Römischen Reiches Deutscher Nation‹ auf die im irdischen Bezirke möglichste Distanz einander angenähert. Die Stelle aber auf dem Reichsapfel – Globus in des Kaisers Linken, wo das Kreuz sich erhob, – hätte müssen die Ostmark sein.

In Wirklichkeit war sie es auch. Im Anfang noch an der Peripherie gelegen, rückte sie immer mehr in den Mittelpunkt. Gleich einem gewaltigen Magneten lag sie da und zog wie Eisenspäne die jungen Völker an. Und dann kam ihre große Stunde. Sie wurde zum Kernstück und Kleinod des Heiligen Römischen Reiches, als die im geistigen Sinne echtesten und legitimsten Erben des Cäsar Carolus Magnus die Herrschaft antraten. Es war das Haus Habsburg, das die österreichischen Erblande regierte und die römische Kaiserwürde fortan mit wenigen Unterbrechungen innehatte bis zu ihrem Ende.

Als zu Beginn des neunzehnten Jahrhunderts die Welle des deutschen Nationalismus zu steigen begann, löste der damals herrschende Habsburger Franz der Erste das Heilige Römische Reich Deutscher Nation auf und nannte sich nicht mehr römischer Kaiser, sondern ›Kaiser von Österreich‹. Es war ein verzweifelter Versuch, die große Idee der Völkereinheit zu retten, ein Rückzug, eine Konzentration auf die stärkste Stellung. Davon profitierte die preußische Königsfamilie der Hohenzollern, die Erzfeindin Österreichs und der heiligen Reichsidee. Sie peitschte die Dämonen des pangermanischen Nationalismus entschlossen auf. Nach den Siegen über Österreich und Frankreich im Jahre 1870/71 gelang es ihr, die deutschen Kleinstaaten unter ihre Herrschaft zu bringen und auf diese Weise zu einigen. Und nun erfolgte einer der übelsten Wortwitze der Weltgeschichte. Großpreußen nannte sich ›deutsches Reich‹, da es doch bestenfalls nur ein Nationalstaat, eine dämonische Einheit war, das Gegenteil also eines völkerverbindenden, aus einer übergeordneten Idee geborenen Reiches. Die preußischen Könige aber verliehen sich den Titel von Kaisern. Kaiser ist die griechische Wortform von Cäsar. Jeder Kaiser ist Nachfolger Caesars, der die supernationale Weltherrschaft abendländischer Gesittung begründete. Cäsarentum ist der absolute Gegensatz zum Stammeskönigtum. Die Hohenzollern waren erfolgreiche Stammeskönige, die aus Haß gegen die legitimen Cäsaren des Hauses Habsburg einen leeren Kaisertitel usurpierten.

Der erste habsburgische Cäsar hieß Rudolf. Er stammte aus dem Aargau in der Schweiz. Daß er Schweizer von Geburt war, ist nicht ganz ohne sinnbildliche Bedeutung. Es wies jedenfalls auf die helvetischen Tugenden der Neutralität und nationalen Verträglichkeit hin. Darf man den geschichtlichen Quellen und ihren dichterischen Ausschmückungen trauen, so hat Rudolf, abgesehen von seiner persönlichen Tatkraft und Zielbewußtheit, schon gewisse Eigenschaften besessen, die man dem österreichischen Menschen später zuschreiben wird. Er war in seiner Lebenshaltung auffallend einfach, jeder Selbstbesessenheit, jeder phrasenhaften Pathetik abhold, kein kühler, sondern ein warmer weil humorvoller Durchschauer des Menschen, fromm und nüchtern zugleich.

Ein derartiger Charakter gab den Ton an, der durch die Jahrhunderte fortschwang, vorbildlich und mythisch werden konnte. Nicht alle habsburgischen Cäsaren gleichen diesem Charakter, selbstverständlich. Es gab unter ihnen Schwache, Minderwertige, Gleichgültige, Extravagante, die tief unter dem gesunden Maß Rudolfs standen. Es gab auch einige, die dieses Maß hoch überschritten. Doch weder diese noch jene waren die Richtigen, waren das Maß des Österreichertums.

Verlockende Gestalten bietet die Ahnenreihe der Habsburger dem fremden Blick in Fülle. Da ist Karl der Fünfte, dessen Reich bis zum Niedergang der Sonnen reichte, noch das ferne Mexiko einschloß, und dessen Seele dennoch zerbrach, so daß er als Kapuzinermönch endete. Da ist sein Gegentypus Rudolf der Zweite, dessen ganzes Reich vom altersgrauen Hradschin, der Prager Königsburg, ummauert war, ein dunkel närrisches Reich, in dem Hunderte Alchimisten Gold machten und den Stein der Weisen suchten, während Nekromanten dem Tod zu Leibe gingen und Astrologen in den Konjunktionen der Gestirne lasen, unter ihnen unsterbliche Geister wie Tycho de Brahe und Kepler. Da ist ferner eine starke Frauengestalt, Maria Theresia, die Matriarchin des Rokoko. Doch nicht von diesen überdurchschnittlichen Gestalten wird weiter die Rede sein, sondern von einer eher durchschnittlichen Persönlichkeit, die aber das ›Maß‹ hatte, von dem Letzten, der in manchen Zügen dem Ersten glich, von dem Cäsar in der Dämmerung einer Welt.

5

Bei der Gestalt des Kaisers Franz Joseph soll deshalb hier ein wenig verweilt werden, weil ihr Schatten fast auf allen Erzählungen dieses Buches liegt. Es ist eines der längsten Leben und Regierungen, welche die Geschichte kennt. Der ganze Abend des Habsburgerreiches ist von diesem Manne ausgefüllt. Als er im dritten Dezembermonat des Weltkrieges starb, war die Nacht gekommen, obgleich ein junger, unseliger Nachfolger noch da war, der die Auflösung erdulden mußte. Franz Joseph ist sechsundachtzig Jahre alt geworden und hat beinahe siebzig davon geherrscht. Sein Leben hat fast drei, seine Regierung mehr als zwei Menschenalter gewährt. Als Achtzehnjähriger kam er während der Revolution von 1848 auf den Thron. An einem Dezembertag begann seine Regierung, an einem Dezembertag endete sie. Ihre Jahreszeit, ihre politische Stimmung, ihr menschliches Merkmal war Winterdämmerung, Winterfrost und Todesnähe. Als er geboren wurde, lebten noch viele Menschen des Ancien régime, die geistig jenseits der großen Wasserscheide der Französischen Revolution standen und in Napoleon hauptsächlich einen frechen Parvenu sahen. Als er im Schönbrunner Schloß auf dem Totenbette lag, da stand das neue, das triumphierende Zeitalter der Giftgase, Brandbomben und der gemarterten und marternden Masse gerade in schönster Blüte. Wie eine Brücke von unendlicher Spannweite verbindet das Leben Franz Josephs zwei geschichtliche Epochen, die voneinander zehnfach weiter entfernt sind als durch das reale Jahrhundert, das sie trennt. Eine schlaffe Natur konnte das nicht sein, die, siebzig Jahre auf dem Gipfel einer Welt stehend, solche Spannung ertrug, ohne zusammenzubrechen. Die Natur Franz Josephs stützte sich gegen das Ungeheure auf ihre Art. Sie stumpfte nicht ab, aber sie zog sich zurück, sie verschloß sich in einer echt cäsarischen Einsamkeit. Sie umpanzerte sich mit der ununterbrochenen Hingabe an den Begriff des ›Dienstes‹. (Die Feder wollte schon das Wort fanatische Hingabe hinschreiben. Aber nichts wäre unwahrer als das Wort ›fanatisch‹ in Verbindung mit Franz Joseph.) Die Dienstpragmatik, so lautete der echt österreichische Ausdruck, regelte die Tätigkeit, die Rechte und Pflichten des Kaisers bis in die leiseste Nuance. Wo sie aufhörte – aber sie hörte eigentlich nicht auf –, fand sie ihre Fortsetzung in einer unendlich skrupelhaften Taktforderung, die es dem Herrscher zum Beispiel verbot, bei Gelegenheit einer Kunstausstellung oder eines Theaterabends ein persönlich gefärbtes Urteil abzugeben. So entstand die in Witzblättern oft verhöhnte Phrase: ›Es war sehr schön. Es hat mich sehr gefreut.‹ Cäsars Sache aber war es nicht, persönlich zu sein. Er stand über allem Persönlichen, das nach dem eigenen Geschmack urteilt. In einer Zeit, wo die Persönlichkeit in snobistischer Weise angebetet wurde, wo die als Freiheit verkleidete Zufälligkeit und Unordnung Trumpf war, überwand sich die ursprünglich ungeduldige und launische Natur Franz Josephs zur Unpersönlichkeit, zur Ordnung und Regel.

Dies war nur möglich, weil auch in ihm, dem Letzten, noch die alte Kraft der heiligen Reichsidee fortwirkte. Das Allmenschliche in dieser Idee zwang der Seele des Kaisers eine Tugend ab, für die das Wort Objektivität zu schwach ist. Er, dessen Blut und Tradition deutsch war, versuchte mit letzter Aufrichtigkeit, allen Völkern der Monarchie gerecht zu werden. Er, der aus dem feudal despotischen Zeitalter stammte, der nur mit den Häuptern des Hochadels bestenfalls einen kargen Verkehr pflog, er war es, der in den letzten Jahren seiner Herrschaft die sozialistische Forderung nach dem allgemeinen, gleichen und direkten Wahlrecht gegen seine Umgebung, gegen Ministerien und Parlamente in zähem Kampfe durchsetzte. Das Unfaßbare geschah damit. Ein Habsburger, der noch unter Metternich groß geworden war, der zu Beginn seiner Laufbahn die ins Wanken geratenen reaktionären Gewalten wiederhergestellt hatte, derselbe Habsburger paktierte am Ende seiner Laufbahn mit den verhaßten und gefürchteten Massen, mit den Arbeitern, mit dem revolutionären Proletariat.

Ist diese Tatsache wirklich so paradox, wie sie auf den ersten Blick erscheint? War der christliche Cäsar nur ein Herrscher der Reichen und Glänzenden? Hat nicht in diesem auffallenden Geschehnis, in dieser überraschenden Tat des alten Kaisers noch einmal die große Reichsidee gesprochen? Zeitgebundene Prinzipien des jeweiligen Weltregiments waren für sie nicht das Entscheidende. Von Beginn des Reiches an hatte die Idee alle politischen Formen durchlaufen, die an der Tagesordnung waren, den Feudalismus des Mittelalters, die barocke Despotie, den aufgeklärten Absolutismus, die liberale

Demokratie; warum sollte sie nicht, wenn die Stunde kam, sich in die Form des Sozialismus kleiden? Der von der Krone geführte Kampf für das allgemeine Wahlrecht war das Symbol für eine solche Bereitschaft. Der allmenschlichen Intention des österreichischen Gedankens kam es nicht darauf an, daß die besitzenden Mächte ihre Rolle in Ewigkeit weiterspielen. Der Krieg zwischen Kapital und Arbeit, wie immer er auch ausgehen sollte, berührte die Reichsidee in ihrem Innersten nicht. Ihre Kampffront lag auf einer anderen Ebene. Sie suchte mit letzter Kraft nach Bundesgenossen gegen den großen Feind. Und sie fand diesmal die Bundesgenossen in der Masse der Armen und Ärmsten. Der gemeinsame Feind aber war der leidenschaftliche Gegenspieler des österreichischen Universalitätsgedankens von altersher: der dämonische Haß, die eitle Überhebung der Teile über das Ganze, die freche Selbstvergötterung, mit einem Wort, der vom erbosten Kleinbürgertum sämtlicher Völkerschaften getragene Nationalfanatismus. Er ist Sieger geblieben.

Die nach 1860 geborenen österreichischen Geschlechter, mithin Großväter, Väter, Söhne und Enkel haben Franz Joseph nur mehr als ein fernes Greisenbild gekannt. Der einsame alte Herr, der – nach einem bekannten patriotischen Gassenhauer – im Schönbrunner Park sitzt, sorgenschwer, dieser alte Herr mit dem der ganzen Welt vertrauten, in der Mitte geteilten Weißbart, dieser gebeugte, pensionsbedürftige General in hechtgrauer Bluse, er war der letzte der Cäsaren, Augustus senex, die müde Verkörperung der allmenschlichen und weltumspannenden Reichsidee. Sein Leben, sein Antlitz, seine gebrechlich elegante Altersfigur waren längst mythisch geworden. Sie erfüllten das Bewußtsein jedes Österreichers von dem Tag an, da er als sechsjähriges Kind die Volksschule zum ersten Mal betrat. Neben dem Crucifixus hing das Bild Cäsars an der Wand der Schulzimmer. Dieses Antlitz mit dem weißen Kaiserbart – das die Schuljugend, die Beamten, die Soldaten täglich und stündlich vor sich hatten – sandte unablässig eine blasse Welle von traulicher Unnahbarkeit aus, der sich niemand entzog. Keine betonte Majestät lag auf diesen Zügen, kein Herrscherblick, auch Güte nicht, kaum eine gewisse Freundlichkeit, ein ganz anderer Ausdruck zeigte sich: Es war so, als ob dieser leicht zur Seite geneigte Greisenkopf angestrengt einem fast unhörbaren Klange lauschte. Erhorchte er in seiner Abgeschiedenheit den dumpfen Ruf der aufbegehrenden Völker, den erstickten Schrei der Massen? Nein! Franz Joseph lauschte mit müde geneigtem Haupt der Weissagung des Endes.

Die trauliche Unnahbarkeit des Kaiserbildes durchdrang die Seelen der Generationen und imprägnierte sie bis in ihre Träume hinein. Das Bild wurde im wörtlichen Sinne zum Vor-Bild. Die Straßen waren von vielen Franz Josephs bevölkert. Treulich unnahbare Antlitze mit geteilten Weißbärten sah man überall in den Ämtern. Selbst die Türhüter in den gewaltigen Portalen der Paläste trugen dieselbe Maske, nur blickte ihr lauschend geneigtes Kaiserhaupt aus pelz- und tressengeschmückten Uniformen hervor, weit prächtiger als jene, die Franz Joseph an festlichen Tagen anlegte.

Bei jeder mythischen Gestalt kommt der Augenblick, in dem die Menschen an deren wirklicher Existenz zu zweifeln beginnen. Im Falle Franz Josephs geschah es noch zu Lebzeiten. Die Sage ging um, der Kaiser sei längst gestorben und im Erbbegräbnis der Kapuzinergruft zu Wien beigesetzt. Seine Rolle aber spiele jetzt einer der kaiserlichen Pseudogeister, und zwar einer von sehr unscheinbarem amtlichen Rang. Diese Legende wurde von den Gegnern der Monarchie verbreitet und witzig ausgemünzt. Ihre symbolische Wahrheit erfreute: das Reich ist tot und führt nur mehr ein schwindelhaftes Scheinleben. Das Reich aber mußte tot sein, sollten die dämonischen Einheiten zum Dasein gelangen. Und sie drängten erbittert zum Dasein.

Seine Gegner haben in Franz Joseph nicht den Menschen, sondern die Idee gehaßt. Als Mensch ›konnte man ihm nichts nachsagen‹. Diese abgegriffene Phrase hat hier eine tiefe Bedeutung. Cäsars geheiligte Aufgabe war es, das Persönliche zu überwinden, in unaufhörlicher Selbstbeherrschung zum Prinzip zu werden, zum Gesetz für ein Reich der sich ihrerseits umschaffenden und sublimierenden Völker. Das Nicht-Persönliche, das Nicht-Menschliche war Cäsars persönliche Pflicht. Er hat sie erfüllt in dem unnachgiebigen Bestreben, seine irdische Natur zum Gefäß der Reichsidee umzuschaffen. Franz Joseph war durchaus kein bedeutender und am allerwenigsten ein philosophischer Kopf. Seine Haltung ergab sich nicht aus Bewußtsein, nicht aus der Erkenntnis der Idee, sondern aus der Logik der Tatsachen und aus einem innersten Feingefühl für die kränkelnde Wirklichkeit seines Reiches. Man konnte ihm nichts nachsagen. Es ist wahr. Er hat in seiner siebzigjährigen Regierungszeit weniger Todesurteile unterschrieben als die heutigen Gewalthaber in einem Monat. Und doch! Keiner, der ihn genau kannte, rühmt ihm auffallende Güte nach. Ohne Nachsicht wahrte er die Distanz, selbst denjenigen gegenüber, welche viele Jahrzehnte in seiner nächsten Nähe ihm dienten. Er soll nur in den allerseltensten Fällen einem seiner Untergebenen (und die zweiundfünfzig Millionen Einwohner der Monarchie waren ihm alle untergeben) die Hand gereicht haben. Und doch! Kälte und Härte waren gewiß nicht die Eigenschaften, die in seinen blauen, von weißen Brauen überbuschten Augen zu lesen standen.

Dem Menschen Franz Joseph war ein sehr wenig glückliches Erdenlos zuteil geworden. Mit achtzehn Jahren verlor er seine Jugend an die Kaiserwürde. Er heiratete jung eine Frau, die er bis zu ihrem letzten Atemzug wirklich geliebt hat. Elisabeth aber entpuppte sich ziemlich bald als ein egozentrisches und überspanntes Wesen, das nicht lieben konnte oder zumindest ihres Gatten Liebe nicht erwidert hat. Der Kaiser, dessen Gesetz die Überwindung alles Persönlichen war, hatte eine ausgesprochene ›Persönlichkeit‹ zur Gemahlin, eine ›interessante und bedeutende Frau‹, wie das offizielle Kennwort lautete, das den Literaten Ehrfurcht einflößte, den Monarchen aber mit Peinlichkeit erfüllt haben muß. Franz Joseph, eine einfache Natur, sehnte sich nach idyllischem Familienleben. Elisabeth verweigerte es ihm. Sie hielt sich ihm fern, körperlich und seelisch. Immer war sie auf Reisen. Sie verbrachte Jahre auf ihrer Yacht, in ihrem Schloß auf Korfu, in Metropolen und Kurplätzen. Der Kaiser duldete diese kompromittierende Unrast. Es besteht kein einziges Zeugnis einer Mißbilligung, kein Beweis der leisesten Klage oder Anklage. Hingegen gibt es zahllose Briefe und Telegramme an die

Fernweilende, die ohne Vorwurf die zärtliche Besorgnis ausdrük-
ken, bis zum Tage des Mordes von Genf. Franz Joseph hat die drei
ihm nächststehenden Menschen durch unnatürliche Todesart verloren. Der erste war Maximilian von Mexiko, ein nicht minder ehr-
geiziger als träumerischer Charakter, der teils aus romantischem
Wahn, teils aus der tragischen Stellung des jüngeren Bruders heraus
eine unmögliche Sendung übernahm, der er am allerwenigsten gewachsen war. Er starb in Queretaro unter den Kugeln des mexika-
nischen Hinrichtungspelotons, vor dessen Gewehre ihn Juarez, der
nationale Diktator stellen ließ. Drei Jahrzehnte später fiel die Kaise-
rin, diese ewig ferne, ahasverische und dennoch geliebte Frau, dem
sinnlosen Attentat des albernen Anarchisten Lucheni in Genf zum
Opfer. Den schwersten Schicksalsschlag aber bildete doch das
dunkle Ende Rudolfs, des Kronprinzen und einzigen Sohnes. Bis
heute noch ist es nicht beweiskräftig aufgeklärt, ob das Paar von
Mayerling sein Leben durch einen gemeinsamen Selbstmord beschloß, oder ob damals ein rätselhafter Mord geschah, in dem sich
Liebe und Politik kolportagehaft verschlangen. Der Kaiser selbst
war es, der die Spuren der Wahrheit für alle Zeit verwischt hat. In
diesem Fall war er sehr hart und gab einen Befehl des Grauens, der
Philipp dem Zweiten von Spanien Ehre gemacht hätte. Man mußte
die Leiche Marie Vetseras, der Geliebten Rudolfs, entkleiden; sie
wurde in einen Fiaker gesetzt und, von zwei Kavalieren rechts und
links gestützt, in rasendem Tempo durch ein Spalier von Neugierigen gefahren. Niemand sollte dieses unglückliche Mädchen mit
dem Tode des Kronprinzen in Verbindung bringen, der einem Jagd-
unfall zum Opfer gefallen sei, wie die allerhöchste Legende es ge-
glaubt zu wissen wünschte.

Drei blutige Tode und zugleich drei europäische Sensationen ersten Ranges. Rudolfs Tod, ein grausamer Skandal, willkommenste
Beute der Weltpresse. Maximilians Tod, die Hinrichtung eines
Habsburgers, eines kaiserlichen Prinzen, der Mißerfolg eines Unzu-
länglichen, tiefe Kompromittierung des regierenden Bruders also.
Elisabeths Tod durch den Dolch eines kläglichen Narren, das sinnbildliche Ende einer ›unverstandenen Frau‹, die sich auf ewiger

Flucht vor ihrem allzu nüchternen Gatten befindet, welch ein Gegenstand mitleidvoller Betrachtung, aufdringlicher Einfühlung und zwinkernder Mitwisserschaft für aufgeregte feuilletonistische Berichterstatter! Cäsar, der Überwinder alles Personenhaften, dessen menschliches Ich fast schon ganz in das majestätische Wir aufgegangen war, er mußte in seinem allerprivatesten Umkreise zum Gegenstand blutiger Sensationen werden. Es war, als hätte sich das Schicksal verschworen, die Tragkraft seiner kaiserlichen Unpersönlichkeit immer wieder zu prüfen.

Franz Joseph bestand diese Prüfung. Es gibt kein Dokument des Schmerzes und der Scham von ihm, nicht von seiner Hand und nicht aus seinem Mund. Nur ein seltsam steinernes Wort wird überliefert, das er nach Erhalt des Genfer Schreckenstelegramms gesprochen haben soll: »Mir bleibt doch nichts erspart.«

Dieser karge Seufzer war alles, was die Völker Österreichs von seinem innersten Gefühl zu hören bekamen. Damals aber wußten sie noch nicht, daß dieser karge Seufzer Franz Josephs, des Menschen, bald auch für Franz Joseph, den Kaiser, Geltung haben werde.

Er hatte in seiner schier unendlichen Regierungszeit das Reich bewahrt, er hatte die Dämmerung seiner Welt bis an die äußerste Grenze verlängert. Rückschlag auf Rückschlag wurde von ihm durch ruhiges Beharren überwunden: Der Verlust Mailands und Venedigs, die Niederlage bei Sadowa durch die Preußen, die unglückselige Zerspaltung des Reiches durch den magyarischen Vorherrschaftstrieb, die nationalfanatischen Vorstöße der übrigen dämonischen Einheiten. All dieser haßgepeitschten Dynamik setzte er eine weise, großartige Statik entgegen, die sich in meisterhaftem Hinausschieben der Lösungen, im Ausweichen und Zerbröckelnlassen der Konflikte offenbart. Diese Statik wurde im ehrfurchtslosen Wörterbuch des Österreichers zu dem klassischen Begriff des ›Fortwurstelns‹ geprägt. Franz Joseph wußte, daß nur ein Schritt zum Abgrund führe. Aber er, der Achtzigjährige, konnte hoffen, daß er diesen Schritt nicht werde tun müssen. Wann kam er endlich, der erlösende Tag, um die Seele Cäsars von sieben Jahrzehnten grauenvoller Verantwortung zu befreien? Mochte sein Nachfolger mit ihr fertig werden, der machtgierige jähzornige Mensch, der schon mit bebenden Nüstern auf die späte Erbschaft lauerte.

Da geschah das Unheil von Sarajewo. Das Thronfolgerpaar starb durch die Revolverkugeln eines serbischen Nationalfanatikers. Nach einem Augenblick der Bestürzung ergriff sofort eine Welle hysterischen Kraft- und Trotzgefühls gewisse Schichten der Monarchie. Es ist genug, hieß es da, wir dürfen nicht länger zuwarten, wir müssen, ehe es zu spät ist, der Welt beweisen, daß wir eine Großmacht sind. – Geniale Manöver-Feldherren sahen ihr Jetzt oder Nie gekommen. Feudalen Ministern, des kunstvollen Fortwurstelns müde, gefiel es, starke Männer in preußischer Tonart zu spielen. Den Scharfmachern aller Sorten winkten rosige Erfolge. Im Hintergrund aber glühte die Hoffnung der deutschen und magyarischen Vorrangsnation, durch einen siegreichen Krieg die anderen Völkerschaften des Kaisertums völlig an die Wand zu drücken.

Es ist erschütternd, sich vorzustellen, daß unter all diesen sinnbetörten Staatsmännern und Generälen, in diesem Hexenkessel der aufgehetzten öffentlichen Meinung, sich nur ein einziger Mann fand, der alles wußte, vorherwußte, der die ganze bittere Wahrheit bis zur Neige vorempfand. Und dieser Mann war vierundachtzig Jahre alt. Die uralte Idee des Reiches, die Idee der Einigung und des Lehramts, sie lebte nur mehr in einem greisen Herzen, in des Cäsars Herz. Er fühlte genau, daß die Idee es nicht verlange, daß um des getöteten Fürsten willen der Bestand der Monarchie aufs Spiel gesetzt werde. Auch die nationalistische Aufgeregtheit eines kleinen Volkes bildete keinen Grund, das Leben zu wagen, waren doch alle Völker in und außerhalb der Grenzen nationalistisch aufgeregt. Die heilige Idee des Reichs hatte alle Krankheiten der Geschichte in Ruhe überdauert. Warum nicht auch diese? Das mußte der Kaiser empfinden. Aber er wußte, daß jeder Schritt, auch der kleinste, der Schritt in den Abgrund war.

Doch, was sollte er tun, er, der längst Zermürbte? Wie eine Flut schlug die Kriegshetze und Kriegsbegeisterung über ihm zusammen. Vielleicht sprach ein höherer Wille, der das Unheil wollte. Und trotzdem! Nicht einen Augenblick lang wankte in Franz Joseph das endgültige Wissen um die Wahrheit. Nur so konnte sich die nachfolgende Szene ereignen, die überzeugend berichtet wird.

Die Kriegserklärung liegt auf dem Schreibtisch des Kaisers. Der Chef des Generalstabs und die Minister haben ihn mit Vorträgen, Memoranden, Warnungen, Drohungen tagelang bedrängt. Er hat sich gewehrt und gewehrt bis zum letzten Rest seiner Kraft. Nun hat man zu zweifelhaften Mitteln gegriffen, Berichte gefärbt, Nachrichten pessimistisch umgebogen, das Bild der Lage dergestalt entworfen, daß dem Monarchen nichts anderes mehr übrig bleiben *kann*, als zu unterschreiben. Er wehrt sich noch immer. Endlich kommt der gewisse Tropfen, der das Gefäß zum Überlaufen bringen soll, eine Botschaft: Die Serben haben die Feindseligkeiten eröffnet ...

Der alte Mann ergreift die Feder. Er starrt auf das wundervolle Luxuspapier der in französischer Sprache abgefaßten Kriegserklärung. Dann läßt er die Feder wieder sinken, träumt eine Weile mit leerem Blick zum Fenster hinaus. Schließlich wendet er den Kopf zum Flügeladjutanten, der neben ihm steht und ein gebeugter Greis ist wie er, wenn auch viel, viel jünger:

»Die wissen alle nicht, was der Krieg ist ... Ich weiß es ... Von Solferino ...«

Der alte General schweigt. Er ist von seinem Herrn nicht aufgefordert, eine Meinung abzugeben. Franz Joseph aber wartet, wartet lange, als würde er sich nach einer Antwort sehnen, nach einer letzten Rettung. Nichts! Da rückt er die Hornbrille zurecht, setzt die Feder an, und in leichter, fast zierlicher Schrift tanzt der Namenszug unter einen Text, der zwölf Millionen Männer das Leben kosten wird.

Unterschreiben, in einem zarten Schwung den Namen Franz Joseph aufs Papier setzen, das war ein wesentlicher Teil seines Dienstes in sieben Jahrzehnten. Nun ist das furchtbare Werk auch dieser Unterschrift getan, von der er als einziger weiß, daß sie ein Todesurteil über sein Reich ist. Da erhebt sich der Kaiser und spricht die bezeugten Worte:

»Wenn wir schon zu Grunde gehen müssen, so soll es wenigstens anständig geschehen ...«

Draußen aber, auf allen Straßen, in Palästen, Bürgerhäusern, Ämtern, Bauten und wo sonst noch verständige Männer wohnen und arbeiten, herrscht eitel Lärm, wilde Begeisterung und vorweggenommene Siegestrunkenheit.

6

Es war nicht die letzte Unterschrift Franz Josephs. Zwei Jahre lang saß er noch unermüdlich an seinem Schreibtisch von fünf Uhr morgens angefangen und unterschrieb Akten, Erlässe, bittere Verordnungen der Kriegszeit. Der Schreibtisch stand in einem ziemlich großen Arbeitsraum, der mit dem anstoßenden Schlafzimmer die Wohnung des Kaisers von Österreich bildete. Wie ein dunkler und bürgerlicher Fremdkörper war diese Wohnung eingesprengt in die verschwenderisch lichte Grazie des Schönbrunner achtzehnten Jahrhunderts. Sie glich den für die Mitglieder des Kaiserhauses reservierten Wartesälen der Bahnhöfe. Ein Triumph der Unpersönlichkeit. In ihr war keine Spur von den Eigenheiten, Liebhabereien und Devotionalien der Erinnerung zu finden, mit denen selbst der Unbedeutendste seinen Wohnraum zu schmücken pflegt. Cäsar, der das Reich verkörperte, durfte kein einmaliges und zu fülliges Ich mehr verkörpern. Selbst sein spartanisches Bett, auf dem er sich zum Todesschlaf streckte, schien dem Fiskus entliehen zu sein.

Zwei Jahre also hatte er noch die kaiserliche Unterschrift geleistet, im vollen Bewußtsein des Vergeblichen und des unabwendbaren Untergangs. Noch immer stand er allein mit diesem Wissen. Die Großen des Reiches kamen zu ihm mit Siegesnachrichten und optimistischen Selbsttäuschungen. Er sah sie an und schwieg. Eines Tages aber ging es nicht mehr. Die zitternde Hand versagte die ewige Unterschrift. Er mußte sich niederlegen. Die Schläfrigkeit des Todes war stärker geworden als sein Wille. Die letzten Worte, die der Kaiser sprach, waren an seinen treuen Kammerdiener namens Ketterl gerichtet. Und noch aus diesen todestrunkenen Worten, die sorgfältig eine direkte Rede vermieden, war das unbeschreibliche Formgefühl Franz Josephs für sein Amt und seine Pflicht herauszuhören:

»Viele Rückstände sind aufzuarbeiten« ..., murmelte der Sterbende ..., »ich bitte daher, mich morgen um eine Stunde früher zu wecken ...«

Der zweite Dezember, an dem der tote Cäsar und mit ihm das Reich und seine Idee zur Gruft getragen wurden, war keiner von den frühen Wintertagen, in denen die trockene Klarheit des frischen Frostes herrscht. Dem gewaltigen Trauerpomp kam die Gnade eines echten ›Kaiserwetters‹ durchaus nicht zu Hilfe. Unerschöpflicher Regen trommelte dicht vom Himmel. Um die Mittagszeit erfüllten die Straßen der Haupt- und Residenzstadt Wien die Schauer der Sintflut und die Dämmerungen eines apokalyptischen Novembers. Die schwarzumflorten Bogenlampen der ganzen Stadt brannten mit düstren Zweifelsblicken, die aufgeschraubten Gasflammen mit gespreizten, zitternden Feuerhänden. Längs der Straßen und Plätze, auf denen die letzte Ausfahrt des Kaisers sich begeben sollte, stand das tiefgegliederte Spalier der Truppen. Feldgraue, behelmte Männer, in durchnäßten und schlechten Monturen. Starr, ehern standen die Männer. Trotz Finsternis, Regen und Kälte wünschten sie nicht, daß die Zeit rascher vorübergehe. Viele von ihnen klammerten sich an jede Minute an, denn morgen schon konnten sie wieder in den Schützengräben liegen. Hinter dem Spalier der Truppen drängte sich das Wiener Volk, keine lebensfrohe Menge mehr, sondern eine graue, gedrückte Masse. Schwarzgekleidete Bürger mit Zylinder und Trauerband hoben sich ab. Sie achteten des Regens nicht. Viele weinten. Cäsar war tot, und ein schreckliches Erwachen lag in der Luft. Doch auch die verwundeten Krieger mit riesigen Verbänden, an Krücken und Stöcken, belebten tausendfach wie trostlose Flekken das allgemeine Grau. Wer sie sah, hatte sogleich den Geruch des Krieges in der Nase, der in unsichtbaren Schwaden über dem Reich lastete, den Geruch von schlammiger Erde, Eiter und Jodoform. Dies war der Rahmen, in dem sich des kaiserlichen Begräbnisses pomphafte Barockoper abspielte, wie sie einst das hochberühmte spanische Hofzeremonial komponiert hatte. Verschwommen zog der erhabene Spuk durch die Dämmerung des Weltuntergangs an den erstarrten Augen des Volkes vorbei. Noch einmal sah man die Leopardenfelle und Goldverschnürungen der ungarischen Magnaten, noch einmal die schneeweißen ritterlichen Mäntel der Leib- und Arcierengarden, noch einmal die Helmbüsche der Burggendarmen, noch einmal das Gewoge der grünen Federn auf den Galahüten der Generalität. Das Ungetüm des aufgetürmten Totenfurgons sah man aber kaum, schwarze Reiter mit zischenden Riesenfackeln umgaben ihn dicht.

Der Furgon mit dem Leichnam des Cäsar hält am Neuen Markt vor dem Kloster der Kapuzinermönche, die in ihrer Gruft die sterblichen Hüllen der habsburgischen Herrscher bewachen. Die niedrige Klosterpforte ist geschlossen, als sei heute ein Alltag wie jeder andere. Da tritt der oberste Hofmeister des Kaisers vor und pocht mit seinem Zeremonienstab gebieterisch an die hölzerne Tür. Aus dem hallenden Innern des Klosterflurs ertönt die Stimme eines Mönches:

»Wer verlangt Einlaß?«

Der Obersthofmeister reckt seine Gestalt und antwortet scharf und deutlich, jede Silbe des folgenden sogenannten ›Großen Titels‹ laut hervorstoßend:

»Seine kaiserliche und königliche apostolische Majestät Franz Joseph, der Erste, Kaiser von Österreich, König von Ungarn, König von Böhmen, König der Lombardei und Venetiens, König von Galizien und Lodomerien, König von Kroatien und Slavonien, König von Jerusalem, Erzherzog von Österreich und nied' der Enns, Herzog von Steiermark, Salzburg, Kärnten, Krain und der windischen Mark, Herzog von Schlesien, Herzog der Bukowina, Markgraf von Mähren, gefürsteter Graf von Tirol, Herr von Triest!«

Noch einmal flammt in den Ländernamen des Großen Titels das Reich auf, in seiner ganzen Größe und Glorie. Doch die Stimme des unsichtbaren Mönches entgegnet:

»Den kenne ich nicht.«

Zweites Pochen! Zweite Frage! Der Obersthofmeister erwidert mit dem sogenannten ›Kleinen Titel‹, der eine bescheidene Konzen-

tration des Großen ist. Nun ist das Reich nurmehr auf die wichtigsten Namen und Würden zusammengedrängt. Und wiederum die
Stimme des Mönches:

»Den kenne ich nicht.«

Drittes Pochen! Dritte Frage nach dem Einlaßbegehrenden!
Dritte Antwort des Obersthofmeisters:

»Ein armer Sünder.«

»Den kenne ich.«

Die Klosterpforte öffnet sich. Der Kaiser und sein Reich schwanken im qualmigen Fackellicht hinab zu den Vätern. Die Dämmerung ist der Nacht gewichen.

7

Der Verfasser dieses ausholenden Prologes *über* Österreich und der
nachfolgenden, absichtslosen Geschichten *aus* Österreich erschrickt
über die Fülle des Stoffes, die er zu bewältigen hätte, wollte er das
Reich und seine Idee auch nur flüchtig skizzieren. Die Aufgabe wäre
zu groß. Er beschränkt sich darauf, mit diesen Seiten eine ferne Hin-
tergrunds-Landschaft für seine Erzählungen zu malen. Seine Hoffnung ist es, daß der fremde, aus einer anderen Welt stammende Leser
dadurch manches tiefer begreifen wird, was ihm sonst nur als ferne
Exotik erschiene.

Die Erscheinung Franz Josephs, des letzten Cäsars, wurde in den
Mittelpunkt der Betrachtung gestellt, weil sie die große Gestalt der
Dämmerung war. Doch auch ihre Züge konnten auf diesem Fresko
nur grob und ungenau geraten. Von Franz Joseph ging ein Zeitalter
aus, man nennt es das franzisko-josephinische, das ärmer, aber nicht
weniger vornehm als das victorianische war. Der Lebensstil des
Kaisers mit seinem Hang zum Unpersönlichen bestimmt den Lebensstil der offiziellen Welt bis in die Schriftsprache hinein. Es gab
ein eigenes österreichisches Deutsch, das nur diejenigen papieren
oder unrein nannten, welche keine Ohren hatten. Den Canevas dieser Sprache bildete der Amtsstil, der noch aus der ›curialen‹ Um-

ständlichkeit der barocken Hofkanzlei stammt, dessen gewundene Bildungen und Zusammensetzungen aber wundersam dazu taugten, Gefühlsregungen, verborgene Absichten und Listen zu verschleiern. Eine trockene Ausdrucksweise, voll Reiz und Tücken, wie geschaffen, den Behörden und Privaten das geheiligte ›Fortwursteln‹ zu erleichtern. Dem Canevas aber entsproß die frischeste, bunteste Sprachstickerei, darein alle Völker der Monarchie ihre farbigen Fäden zogen. Ein unerschöpflicher Reichtum an Idiomen und Mundarten, an Zartheit und Zorn, an Schwermut und Witz, der die Seele des ganzen Reiches zum Ausdruck brachte.

In diesem österreichischen Deutsch, wenn auch in seiner verklärtesten Form, schrieben die großen Dichter Franz Grillparzer, Ferdinand Raimund, Nikolaus Lenau, Adalbert Stifter. Da sie im neunzehnten Jahrhundert Österreichs lebten, waren auch sie Gestalten der Dämmerung und allzumal unglückliche Menschen. Raimund und Stifter endeten durch Selbstmord, Lenau im Irrenhaus. Der bitterste unter ihnen, weil er das schärfste Bewußtsein besaß und die gefährdete Reichsidee zutiefst erkannte, war der Dramatiker Grillparzer. Früh nahm er den Kampf für diese Idee auf. Mit jugendlichem Ehrgeiz versuchte er, das große geschichtliche Drama aller Völker der Monarchie zu schaffen. Er stellte nicht nur die Habsburger, sondern auch die nationalen Herren der Ungarn und Tschechen in den Mittelpunkt seiner Werkreihe.

Seine schönen Blankverse und Trochäen entstanden aus heiliger Glut für die gute Sache voll ätzend unerbittlicher Kritik an der gegenwärtigen Wirklichkeit. Die törichten Verwalter dieser Wirklichkeit, die ahnungslosen Geistesschergen der Staatspolizei, mißverstanden Grillparzers edlen Willen. Die Zensurbehörde rückte dem glühendsten Verfechter des österreichischen Lehramts und der österreichischen Einheit mit der ganzen Tücke subalterner Esel gegen ein überlegenes Gehirn gehässig zu Leibe. Er ward zum Lieblingsopfer der Zensur. Da er das empfindlichste Wesen der Welt war, zerbrach er an diesen Schikanen und der Teilnahmslosigkeit des Publikums. Grillparzer wurde alt und älter und arbeitete nicht mehr. Das heißt, er schrieb in seiner Wohnung inmitten Wiens Berge von bissigen

Epigrammen und vergifteten Aphorismen, die man nach seinem Tod im Schreibtisch fand. Viele davon sind berühmt geworden. Der treffendste Satz aber, den er vor nahezu hundert Jahren über die heutige Welt prägte, war aus dem Bewußtsein der Reichsidee geboren. Er lautet:

›Von Humanität durch Nationalität zur Bestialität‹

Alle großen Österreicher besaßen diesen Wesenszug zur Bitterkeit, von den berühmten Feldherren hinab bis zu den berühmten Komödianten. Wie läßt sich das erklären? Waren nicht die Wiener – um das Volk der Hauptstadt als Beispiel zu nennen – weitergepriesen wegen ihrer Lebenslust, wegen ihres behaglichen Phäakentums? Das Reich hatte doch nicht nur ewige Dämmerung gekannt, sondern auch einen glanzvollen Mittag? Ja, das ist wahr! Aus dem glanzvollen Mittag des Reiches, da die Sonne der Barockzeit im Zenit stand, ragte die Gestalt eines staatsmännischen und militärischen Genies hoch empor, dessen Andenken nicht untergegangen ist. Und doch! Auch Prinz Eugen war – zum Beweise obiger Behauptung – ein Mann der Bitterkeit, obgleich er die größten Erfolge und den höchsten Ruhm errang, der je einem Österreicher zuteil wurde. Woher die Bitterkeit? Zwei Gründe zeigen sich. Eugen war ein starker Geist, dessen politische Vision nicht nur sein, sondern auch das künftige Jahrhundert durchdrang. Keiner wie er hat die Reichsidee so rein verstanden und durch Taten so mächtig gefordert. Zugleich aber mußte dieser starke Geist erkennen, daß es die Tragik dieser Idee war, an den Menschen und den Tatsachen zu scheitern, daß alles, was er der durch Regenten, Politiker, Beamte, Militärs verkörperten Dummheit der Welt abgetrotzt hatte, sich gar bald in nichts auflösen werde. – Und dann der zweite Grund: Eugenio von Savoya war italienischen Blutes und in Frankreich geboren. Erst, als er sich von Ludwig dem Vierzehnten einen Refus geholt hatte, trat er in habsburgische Dienste. Prinz Eugen ist das erhabenste Musterbeispiel für das, was man in der Monarchie einen ›gelernten Österreicher‹ zu nennen pflegte. Wer die Idee in ihrer Tiefe begreift, kommt zu dem Schluß, daß der wahre Österreicher immer nur ein gelernter Österreicher sein konnte. Denn Österreicher sein hieß ja gerade, alles Blutgebundene, Instinktmäßige, Dämonische überschritten zu haben, zum abendländischen Allmenschen umgeschaffen worden zu sein in der Lehre des Reiches.

Kein Österreicher hat klarer das Sacrificium nationis gebracht als Eugen von Savoyen. Gott aber hat jedem Opfer ein Geheimnis verliehen, das sich in einer doppelten Einwirkung auf den Menschen offenbart. Das Opfer befreit uns von schmerzhaften Verblendungen. Das ist seine wohltätige Wirkung. Es beschneidet aber auch den Lebensdrang unserer Natur. Das ist eine schädigende Wirkung, die abträgliche Folge jeder Vergeistigung. Vielleicht ruht die Bitterkeit aller großen Österreicher im Geheimnis des Opfers, das sie darbringen mußten.

Das Reich aber bestand wahrhaftig nicht nur aus großen Männern, und Bitterkeit war nicht der Wesenszug seines Volkes und seiner Völker, auch in der Dämmerung nicht. Im Gegenteil! Die organische Mischung hatte schon einen Menschenschlag entwickelt, den man als allgemein österreichisch ansprechen könnte, einen Menschenschlag, der merkwürdigerweise das Leichtlebige und nicht die Schwermut der Völkerschaften in sich vereinte. Der Österreicher war ein Mensch des Augenblicks, der Beschaulichkeit, des Genusses, der geschworene Feind dessen, was ein scharfer Ausdruck ›tierischen Ernst‹ nennt. Sein unruhiges Temperament verwarf die griesgrämige puritanisch-kapitalistische Lehre, die inzwischen die Welt erobert hatte, in der Arbeit läge der ganze Sinn des Daseins, oder deutlicher gesagt, die Erzeugung von Lebensmitteln und deren ungerechte Verteilung sei der gottgewollte Lebenszweck. Zeit ist Geld, diese energische Auffassung, in der sich alle ernsten Männer der Epoche einig waren, entsprach durchaus nicht dem verdächtigen Empfindungsleben des Österreichers. Er war verlottert genug, zu glauben, daß Geld Zeit sei. Verkehrterweise wollte er nicht die Zeit benützen, um Geld zu verdienen, sondern Geld verdienen, um die Zeit zu benützen. Denn in der Zeit, die ihm zum Leben vergönnt war, lagen die einzigen Güter seiner Armut: Schauen, Hören, Riechen, Schmecken, Tasten, Denken und Fühlen und Lieben. Man sieht demnach, daß dieser Menschenschlag zum Reichtum nicht taugte, obgleich die Erde der Monarchie alle Naturschätze barg, die es gibt. Er war, wenn man es so ausdrücken darf, zu realistisch, um materialistisch zu sein. Im österreichischen Wesen kreuzten sich formgebundenes Bürgertum und formfeindliche Bohème auf das seltsamste. (Übrigens weist die Beziehung ›Bohème‹, die unsinnigerweise ›Böhmen‹ bedeutet und ›Zigeunertum‹ meint, auf die österreichische Welt hin.) Dieser Menschenschlag, der durch die Ausbeutung der ihm verliehenen irdischen Reichtümer nicht glänzte, war dafür ein leuchtender Hort der ästhetischen und musischen Werte. Es sei hier nicht von den großen schöpferischen Künstlern gesprochen, die er der Welt schenkte, sondern von der unbändigen Fülle an darstellender Begabung, die er in sich barg. Würde man in der Kunstwelt aller Länder eine Statistik darüber anstellen, wo alle mehr oder weniger namhaften Musiker, Kapellmeister, Geiger, Pianisten, Sänger, Regisseure, Schauspieler, Filmgrößen usw. der letzten Jahrzehnte geboren seien, der verhältnismäßige Anteil der österreichischen Völker und Länder wäre erstaunlich, ja beinahe erschreckend.

Das große Heiligtum aber, das die allmenschliche Mischung, der langsam arbeitende Humus des Reichs hervorbrachte, die allgemeine Sprache, die Sprache aller Sprachen in der babylonischen Verwirrung, ist die Musik. Österreich war der Kreuzungspunkt aller Straßen, die Wasserscheide aller Ströme, der Umschlagplatz aller Güter, die Europas Musik ausmachen. Zwischen Italien und Germanien gelegen, vollendete es beide in seiner Seele. Es genügt, einen einzigen Namen zu beschwören: Mozart! Der arme Salzburger Junge, dieser Held der gewaltigsten Arbeit an Menge und Maß, die je geleistet wurde, schrieb italienische Opern und deutsche Symphonien. Aufgezehrt, lungenkrank, in ewigen Geldsorgen, Tag und Nacht mit Titanenkraft am Werke, war er doch zugleich ein unbeschreiblich leichter und süßer Mensch, liebte, lachte, tändelte, spielte zum Tanz auf und tanzte über seinem eigenen Abgrund. Er starb jung und wurde wie ein Hund begraben

Wolfgang Amadeus Mozart ist der lichte Cherub der reinen Melodie und der dunkle Cherub der polyphonen Verflechtung. Als unergründlicher Orpheus der christlich antiken Menschlichkeit ragte er über die Zeitalter und wird dauern, solange die Musik dauert. Er ist die tönend gewordene Idee Österreichs.

Zum Schlusse seiner Betrachtungen möchte der Verfasser noch ein Bekenntnis ablegen.

Er hat nicht immer und sogar erst recht spät erkannt, was hier die Reichsidee genannt wird. Die Geschichten dieses Buches wissen noch wenig von ihr oder ahnen sie nur schwach. In der Dämmerung seiner Welt, da Österreich gerade noch bestand, unterging und nicht mehr bestand, da war es vielleicht am schwersten, der Idee nahe zu sein. Fledermäuse taumelten durch die Dämmerung, Totenkopffalter, Schatten und Mißgestalten. Die Kriegsfurien waren los. Nicht nur tapfere Ergebung in das Schicksal war in allen Schichten zu finden. Angst, Haß und der Schrecken herrschten, Militärjustiz, Streberei und Angeberei. Der Weltkrieg versetzte die österreichischen Völker in einen unheilbaren Widerspruch zu sich selbst. Österreich sollte ja die Befriedung sein und nicht die Entzweiung. Es hätte ebensowenig einen Krieg für die germanische wie für die slawische Hegemonie führen dürfen. Franz Joseph hat dies im Augenblick, da er die Mobilisierung anordnete, mit furchtbarer Klarheit eingesehen, ohne es abwenden zu können. Als der Krieg ausbrach, war Österreich nicht mehr Österreich. Weil das Reich sich selbst aufgab, fiebert die Welt heute noch.

Die Methoden entfesselter Staatsverteidiger schlugen der Idee ins Gesicht. Man erlebte in grausiger Steigerung Hamlets Wort vom »Übermut der Ämter und der Schmach, die Unwert schweigenden Verdienst erweist« auch im menschlichen Österreich. Seit siebzig Jahren das erste Mal wuchsen wieder Galgen im Land.

Dies ist nun alles längst vertan und vergessen. Eine Welt ist untergegangen. Uns Menschen aber war auferlegt, das Geschehende niemals zu verstehen, wenn wir auch das Geschehene, die Geschichte, gerne deuten. Das Vollendete, das heißt das Abgestorbene, erst klärt sich für uns. Wir beginnen, die Klarheit dann zu ahnen, wenn sie sich von ihrer irdischen Erscheinungsform getrennt hat. Wäre es anders, hätte man jene Welt nicht zerstört.

Österreich war eine wunderbare Heimat, eine allmenschliche Heimat ohne Rücksicht auf Blut und Bekennen, auf Herkommen und Hinwollen ihrer Kinder. Der noch im alten Reich geborene Österreicher hat keine Heimat mehr. Aber besteht nicht der sicherste Besitz des Menschen in dem, was er verloren hat?

Das Geschenk der Tschechen an Europa

Seit vielen Wochen ist das kleine tschechische Volk einem Ansturm ausgesetzt, wie ihn erbarmungsloser, verschlagener, zynischer die Geschichte nicht kennt. Schreckerfüllt sehen die Augen Europas diesem Treiben zu. Dieses Europa scheint wie durch Schlangenblicke gebannt zu sein. Es windet sich diplomatisch hin und her, fleht den Mörder an, mit dem Todesstoß noch zu warten, fordert das Opfer auf, vernünftig zu sein und ist sich seiner eigenen ungeheuren Übermacht weder moralisch noch materiell bewußt. Es ist nicht nur die Angst vor dem Kriege, die alle menschlichen Menschen erschüttert und die europäischen Demokratien jener entscheidenden Durchschlagskraft beraubt, welche einzig den Frieden bewahren könnte. Da ist noch eine andere Ursache im beklemmenden Spiel, die den Angreifer unbewußt kräftigt und den Angegriffenen mit guten Ratschlägen näher und näher an den Abgrund drängt. Immer wieder kann man im Westen die Frage hören: »Wer sind überhaupt diese Tschechen, für deren Lebensproblem nach knappen zwanzig Jahren wiederum ein Ozean unseres besten Blutes vergossen werden soll? Ist dieses kleine Volk so wichtig, daß die Existenz der weißen Menschheit für seine Existenz noch einmal gefährdet werde? Welche äußerste Notwendigkeit besteht, einen neuen Staat zu verteidigen, den es vor den Friedensverträgen noch gar nicht gegeben hat?«

Diese und ähnliche Fragen beweisen, daß eine der Ursachen der Lähmung darin liegt, daß Europa blutwenig von diesem Volke weiß, von seiner Art und seiner geschichtlichen Aufgabe, obgleich es beinahe dreizehn Jahrhunderte in seiner innersten Mitte lebt. Sonderbar genug, diese Unwissenheit über ein wichtiges Organ des eigenen Körpers. Die Leute wissen so ungefähr, warum sie Herz, Lunge, Leber und Nieren haben. Sollte aber jemand nach dem Sinn der Milz oder Schilddrüse fragen, dürfte es bei der Antwort schon hapern. Die Ärzte freilich sollten keinem Zweifel unterliegen.

Bis tief ins dreizehnte Jahrhundert hinein und noch länger war das Gebiet des heutigen Deutschlands zum Teil slawisch besiedelt, und zwar östlich der Elbe in großer Dichte. Sogar in der Mark Brandenburg, dem Kernlande des Preußentums, herrschten noch in erstaunlich später Zeit slawische Herzöge. Daß die Preußen selbst, die ehemaligen Pruzzen, ein slawischer Stamm sind, dürfte manchen Franzosen und Engländer überraschen, der im preußischen Junker oder im rotnackigen Ostelbier den Prototyp deutscher Eigenart und Arteigenheit bestaunt. (Es muß übrigens ein noch nicht formuliertes Gesetz geben, das in einem gemischtrassigen Gebiet die unterliegende Rasse zwingt, die Eigenschaften der siegreichen Rasse nicht nur nachzuahmen, sondern komödiantisch zu übertreiben. Demgemäß sind die ›echten‹ Preußen unechte Herrenmenschen und komödiantische Ordensritter.) Der gewaltige Germanisierungsprozeß, der unter den Saliern im Deutschen Reich einsetzte, räumte mit den elbslawischen Stämmen allgemach auf. Am längsten hielten sich die Wenden und Sorben. Doch auch sie verschwanden bis auf ein paar museale Reste. Wie die Wasserzungen einer weit ins Land gedrungenen Hochflut trocknete das slawische Element aus oder trat in das östliche Dämmergrau zurück. Ein einziger Stammesverband erhielt sich, gewann den Aggregatzustand eines Volkes, gründete einen Staat und wuchs zur Nation. Das war das glorreiche und ewig gefährdete Schicksal der Tschechen.

Selbst diejenigen, welche eine höhere Lenkung der Geschichte leugnen, müssen zugeben, daß kein Ablauf ohne Kausalität und Finalität denkbar ist. Nichts Seiendes besteht ohne Grund und Zielintention, und wäre auch das Ziel seines *Daseins* nur das *Dableiben*. Daß die Tschechen unter den schwersten Bedingungen als Volk dageblieben sind, hat den zureichendsten aller Gründe, den geographischen. Das auf die Spitze gestellte Viereck Böhmens, dieser flache, weite, von genauen Bergwällen umrandete Kessel, ist neben dem Brenner die bedeutsamste Wasserscheide Europas. Das von der Natur als unteilbare Einheit klassisch gemeißelte Land entsendet sein Stromsystem nach dem deutschen Norden, ohne von diesem auch nur einen einzigen Flußlauf zu empfangen. Der unbestreitbar deutliche Wille der Natur setzt hier der deutschen Expansion die vernünftige Grenze. Die geographische Gestaltung beweist somit, daß dieses an Schätzen reiche Böhmen dem kargen Deutschland von seiner Fülle so manches Gut abgeben, aber von ihm nichts Gutes zurückempfangen kann. Und wahrhaftig, wie die geschichtliche Erfahrung lehrt, war es immer wieder Krieg und Kriegsdrohung, was vom Norden her ins Land brach. Wie Wellenbrecher stehen die Randgebirge dem fremden Anspruch im Wege. Manchmal schlug die imperialistische Springflut sturmgepeitscht über diese Wellenbrecher. Davon ist ein breites Band nationalen Brackwassers zurückgeblieben. Das sind die sogenannten Sudetendeutschen. (Wo tote Wasser sind, gibt es Stechmücken.) Bis zur Mitte des neunzehnten Jahrhunderts, bis zur Schlacht von Sadowa, dachten die Sudetendeutschen nicht daran, gegen die Geographie aufzubegehren und die Einheit Böhmens zu zerreißen. Nach Bismarcks Sieg wurden sie plötzlich Preußenverehrer. Bismarck aber schüttelte sie ab. Obwohl er das vielzitierte Wort gesprochen hat, »wer Böhmen hat, der hat Europa«, scheute er zurück, nach Böhmen zu greifen. Er wußte, daß dieser Zugriff eine Sünde wider die Natur und damit wider die Geschichte gewesen wäre. Von Bismarcks Gewissensskrupeln sind die Herren des Dritten Reiches frei.

Seit den Zeiten der sogenannten Völkerwanderung sitzen die Tschechen in den fruchtbaren Ebenen Böhmens und in den beiden Nebenländern des Systems, in Mähren und Schlesien. (Es ist nicht unwichtig, festzustellen, daß sie, ein ackerbauender Stamm, zugleich mit dem Hirten-, Reiter- und Kriegervolk der Ungarn in Zentraleuropa aufgetaucht sind.) Haben wir die geographische Struktur ihres Siedlungsgebietes als *Grund* dafür erkannt, daß sie dem Schicksal der anderen Elbeslawen entgangen sind, so zeigt uns die Geschichte selbst das *Intentionsspiel*, den Sinn ihres Überlebens. Innerhalb des europäischen Körpers bedeuten die Tschechen *das Organ des Gleichgewichts*. Ohne das tschechische Volk gäbe es in Mittel- und in Osteuropa keine kleinen Völker mehr. Ohne die Geschichte der Tschechen wären nach und nach die Slowaken, die Polen, die Ruthenen, die Kroaten, die Slowenen, die Serben, die Rumänen und auch die Ungarn in den Hades der Geschichtslosigkeit untergetaucht und man würde sich ihrer nur als ausgestorbener Namen entsinnen. Ohne den tragischen Kampf der Tschechen für Europa stünden heute den vierzig Millionen Franzosen und vierzig Millionen Engländern mehr als zweihundert Millionen kriegsentschlossener Germanen gegenüber. Vermutlich aber wäre die europäische Partie des Westens schon vor einem Jahrhundert verloren gewesen. Der Kampf der Tschechen für Europa kam aber nicht nur dem Westen zugute, sondern ebenso den besten Kräften des *wahren* Deutschtums. Dieses Deutschtum wäre rettungslos in jener (verhundertfachten) Bastardierung untergegangen, die uns am ›preußischen‹ Typus erschreckt. Denn mit Haut und Haar verschlungene Völker rebellieren dumpf im Selbstbewußtsein des Siegers, machen es krank und bringen ›Rassentheorien‹ hervor wie Ekzeme. Sie handeln nach dem bewährten Prinzip: »Haltet den Dieb.«

Dreizehn Jahrhunderte auf der Wacht! Dreizehn Jahrhunderte in beständiger, oft hoffnungsloser Verteidigung, an stürzende Zinnen geklammert, mit dem eigenen Leib die Breschen stopfend! Selten gibt es einige Stunden der Ruhe, des Aufatmens, wo man sich den Schweiß abwischen darf. Eine solche Stunde schlug nach dem Weltkrieg. Sie war kurz und das Erwachen hart. Welch ein geschichtliches Schicksal, ehrenwert und schrecklich zugleich!

Schon früh erkennen die Tschechen den Sinn ihrer Lage. Sie wenden ihre Augen nach dem Westen, dessen Gleichgewicht sie in ihrem Lande behüten. Es ist kein mittelalterlich dynastischer Zufall, daß sie einen Franzosen zu ihrem König machen, Jehan von Luxemburg, den ritterlichen Helden von Crecy. Sein Sohn, Karl IV., einer der größten Herrscher der Frührenaissance, bringt den Tschechen das goldene Zeitalter, eine lange Stunde des Aufatmens. Er macht Prag zur Residenz des Heilig Römischen Reiches Deutscher Nation, er gründet dort die erste Universität Deutschlands. Er zieht große Architekten, Maler, Troubadours und Pariser Professoren nach Prag. Das Volk kommt materiell und geistig zu Kräften. Mit der fort geschrittenen Gesinnung des Westens dringen die neuen Ideen ein. Die Schriften des englischen Theologen Wiclif erwecken ein religiöses Genie, *Johannes Hus.* Hus ist mehr als ein eifernder Reformator, der seinen Haß gegen den römischen Statthalter Christi in das weiße Gewand der Liebe zu Christus kleidet. Er überragt an franziskanischer Reinheit alle Reformatoren, die seine Nachfolger sind. Er ist kein polternder Kompromißler wie Luther, kein starrer Menschenhasser wie Calvin, deshalb auch endet er auf dem Holzstoß und nicht seine Feinde. Sein Tod entfesselt eine der bedeutungsvollsten Revolutionen der Geschichte. Im Hussitismus tritt das slawische, man möchte beinahe sagen, das tolstoijanische Weltgefühl zum erstenmal ins Licht des europäischen Bewußtseins. Ein einfaches Bauernvolk, ein Volk schwerblütiger Männer und gütig frommer Mütter gelangt plötzlich zum ungeheuren Erlebnis der wahren Christlichkeit. Dieses Volk beginnt das Wort Gottes beim Wort zu nehmen. Es will als ganze Nation Ernst machen mit dem evangelischen Leben. Ein geplagter Stamm, ewig zwischen Sein und Nichtsein schwebend, fragt: »Warum immer nur Kampf und Haß!?« Der Herr gebietet Liebe und Besitzlosigkeit. Gehorchen wir ihm! Die Welt jedoch ist nicht so geartet, um solche Vorsätze zu dulden. Es sind weniger die geistlichen Mächte, die rot sehen vor Wut, als die weltlichen. (Zwei der mächtigsten Kirchenfürsten der Zeit, die Legaten Giuliano de Cesarini und Enea Silvio Piccolomini, sympathisierten auf den Konzilien von Konstanz und Basel offen mit den Ketzern.) Der deutsche Kaiser aber sammelt ein ›Kreuzheer‹ nach dem andern, um den Hussiten den Garaus zu machen. ›Intervention‹ nennt man das heute, und könnte vergleichsweise hinzufügen ›faschistische Intervention‹, ohne die Dinge zu fälschen. Diese Reichsheere bestehen nämlich aus Rittern und Strauchrittern, aus Abenteurern, gepreßtem, zusammengetrommeltem Gesindel und dumpfem Schlachtvieh. Die echten ›Gottesstreiter‹, wie die Hussiten sich nennen, schlagen die Intervention ein ums andere Mal aufs Haupt. Keine Übermacht hält der reinen Gesinnung stand. Lange Zeit wenigstens. Die Gottesstreiter, die auszogen, um den Seelenfrieden zu finden, wurden gezwungen, ihr militärisches Genie zu entdecken. Es gibt jahrzehntelang kein Kriegsvolk in Europa, das ihnen strategisch und taktisch gewachsen ist. Ihr Name schon ist

Schrecken und Sieg. Doch dann kommt auch für sie die Nacht, die überfällige. Die gesamte Strauchritterschaft des Reiches ist stärker als sie. Sie senden verzweifelte Hilferufe nach Westen. Haben sie nicht Freunde dort, wie Philibert, Erzbischof von Paris? Der Westen schweigt. Finsternis senkt sich über Böhmens verwüstete Haine und Fluren.

Der Hussitismus ist ein Gipfel der tschechischen Geschichte, die immer denselben Rhythmus zeigt: kurzer Aufschwung, jäher Absturz, langes Dunkel. So war es in jener Periode, die man summarisch den ›Dreißigjährigen Krieg‹ betitelt. Damals schenkte die tschechische Niederlage der Welt ein anderes ethisches Genie, den edlen böhmischen Bruder, den Archipädagogen und Verfasser des ›Orbis pictus‹, *Jan Comenius*. Er war ein Emigrant, wanderte gen Westen und ist begraben in Holland. Den letzten Aufschwung der tschechischen Geschichte haben wir selbst erlebt. Im Weltkrieg erfüllte sie unter paradoxen Bedingungen die ihr gesetzte Aufgabe, der Pfahl im Fleische des deutschen Imperialismus zu sein und eine Gleichgewichtsverschiebung zu Ungunsten des Westens nicht zu dulden. Jetzt scheint sich der dreiaktige Rhythmus dieser tragischen Nationalgeschichte wiederholen zu wollen, furchtbarer als je. Wird auf den kurzen Aufschwung ein jäher Absturz folgen und auf den jähen Absturz die lange Nacht, die endgültige Nacht vielleicht? Wird Europa es ertragen, daß ein kleines Volk, ein friedliches Volk der Männer und der Mütter ausgelöscht werde wie irgendein wilder Stamm der Vorzeit? Und dies nach dreizehnhundert Jahren blutiger Selbstbehauptung? Wird damit allen kleinen Völkern gegenüber ein fröhliches ›Pereant sequentes‹ ermöglicht werden? Wie lange soll die unschuldige Frage im Westen umgehen: »Wer sind eigentlich diese unglücklichen Tschechen, um derentwillen wir Glückliche so peinlich beunruhigt werden?« Wann endlich wird die klare Antwort tausendfach erschallen: die Tschechen haben für *unsere* Sache gekämpft, nicht nur seit zwanzig Jahren, sondern seit Jahrhunderten. Wenn wir jetzt nicht fanatisch entschlossen für *ihre* Sache kämpfen, werden wir unseren eigenen Untergang besiegelt haben.

Ich hatte als Gymnasiast in meiner Vaterstadt das Glück, hinreißende Aufführungen einer italienischen Opernstagione zu erleben. Damals traf mich der verzehrende Blitz Verdis zum ersten Mal. Als ich aber dann von der Macht dieses Himmelsfeuers zu stammeln begann, wurde ich von den musikalisch neunmal Weisen bitter verlacht. Die Folge war, daß ich mich eine kurze Zeit meiner Schwärmerei schämte, dann aber mit Fanatismus für die Gerechtigkeit zu kämpfen begann.

Doch wie das Christentum trotz aller Schismata, Häresien, Reformationen und Sekten immerdar im römischen Katholizismus seine Heimat und Heimkehr besitzt, so wurzelt auch die verschiedenartige Opernkunst der Welt immerdar im recitar cantando des italienischen Melodrams ... Das dialektische Gesetz, kraft dessen sich die menschliche Geschichte entwickelt, fordert von jeder Generation, daß sie das Gestern verachte, um das Vorgestern zu glorifizieren. Wir finden die Mode und die Entzückungen unserer Väter lächerlich, während uns die Welt unserer Großväter als erhaben vorkommt, schon deshalb, weil wir sie nicht mehr verstehen. Heute aber ist der Zeitpunkt erreicht, wo dieses 19. Jahrhundert mit Giuseppe Verdi an der Spitze in eine farbigere Ferne taucht, und wir erkennen jetzt staunend, daß Italien im vergangenen Jahrhundert ein großes Volkstheater des Gesanges geschaffen hat, das sich dem englischen in der Zeit Calderóns als *wurzelhafte* Nationalerscheinung würdig an die Seite stellt ...

Giuseppe Verdi war kein Reformator, sondern ein Gegenreformator.

Jeder große Künstler, jeder große Geist ist der Beauftragte, der Feldherr einer bestimmten ideellen Macht im ewigen Krieg der geistigen Welten.

Giuseppe Verdi wird als Kind jener Epoche geboren, die zwischen der französischen Revolution und der Revolution von 1848 liegt.

Wohin deutet die Entwicklung in diesem Zeitabschnitt? Unwiderstehliches Vordringen der Naturwissenschaften! Zurückweichen der religiösen und humanistischen Kräfte! Deutlicher gesprochen:

Der Mensch, der sich so lange als Sinn und Krone der Schöpfung fühlte, steht jetzt nicht mehr in ihrer Mitte, er ist zu einem Partikel geworden, zu einem hervorragenden, aber hoffnungslosen Mitglied des Naturreiches. Während also der politische Liberalismus, das absolute Individuum ihren großen Sieg zu erringen scheinen, vollendet sich schon ihr Untergang. Geheimnisvolles Gesetz! Der Tod der Ideen beginnt mit dem Augenblick ihrer Verwirklichung.

Wie spiegelt sich diese Lage in der musikalischen Geschichte? Unwiderstehliches Vordringen der symphonischen, der instrumentalen Welt. Ständiges Zurückweichen des Gesanges, der vokalen Melodie. Diese – die Gesangs-Melodie – versinnbildlicht den Menschen als Sinn und Krone der Schöpfung, den religiösen und humanen Menschen, der hoch über der Natur steht. Der Symphonismus entspricht in seinem Wesen der naturwissenschaftlichen Auffassung von der Welt, mit der sie sich parallel entwickelt. Woraus läßt sich dies erhärten? Der menschliche Gesang, die anima humana naturaliter christiana, wird vom Thron gestoßen, den einst die Elemente dienend umgaben.

Sie sinkt ins Meer der Natur hinab, ins Orchester gewissermaßen. Die Instrumente, die ihr einst demütig zur Begleitung dienten, verschlingen sie nun gleichgültig. Die Melodie, als höchster Ausdruck der menschlichen Stimme, zerfällt und zerbröckelt. Sie verliert ihre unabänderliche Einmaligkeit, sie wird zum Thema, das durchgeführt, zum Motiv, das variiert werden soll. Sie gleicht nun einem chemischen Element, das sich verwandelt, indem es immer neue Verbindungen eingeht. Das (ich möchte fast sagen) metaphysische Prinzip der Wiederholung des Gleichen, das Prinzip der modernen Reprise wird abgelöst durch das Prinzip der Variation, die ein Abbild des zeitgemäßen Relativismus ist.

Wir sehen also in der Musik haargenau die gleichen Geistesmächte im Kampf, wie sie in der Philosophie, ja in der Politik des ganzen 19. Jahrhunderts einander widerstreiten. Auf der einen Seite der christliche Humanismus, zu dem das alte italienische Melo-drama gehört, und auf der anderen Seite die neuheidnische Natur-gesinnung und Naturvergottung, die die Symphonie in all ihren Arten und Auswirkungen umfaßt. Verstehen wir uns richtig! Dieser Krieg läuft keineswegs klar und einheitlich ab. Oft scheinen sich die Fronten zu vertauschen, die Gegner wechseln ihre Stellung, und es fällt nicht immer leicht, Freund und Feind zu unterscheiden. Heute freilich wird es langsam deutlich, daß in diesem großen Ringen, das mit dem zeitlichen Sieg des Symphonismus endete, der unerschüt-terliche Feldherr der Melodie Giuseppe Verdi war. – Verdi Gegen-reformator und Retter der Melodie…

Es ist jene stürmische, feuer-flüssige Welt, die hinter allen Opern Verdis steht, von der ersten bis zur letzten. Fast möchte man sagen, daß die manifeste Musik seiner Opern, die Partitur, nur den be-leuchteten und uns zugewandten Teil dieser planetarischen Welt bildet. Durch ganze Akte geht ein unaufhörliches dumpfes Herz-klopfen, ein dröhnender Marsch des Schicksals, das nicht nur die Personen auf der Bühne, sondern auch uns, die Hörer, an die Wand drückt. Da gibt es kleine Rezitative, die in ihren Noten alles menschliche Blut aus den Worten saugen. Sie sind manchmal wesenhafter als die großen Arien. Überhaupt die Rezitative. Sie bedeuten vielleicht Verdis wichtigste gegenreformatorische Tat. Im ›Othello‹ und im ›Falstaff‹ gibt es beinahe nurmehr Rezitative. Doch sie sind nichts anderes als konzentrierte, auf den engsten Raum zusammengepreßte Arien.

In diese Rezitative oder Ariosi hat Verdi, ohne das geringste Zu-geständnis dem Symphonismus zu machen, die ewige Melodie des italienischen Melodramas in die Gegenwart herübergerettet und ihr in eine noch unbekannte Zukunft den neuen Weg gewiesen. –

Die Wagnersche Theorie weist dem Orchester die Rolle des anti-ken Chors zu, das Unbewußte des Dramas ins Bewußtsein zu heben. Bei Verdi hat es eine ganz andere Aufgabe. Wie der *menschliche Körper* der Träger der Seelenerregung ist, so ist das Verdische Orchester der Träger, nein, der Körper des Gesanges selbst, mitschwingend, mit-schluchzend, mittönend, mitstrebend. In zehntausend knappen

Wendungen, Rückungen, Pulsbeschleunigungen, Atemlosigkeiten, Schmerzrufen, Einwürfen, Nervenrissen nimmt dieser lebenszitternde Körper am singenden Schicksal teil, das tiefste Kunstgesetz des Dramas erfüllend, das dem physikalischen Gesetz so eng verwandt ist: ›Größte Spannung bei kleinster Oberfläche!‹ –

Daß Verdi nicht nur ein Musiker, sondern auch ein echter Dichter ist, beweist seine Stoffwahl. –

Die Wahl seiner Stoffe erfolgt nicht aus Zufall, sondern entspricht den Gesetzen seiner inneren Welt, bestimmten Erfahrungen und produktiven Konflikten, die ihn durchs Leben begleiten. –

Verdi besitzt eine geschlossene dichterische Welt, aus welcher die musikdramatische Neugestaltung seiner Opern fließt. Diese Welt wird von einigen grundlegenden Konflikten beherrscht, die immer wiederkehren. – Zwei der wichtigsten: Der Konflikt des väterlichen Herzens, und der Konflikt der Unterdrückten, Verlachten, Fremden oder Andersgearteten in einer feindlichen Umwelt. – Im ersten Komplex ist Verdi ganz und gar Italiener, im zweiten ganz und gar ein Sohn des Jahres 1848. – Vater-Tochter. Der Konflikt Vater-Sohn spielt kaum eine Rolle . . .

Ich stelle fest, daß Verdi in allen seinen Melodramen zwei Welten tiefdramatisch kontrapunktiert. Die Welt der Glücklichen, die im Lichte wandeln, und die Unterwelt der Dunklen und Ausgeschlossenen. Dieser Dualismus, der natürlich gar nichts mit politischen Anschauungen zu tun hat, ist das tragische Bekenntnis der Verdischen Kunst. Die beiden Welten, die lichte und die dunkle, durchdringen sich mit Liebe und Haß. Sie suchen die Einheit. Da es aber diese auf Erden nicht gibt, gehen sie aneinander zugrunde. Wagner und Verdi sind im gleichen Jahre geboren. Ihre Werke beherrschen gemeinsam die musikalischen Theater der Welt. Sie sind im Leben einander niemals begegnet. Auch ihre Werke berühren sich niemals. Im ›Parsifal‹ und ›Falstaff‹ freilich sind die Gegensätze so weit gediehen, daß sie sich in einem tieferen Sinn beinahe aufheben. Beide Alterswerke sind sowohl letzte Testamente ihrer Schöpfer als auch Fingerzeige zur Weltüberwindung. Wagner, Protestant, Städter, Bürger, Schopenhauerianer, Revolutionär, errichtet im ›Parsifal‹

dem katholischen Glauben eine der herrlichsten Kathedralen, in der er das Mysterium des Meßopfers feiert, in der er selbst zerknirscht sich hinwirft, in der er für sein eigenes leidenschaftskrankes Herz um Frieden fleht. Von Ferne hallen in diese mystische Kathedrale noch die alten drängenden Lockrufe der Triebwelt, die schmachtenden Sündenklänge aus Klingsors Zaubergarten. Sie vergehen im Jenseits einer Entrückung, wie sie kein Sterblicher vor und nach Wagner je erreicht hat.

Wie aber überwindet Verdi in ›Falstaff‹ die Welt? Er ist nicht Bürger, sondern Bauer. Die katholische Kirche bedeutet für ihn kein fremdes Land, wo eine beladene Seele Buße und Rettung sucht. Er ist ein Sohn der Kirche wie tausend andere. In seiner Jugend hat er ihr als Organist gedient, jahrelang. Wie frei sich auch sein Denken im Laufe des Lebens gestaltet, er verläßt seinen Glauben nie. Dieser ist für ihn so selbstverständlich wie seine Heimat, wie die Wolken, wie der Fluß, wie die Weizenfelder der Po-Ebene. Man findet auch in seinen Opern auf Schritt und Tritt kirchliche Szenen. Kaum eine gibt es, eine, in der nicht ein ›Miserere‹ oder ›Tedeum‹ gesungen würde. In jene Erlösung, welche der Dichter des heidnischen Nibelungenringes am Ende seines Lebens sucht, ist der Komponist des ›Requiems‹ hineingeboren. Sein letztes Wort muß anders lauten.

Und wirklich! ›Falstaff‹ ist ein religiöses Bekenntnis, das sich im leichten Gewande eines sehr weltlichen Lustspiels listig verbirgt. Verdi packt voll übermütiger Laune die menschliche Geduld an ihrer Wurzel. Falstaff, der Fresser und Säufer, der gierige Dickwanst, das gute Monstrum Falstaff, der große Aufschneider, ›Enormo Falstaff‹, – was ist er denn anderes als die *menschliche Eitelkeit*, oder genau, die menschliche Ichheit?? Sir Johns Bauch verkörpert das aufgeplusterte Menschen-Ich, das auf den spitzbübischesten Wegen die Sünde sucht, dabei aber heillos gefoppt wird, eine kalte Taufe erleidet, um endlich, zerzaust und verprügelt zur Besinnung seiner Nichtigkeit zu kommen: ›Tutto nel mondo è burla‹. D. h., diese Welt, in die wir uns so leidenschaftlich verbeißen, ist nur ein Schattenspiel, wie es schon Plato definiert hat. Man soll den Protagoni-

sten, das eigene Ich, nicht zu ernst nehmen und durch die Überwindung dieses Ich, die Schattenwelt selbst überwinden. –

Es ist lateinische Weisheit Calderóns, zu der Verdi vordrang, als
er Shakespeare vertonte. Wie Calderón und Shakespeare das spanische und englische Nationaldrama in sich zusammenfassen, um es
zu überragen, so faßt Verdi das italienische Melodrama in sich zusammen und überragt es. –

Als echter nationaler Meister lehrt uns in einer stickigen Welt
nationalistischen Irrwahns Verdi, was wahrhaft nationale Kunst ist.
Alles Große entstammt selbstverständlich irgendeiner Provinz des
Menschentums. Es wächst wohlgemerkt aus ihr und nicht für sie. –

Ich hatte damals von Rilke einen Brief bekommen. Meine beiden Erstlingsbände waren erschienen, und ich weiß bestimmt, daß ich sie ihm aus zweifelnder Scheu nicht zugesandt habe. Er aber hatte die Bücher nicht nur erstanden und gelesen, er setzte sich hin, mich durch einen Brief auszuzeichnen, und was mehr als beides war, er nahm sich die Mühe, meine Adresse bei Bekannten auszukundschaften. Diese Mühe, die er sich sein Schreiben hat kosten lassen, machte mich am glücklichsten. Der Brief war sehr schön, einer jener Briefe, wie sie Rilke als Monologe seiner Einsamkeit an viele Adressaten richtete; Briefe, die Gedichte im kristallinischen Zustande sind, Briefe, in deren Essenz die wunderbarsten Gleichnisse aufgelöst wurden, um ihr einen zauberhaften Geschmack zu geben, aber dafür alle Unmittelbarkeit zu nehmen. Kunstwerke eines in jeder Regung wortbewußten Menschen, der alles, was er zu *sagen* hat, nur *dichten* kann!

Für mich hatte der Brief unschätzbare Bedeutung. Ich irrte auf allen guten und bösen Wegen des Anfangs, war ohne Führung aufgewachsen, kleinmütig und überheblich zugleich, da kam die Bestätigung durch einen Meister und gab mir neue Sicherheit.

In den damaligen Zeiten − (so entrückt muß man sie jetzt wohl bezeichnen) −, hatte ein Name unvergleichlich schwereres Gewicht als heute, wenn auch die Möglichkeiten der Popularität geringer waren. ›Dichter sein‹ − das war etwas Religiöses, Gnade jenseits alles Willens, besondere Lebensführung − keinesfalls aber bloße Gestaltungsgabe oder Originalität. Ein Mann, der ein paar wunderbare Gedichte geschrieben hatte, stand in höherem Rang für uns als die weltberühmtesten Romanciers und Dramatiker. Nicht umsonst haben die Meister der damaligen Jugend George, Hofmannsthal, Rilke geheißen. Ich glaube kaum, daß junge Menschen von heute die Entzückungen, ja, Lebenswandlungen verstehen können, die für uns aus einem Verse strömten. Die Lyrik, der Sinn für absolute Sprache, ist eines der letzten Kriegsopfer. Wir leben wieder am Beginn. Alles ist Zweck. Das knappe Wort, schwer von sachlicher Mitteilung, kann keine Flügel heben.

Rilke – (durch Landsmannschaft mir nahe) – hat mir den ersten Begriff vom Dichter gegeben: Ein unendliches Offensein und ständige Empfängnis des Lebens. Wenn mir dieser Begriff in seiner Passivität später nicht mehr genügen konnte – so erschien Rilke doch als seine reinste Verkörperung. Er war für mich der große Dichter. Ich muß also die Erregung nicht beschreiben, die mich erfaßte, als ich einige Monate nach Erhalt seines Briefes Rainer Maria Rilke persönlich kennenlernen sollte. Dies geschah im Jahre 1913 in Dresden.

Ich weiß nicht mehr, ob der erste Eindruck von seinem Mund ausging – es war ein großer, offener Mund mit dicken, fast kindhaften Lippen – oder von seinen Augen oder von der grauen Farbe des Gesichts. Ich weiß überhaupt nicht, ob es das Gesicht war, von dem der erste Eindruck kam. Ich glaube, das Gesicht war es nicht, doch auch nicht die Gestalt. Es war seine Krawatte, so erinnere ich mich, die mir auffiel, das heißt die Art, wie diese Krawatte gebunden war. Eine ganz gewöhnliche Krawatte natürlich und ebenso gewöhnlich geschlungen, aber wie von einer fremden Hand, so, wie man es bei Kindern merkt, daß ein Erwachsener die Schleife gebunden hat. Der Dichter war sehr adrett gekleidet. Aber diese Adrettheit schien nicht ganz zu ihm zu gehören. Fast fremd saßen die wohlgehaltenen Kleider an seinem unmateriellen Leib, fremd, wie die Kleider an den Puppen in der Auslage eines Herrenkonfektionsladens. Man konnte auch an die Sonntagsordentlichkeit eines Schulknaben denken. – Ich fühlte damals eine Spannung zwischen Rilkes innerem und äußerem Menschen, die mich rührte. Er hatte die faltenlose, unbewegte Äußerlichkeit eines Blinden. Seine schönen Bewegungen waren hilflos, als müßten sie immer erst Lähmungen überwinden. Solche Menschen sich im Alltag vorzustellen, die Handgriffe des Lebens verrichtend, hat etwas sehr Rührendes. Ich habe niemanden kennengelernt, bei dem die Unverbundenheit seelischer und alltäglicher Existenz rührender gewesen wäre.

Rilke sprach ein heimatloses Deutsch ohne jeden Dialektklang. Ich möchte es fast ein keimfreies Deutsch nennen. Nur bei sehr scharfem Zuhören konnte man Spuren des österreichisch-ärarischen Tonfalls böhmischer Provenienz entdecken. Mit diesem Sprachinstrument rezitierte er immer wieder Verse, fremde und eigene. Sein großer, offener Mund verlor im Vortrag alles Kindisch-Erstaunte, Stimme und Sprache schienen, nur wenn sie Gedichte sagten, in ihrem Element zu sein. Kaum, daß er mich begrüßt hatte, brachte er die Rede auf Goethes ›Pandora‹, die er in diesen Tagen eben las. Ich hatte Glück. Denn dieses Lieblingswerk kannte ich seit Jahren schon zum größten Teil auswendig. Ich schlug die ersten Verse an, Rilke setzte fort. Von solchen Stellen wie: »Wer von der Schönen zu scheiden verdammt ist − fliehe mit abgewendetem Blick!« konnte er sich gar nicht trennen und zehnmal wiederholte er:

> »Fische, sie wimmeln da,
> Vögel, sie himmeln da.«

Seine grauen Augen standen weit offen und der schöne Septembertag war für ihn völlig von den trunkenen Versen aufgesogen. Auf dem langen Spaziergang, den wir nachher machten, rezitierte er unaufhörlich weiter. Von seinen eigenen Gedichten, glaube ich, sprach er nur ein paar Stücke aus dem ›Marienleben‹. Als ich begeistert war, wehrte er ab und zeigte sich unbefriedigt. Auch zum ›Stundenbuch‹ wollte er sich damals nicht mehr bekennen. Er nannte es formlos und meinte, es wäre nur eine Improvisation: »So hätte ich ohne Anfang und Ende immer weiter dichten können.« Von dem ›Cornet‹ aber, der etwas später einen unerhörten Siegeslauf antreten sollte, sprach er mit einer kaum beherrschten Abneigung als von einem ›Jugendwerk‹.

Ich muß gestehen, daß ich in diesen Stunden Rilke noch nicht recht nahe kommen konnte. Seine Sphäre hatte etwas Fremdes für mich, etwas Saftlos-Verfeinertes, das mich anstrengte und müde machte. Ich war sehr jung, und mein Temperament wehrte sich dagegen, stundenlang nur ›im Wort zu leben‹. Ich sehnte mich nach irgendeiner Derbheit. Zum Überfluß mußte ich mittags mit dem Dichter in einer vegetarischen Wirtschaft einkehren, denn Rilke aß kein Fleisch. Ich bewundere jeden Vegetarier. Nichts ist einleuchtender als Sündhaftigkeit und Barbarei des Tiermords, von dem wir uns nähren. Wahrscheinlich hängt die menschliche Raubtiernatur mit dem Fleischgenuß zusammen. Für alle Bestien gilt ja das gleiche Gesetz. Trotz dieser Einsichten habe ich eine aufrichtige Antipathie gegen vegetarische Speisehäuser. Es ist immer dasselbe. Die Menschen kompromittieren ihre schönsten Gesinnungen. In derartigen Lokalen verkehren allzuviel fanatische Sektierer, Bläßlinge, hochmütige Kranke, Überzeugungsprotzen, Leute von prinzipiell schlechtem Appetit, Menschen, denen der Genuß schwerer fällt als die Entsagung. Selbst an der Seite des verehrten Rilke wurde ich hier unruhig. Ich verschlang ein Grünzeug und sann auf Flucht.

Wie gut, daß mir diese Flucht nicht gelang, sonst hätte ich den wahren Rilke gar nicht kennengelernt. Vielleicht hat er meine Nervosität damals gespürt. Denn schon eine halbe Stunde später saßen wir auf der Terrasse des ›Italienischen Dörfchens‹ und sahen der Elbe zu. Und hier verwandelte sich der Künstler, der stundenlang vorher nur von Worten und Versen besessen war, in einen Menschen, der stockend von frühen Erlebnissen berichtete. Ich hatte das Gespräch auf unsere gemeinsame Vaterstadt, auf Prag gebracht. Rilke, der jahrzehntelang in Rußland, Deutschland, Paris gelebt hatte, sah die alte Stadt nicht ohne Ergriffenheit vor sich. Er fühlte das Erbteil aller nichtslawischen Prager: Doppelte und dreifache Heimatlosigkeit. In seinen letzten Lebensjahren hat sich dieser deutsche Dichter, dessen Seele in Rußland erwacht war und der französische Poesien schrieb, immer wieder die Frage stellen müssen: »Wohin gehöre ich?« Doch gerade auf diese Frage gibt es keine Antwort.

Rilke begann von seiner Kindheit zu erzählen. Von allem, was ich hörte, ist mir nichts so fest in Erinnerung geblieben, als die Jahre der Kadetten- oder Militär-Unterrealschule, die er durchleiden mußte. Dieser zarte Körper, an dem das Zivil so ordentlich und hilflos hing, hatte als Kind in einer ›Montur‹ gesteckt, in formlosen blauen Hosen, in einem groben Rock mit Aufschlägen. Auf dem Kopf die Offizierskappe en miniature und um die Hüften den ›Überschwung‹! Ein Bild, zum Streicheln traurig! Rilke erzählte, daß er in seiner Schwächlichkeit den Anforderungen der Militär-erziehung nicht gewachsen war, insbesondere physisch nicht.

Er erzählte von der Qual der Turnstunden. So lebendig war dem Achtunddreißigjährigen noch diese Qual, daß er gewisse Übungen an Turngeräten, Momente des Exerzierens und Fechtens, die Angst, den Schreck des Frühgewecktwerdens, schlechten Schlaf und alles Grauen einer spartanisch reglementierten Kindheit genau darstellen konnte. Aber die Hölle wäre nicht vollkommen gewesen, wenn das schwächliche Kind nicht den Hohn robusterer Mitschüler und die Bissigkeiten schneidiger Lehrer in allstündlicher Blamage hätte ern-ten müssen. Und jetzt kommt das Wunderbare! Ein anderer Knabe würde seinen Vater um Erlösung angefleht haben, oder er hätte sich, wo es nur anging, zu drücken versucht, oder es wäre in ihm ein böser, verstockter Widerstand groß geworden. Aber der kleine Rilke hat in dieser Zeit die Wahrheit späterer Verse bewährt:

> »Denn selig sind, die niemals sich entfernten,
> Und still im Regen standen, ohne Dach.«

Täglich tritt er an. Täglich mit der gleichen unbewußten Ergebung, die sein ganzes Wesen ausmacht. Er entzieht sich der Pein und Schande nicht. Er klagt niemals. Täglich unternimmt er mit der gleichen Hoffnungslosigkeit die Bewältigung von Übungen, für die er zu schwach, zu ungeschickt oder zu verträumt ist. So lange, bis er eines Tages ohnmächtig zusammenbricht und schwer erkrankt.

Diese Krankheit, so erzählte der Dichter, war der Wendepunkt seines Schicksals.

Nicht nur, daß sie ihn in der Folge von der militärischen Lauf-bahn befreite! Von Stund an verwandelte sich auf die merkwürdig-ste Art das Verhältnis seiner Lehrer und Kameraden zu ihm. Der Ausgespottete und Verachtete fand jetzt Schonung, Liebe, ja, sogar Ehre. Nach jener Ohnmacht wuchsen in ihm, wie Rilke mir versi-cherte, magische Kräfte, die später wieder verlorengingen. Knaben, die an irgendwelchen Schmerzen litten, auch die der höheren Jahrgänge, kamen zu ihm, denn es hatte sich im Institut die Kunde verbreitet, der kleine Junge könne durch Handauflegen alle möglichen Beschwerden heilen ...

Diese Krankheit war der Wendepunkt seines Lebens. Rilke hat recht. Aber mehr, sie war die Geburtsstunde des Dichters in ihm. *Das Leben erdulden! Am Leben versagen! Das Leben überwinden!* Ist nicht aus diesen drei Elementen jeder Dichter geboren? In keinem waren sie je reiner gemischt als in Rilke. Auf der feinen Grenze zwischen Versagen und Überwinden hatte er seinen Wohnort errichtet, einen einsamen, unwohnlichen Ort. Er hat dort niemals Besuch empfangen. Der Tod war sein einziger Nachbar. In einem bequemeren Quartier hätten seine Gleichnisse nicht ihre zauberhafte Kraft bekommen. Die schönsten unter ihnen sind wie Handauflegungen.

Franz Werfel – Jude oder Christ?

[Antwort auf eine Anfrage des ›Israelitischen Wochenblattes‹, 1926]

Ihr freundliches Schreiben kommt mir sehr erwünscht, da es mir Gelegenheit gibt, gegen alle falschen oder feindseligen Gerüchte öffentlich zu erklären: *Ich bin nicht getauft! Ich werde mich niemals taufen lassen! Ich habe niemals vom Judentum fortgestrebt, ich bin im Fühlen und Denken bewußter Jude!*

Daß mein Paulusdrama in jüdischen Kreisen so viele Zweifel an meiner Treue hat aufkommen lassen, kann ich nicht verstehen, ich glaube mit diesem Werke eine *nationale* Tragödie geschaffen zu haben, denn welcher Moment innerhalb der jüdischen Geschichte wäre tragischer und bedeutender als der von mir gewählte? Selbst die Zerstörung des Tempels ist eine unbedeutende Katastrophe diesem Augenblick gegenüber, die ungeheure Frage, die sich Israel selbst stellt: ›Ist Messias gekommen?‹ und die Antwort, die darauf die Geschichte gibt, ist dies nicht der tragische Vorwurf der jüdischen Historie? Sind die Menschen meines Dramas, die unter dieser Frage zusammenbrechen, nicht Juden? Und der wahre Held, die lichteste Gestalt, Gamaliel?

Man setze für Christus eine der vielen Maschiach-Gestalten späterer Zeit, und kein Mensch wird sich über meine Abtrünnigkeit ereifern – also nur meine Voraussetzungslosigkeit und innere Freiheit dem Thema gegenüber ist schuld an den Mißverständnissen …

Warum sollen wir Juden nicht endlich zur größten Tatsache unserer Geschichte (zur Welteroberung durch *unser Wesen* und *unseren Geist*) ohne Vorurteile stehen?

Atheist, Materialist, Nihilist darf ein Jude heute ruhig sein, ohne gescholten zu werden, aber mit freier Seele die Tragödie der christlichen Loslösung (vom Judentum) schreiben, darf er nicht!!!

Vor Mißverständnissen und Herabwürdigung kann ich mich nicht schützen. Ich will mich an die vielen Menschen halten, die mir nach Lektüre und Aufführung des ›Paulus‹ gesagt haben, sie hätten in meinem Drama nichts stärker vernommen als die ›*Melodie des Judentums*‹.

Aus einem Radio-Interview

[16. März 1941]

I.) Wir, meine Frau und ich, befanden uns im Süden Frankreichs, als die Katastrophe über das Land kam. Im Vollbewußtsein der Gefahr, die uns als alten und kämpferischen Gegnern der totalitären Ideologien drohte, versuchten wir sofort bei Abschluß des Waffenstillstandes über die spanische Grenze zu entkommen. Der Versuch mißlang. Alle Konsuln verweigerten uns die notwendigen Visa, als wir in Bayonne und Biarritz unter Zehntausenden von Verzweifelten die Konsulate belagerten. Wir flohen vor den Deutschen ins Innere des Landes zurück, verbargen uns in Lourdes, gelangten schließlich nach Marseille, wo wir durch Hilfe von Freunden das ›Visitors Visum‹ in die Vereinigten Staaten erhielten. Jetzt aber sperrte die französische Regierung auf Drängen der deutschen Waffenstillstandskommission für uns und unseresgleichen die spanische Grenze. Wir waren daher gezwungen, zu Fuß und unter mancherlei Abenteuern die Pyrenäen illegal zu überschreiten. Wir trugen in der Hand, was wir an wichtigen Habseligkeiten besitzen, vor allem ein kostbares Musik-Manuskript, das Mrs. Werfel gehört. Ich selbst habe vor diesem riskanten Marsch über den Berg einige meiner eigenen Manuskripte vernichtet, damit diese nicht im Fall der Verhaftung der Gestapo in die Hände fallen.

II.) Ich bin in der mittelalterlichen schönen Stadt *Prag* geboren, habe aber den größten Teil meines Lebens in *Wien* zugebracht. Wien bot jedem Künstler eine ideale Atmosphäre. Von einer träumerisch entzückenden Landschaft umgeben, die in der Musik von Haydn, Mozart, Beethoven und Schubert ihren allgültigen und ewigen Ausdruck gefunden hat, war die Stadt selbst eine heiter rauschende Quelle von Musik. Die große Oper, die berühmten Orchester, die glänzenden Operettentheater, die klassischen Schauspielbühnen mit ihrer uralten Tradition bildeten den Mittelpunkt des öffentlichen Lebens mehr als die Politik. Und auch diese Politik war bis auf den unglücklichen Februaraufstand 1934 menschenfreundlicher als im übrigen Europa. Weib, Wein und Gesang heißt ein Walzer von Johann Strauß. Es ist ein Wiener Walzer.

III.) Under political depression no poet and writer can do his work. My life is my work and for this work I need quietness like that of a monastery. For that we lived in southern France in an old mill for two years.

IV.) In dieser Mühle habe ich den ›Veruntreuten Himmel‹ geschrieben. Sie fragen mich, ob ich eine ›message‹ in dieses Buch eingewoben habe. Ja, ich bin mir bewußt, daß alle meine Bücher, so realistisch sie sind, eine verborgene message enthalten. Die Symbolik des ›Veruntreuten Himmel‹ ist sehr einfach. Old Teta ist nichts anderes als die Seele der Menschheit in ihrer naiven Verewigungssucht, die durch den modernen Intellekt um den Himmel, das heißt um ihre metaphysische Verankerung betrogen wird, um nach einem langen Leidensweg diesen Himmel wieder zu bekommen.

V.) Alle großen Propheten, Dichter, Schriftsteller haben die Kunde ihrer zeitgenössischen Welt berührt, ja ausgerissen und sie nicht mit verlogenen Salben beschmiert. Wer den Leser um die Wahrheit betrügt, der dient dem Erfolg, aber nicht dem Geist.

VI.) Sollten die Mächte der Unterdrückung siegen, so wird die geistige Kultur der weißen Völker für mehrere Menschenalter verloren sein, ähnlich wie es nach dem Untergang Roms die ›schwarzen Jahrhunderte‹ gab, von denen man nichts weiß. Die technische Zivilisation freilich, die Motorisierung wird weiter fortschreiten, die schweigende und erstarrte Menschheit aber nicht erlösen, sondern noch unglücklicher machen.

VII.) Es ist nicht das erstemal, daß ich in Amerika bin. In den Jahren 1935 und 36 war ich hier, um die Aufführung meines biblischen Dramas ›Der Weg der Verheißung‹ vorzubereiten. – In einigen Aufsätzen, die ich schon vor vielen Jahren schrieb, habe ich meinen festen Glauben niedergelegt, daß Amerika dazu berufen ist, die ewigen Werte, die christlichen Werte gegen den Blitzkrieg des Satan siegreich zu verteidigen. Amerika wird der strahlende Phönix sein, der aus dem Weltbrand triumphierend emporfliegt.

VIII.) Ich habe seit Jahrzehnten in vielen Ländern und unter manchen Völkern gelebt. Ich habe von der Seele dieser Völker große Geschenke empfangen, die in meine Schriften eingegangen sind. Amerika ist mehr als ein Land und ein Volk. Es ist ein ungeheurer Kontinent und eine einzigartige Verschmelzung starker Rassen. Seine Größe, seine Freiheit, seine Lebensform überwältigen mich. Nicht nur aus Not, sondern aus Erkenntnis dieser Größe will ich ein Bürger werden. Vielleicht darf ich einmal für das Geschenk, das ich vom Boden und von der Seele Amerikas empfange, den bescheidenen Dank in meinen neuen Werken abstatten.

IX.) Ja! Ich will es nicht verheimlichen. Ich sehe die großen Gefahren, von denen auch dieses Land bedroht wird. Europa windet sich in einer Todeskrankheit. Diese Krankheit ist äußerst ansteckend.

X.) Die Bakterien fliegen auch hier in der Luft herum. So mancher ist von den europäischen Psychosen ergriffen, ohne es zu wissen, und wünscht heimlich den Sieg der Finsternis. Man bekommt die Freiheit leicht satt, wenn man nicht weiß, wie die Unterdrückung schmeckt. Wer in der lebendigen Luft der Demokratie lebt, ahnt gar nicht, daß man ohne Luft nicht atmen kann. Auch ist für nicht wenige die Aussicht ein großer Reiz, vielleicht einmal zu den Unterdrückern gehören zu dürfen. Freiheit und Demokratie fallen heute niemandem in den Schoß. Sie müssen auf Tod und Leben verteidigt werden. Sollte das Unglück geschehen und England zusammenbrechen, so werden die Feinde der Freiheit und Demokratie in diesem gesegneten Amerika aus allen Winkeln kriechen. Und das würde die erste Form der Invasion sein ... Zu diesem Entsetzlichen aber wird es nicht kommen. Die Gesundheit dieses Landes trotzt der Ansteckung. Seine ganze Geschichte widerspricht allen pessimistischen Weissagungen.

Als vertriebener Europäer, der seine Einordnung in die amerikanische Menschheit erwartet, blicke ich mit Vertrauen und Ehrerbietung auf den großen Mann, der die Staaten lenkt. Wenn je ein Christ den Antichrist bis in die tiefste Tiefe seines arglistigen Herzens durchschaut hat, so ist es Präsident Roosevelt. Und solange dieser Gotteskämpfer lebt und wirkt, wird er nicht zulassen, daß der gesamte Erdball den Mördern der Menschheit zufällt.

Israel, der fleischliche Zeuge der Offenbarung

[Brief an Prof. Dr. Egbert Munzer, Mai 1941]

Hochwürdiger Herr,
ich danke Ihnen für Ihren Brief in deutscher Sprache, die Sie ja gewiß noch nicht vergessen haben. Ihr Lob über meinen ›Veruntreuten Himmel‹ hat mich herzlich erfreut.

Seitdem ich im Jahre 1916 meine ›Christliche Sendung‹ geschrieben habe, habe ich der Welt nicht verschwiegen, daß ich christusgläubig bin, ich habe es vielmehr in sehr vielen Werken bekannt. Mein mystischer, und ich kann wohl sagen katholischer Glaube ist das Knochengerüst meiner Gedichte und meines epischen und dramatischen Schaffens. (Kennen Sie mein Drama: ›Paulus unter den Juden?‹)

Es wird Sie gewiß befriedigen, daß ich soeben ein großes Buch vollendet habe, ›Das Lied von Bernadette‹, das in Romanform ein Lobgesang auf die hl. Bernadette Soubirous und die Wunder von Lourdes ist.

Zu diesem neuen Buch habe ich ein Vorwort skizziert, in dem einige Sätze stehen, die Antwort geben auf Ihren Brief:

»Der Verfasser ist ein christusgläubiger Jude. Er ist trotzdem ein ungetaufter Jude. Für sein Verhalten kann er mehrere Gründe anführen. Der erste Grund: Der Verfasser ist des Glaubens, daß, wenn Israel als Volk und Bekenntnis aus der Welt verschwände, mit ihm der *fleischliche Zeuge* der Offenbarung nicht mehr vorhanden wäre und dadurch die Grundlage der Verkündigung zu einem schattenhaften Mythos herabsänke, wie es etwa der griechische ist. Auf der Existenz und Zeugenschaft Israels beruht geheimnisvoll ein Teil der Wirklichkeit des Christentums. –

Der zweite Grund: Israel durchlebt die schwerste Stunde seiner Verfolgung. Dem Verfasser widerstrebt es, sich auch nur dem Anschein nach aus der Schar der Verfolgten zu drücken. – Der dritte Grund: Die Kirche, die sich das ›neue Israel‹ nennt, ist in Vergangenheit und Gegenwart dem alten Israel, seinem Geschenk und seiner Sendung, nicht völlig gerecht geworden. Vielleicht war Israels größtes Geschenk an die Welt die Rolle, die es nach dem höchsten Ratschluß im göttlichen Heilsdrama annehmen mußte, um die Erlösungstat möglich zu machen. Israel war niemals Anti-Christ. Jesus als Prophet (in seinem menschlich-belehrenden Aspekt) war der Vollender der uralten Tradition und der Verklärer des biblischen Gedankenguts. Israel als eine Art Anti-Christ, das ist eine schlimme Verkennung und ein schweres historisches und metaphysisches Unrecht.* Selbst in seinen säkularisiertesten atheistischen Formen (Marxismus) kämpft Israel trotz materialistischer Zeitgebundenheit für Christus. Es kann nicht anders. Denn die Menschheit Christi ist Israel. Solange dieser Tatbestand nicht anerkannt ist, solange echte Christen Antisemiten sind, indem sie Israel nur als ›verworfen und gekündigt‹ sehen, als eine überlebende Verlegenheit, die man in einzelnen Seelen retten muß, nicht aber als einen ›aufgehobenen‹ Zeugen des Mysteriums, – solange ist ein getaufter Jude eben nur ein getaufter Jude.«

Diese flüchtig hingekritzelten Sätze werden nie im Druck erscheinen und auch mein Lourdes-Buch nicht einbegleiten, in dem ich gewagt habe, im Jahre 1941 einen Hymnus dem übernatürlichen Walten zu widmen. Ich habe mir erlaubt, sie Ihnen zu senden, obwohl sie recht oberflächlich nur meine Gedanken wiedergeben. – Nochmals mit innigem Dank und Bitte um Verzeihung.

* Ich bin selbstverständlich ein Antimarxist.

[13. Mai 1945]

Es ist eine furchtbare Prüfung, durch die ihr durchgehen müßt, deutsche Menschen, eine Prüfung ohne Muster und Beispiel in der Weltgeschichte. Nicht daß eure stolzen Armeen zerschlagen und gefangen sind, nicht daß eure blühenden Städte in Trümmern liegen, nicht daß Millionen von euch, aus ihren verkohlten Wohnstätten vertrieben, obdachlos und hungrig über die Landstraßen wandern, nicht in all diesem Elend, so grauenhaft es auch ist, liegt die furchtbare Prüfung, der ihr unterworfen seid. Dasselbe Elend, das euch jetzt hohläugig durch Ruinen jagt, habt ihr den anderen Völkern Europas kalten Herzens selbst bereitet und habt euch nicht einmal umgesehen nach dem Jammer, der euer Werk war. Die Völker haben diesen Jammer überdauert. Und auch ihr werdet den Jammer überdauern, unter einer einzigen Bedingung freilich, daß ihr eure Seele rettet. Und dies ist die furchtbare Prüfung und die große Frage: »Wird Deutschland seine Seele retten?«

Die Grundbedingung für diese Seelenrettung ist objektive Erkenntnis des Geschehenen und subjektive Erkenntnis der Schuld. Deutsche Menschen, wißt ihr, was durch eure Schuld und Mitschuld geschehen ist in den Jahren des Heils 1933 bis 1945? Wißt ihr, daß es Deutsche waren, die Millionen und Millionen friedfertiger, harmloser, unschuldiger Europäer mit Methoden umgebracht haben, die den Teufel selbst schamrot machen würden? Kennt ihr die Bratöfen und Gaskammern von Maidaneck, den Jauchenberg verwesender Mordopfer in Buchenwald, Bergen-Belsen und hundert andern Höllenlagern sonst? Wißt ihr von den Dünger- und Seifenfabriken, die in der Nähe mancher Lager errichtet wurden, damit Menschenfett und Menschenknochen der Volkswirtschaft nicht verloren gehen? Habt ihr gehört von der Frau des Lagerkommandanten, die transparente Lampenschirme aus Menschenhaut als ›Heimschmuck‹ bevorzugte?

Viele von euch erbleichen und wenden sich ab und murmeln: »Was habe ich zu schaffen damit?« Das ist es gerade! Ihr habt zu schaffen damit, jeder einzelne unter euch. War jemals die Weltgeschichte das Weltgericht, das Gottesgericht, so war sie es jetzt und hier. Habt ihr nicht mit eurer ›Volksgemeinschaft‹ geprahlt, in welcher das Individuum nur ein fanatisches Atom ist, das bedingungslos dem Ganzen dient? Nicht einzelne Verbrecher haben also jene Greuel begangen, sondern die Volksgemeinschaft in Person, wo das Ganze für jeden und jeder für das Ganze einsteht. Das Verbrechertum des Nationalsozialismus und die unsagbare Verrohung des deutschen Wesens sind logische Folgen der frechen Teufelslehren, die vom ›Recht des Stärkeren‹ schwärmen und behaupten, Recht sei einzig und allein das, was dem Volke, das heißt ein paar Bonzen und Gaunern, nützt.

Nichts kann es ungeschehen machen, daß ihr diese Teufelslehren nicht nur angenommen, sondern ihnen zugejubelt und sie mit Feuer, Eisen und Blut verteidigt habt, und daß in eurer Mitte außer dem Pastor Niemöller kein einziger Mann sichtbar wurde, der Gott mehr fürchtete als die Gestapo. Niemals hat ein unheroischeres Geschlecht mit heroischer Weltanschauung geprotzt. Das ekelerregende Benehmen eurer Führer, Bonzen, Generale usw. offenbart vor euren Augen nun die ganze Lüge.

»Tröste, tröste, mein Volk« ruft der Prophet Jesajah in der Bibel, der ihr euch jetzt vielleicht wieder zuwenden werdet. Jedes Volk besitzt seinen ›Trost‹, den ihm keine Niederlage rauben kann. Es sind die guten Geister, die aus ihm im Laufe der Geschichte hervortraten, um vor Gott und Welt für seinen Wert und seine heilige Bestimmung zu zeugen.

Deutsche Menschen, in dieser schrecklichen Stunde der Prüfung gedenket mit Demut und Dankbarkeit eurer Heiligen und großen Meister, die in der Ewigkeit für euch zeugen. Sie allein können die Schmach von euch nehmen. Im Angesichte Gottes, der alles vorübergehen läßt und so auch diese Stunde.

Gruß an Salzburg

Ich erinnere mich eines Toastes, in dem vor vielen Jahren Walter Damrosch Salzburg als die Sommerhauptstadt der U.S. feierte. Wie wünschenswert wäre es doch, daß diese charmante Formulierung in erneuerter und gesteigerter Weise zur Wirklichkeit würde. Salzburg und seine Festspiele könnten und sollten ein geistiger und künstlerischer Mittelpunkt werden für die ganze Welt, ein Ort der allgemeinen Freude, Schönheit und Brüderlichkeit. Wäre es darüber hinaus nicht eine fruchtbare Idee, wenn die United Nations ganz Österreich depolitisierten und seine ökonomische Existenz sicherstellten, damit auf seiner durch Natur, Tradition und supranationale Kunst gesegneten Erde ein Paradies der Völkerversöhnung geschaffen werde, eine ewige Kirchweih, auf welcher alle mit den besten Gaben wetteifern, die sie besitzen?

Briefe

20/11 [1916]

Geliebte, mein Herz, denke Dir, ich habe jetzt einen eigenen Ver-
schlag, so klein und eng er ist, doch einen Raum zum Alleinsein.
Den ganzen Tag bin ich allein. Vorläufig allerdings komme ich noch
nicht recht zum Genuß dieser Tatsache, denn ich muß mich zuerst
zu einem Meister im Einheizen ausbilden, und dazu habe ich leider
wenig Geduld.

Es ist nämlich bitterlich kalt in dem Augenblick schon, wo das
Feuer ausgeht, und da man ja nur mit Holz heizt, muß man den kleinen Eisenofen in einemfort füttern. Liebste vor meinem Fenster ist
schon ganz harte starre Schneewelt. Noch niedriger Schnee, aber
furchtbar unerbittlich, militärischer Schnee, gar nicht unendlich[?],
farbenbergend, zum Stacken[?] – [Am Rande:] petroleum – ein-
ladend. Es ist so gut, daß ich allein bin, und hinausstarren darf. Ich
war diese zwei Tage schon doppelt [Ein Wort unleserlich] zu Dir,
habe mehr Dir gehört, als in den Zeiten der kleinen hinunterge-
schluckten Erbitterungen. Heute träumte ich wieder fünfunddreißig Träume die ganze Nacht von Dir.

In einem, denke Dir, liebte ich Dich noch aus der Ferne. Wir waren in irgend einem sehr großen Saal. Es war ein Fest, eine Abend-
gesellschaft, oder so etwas. Ich stand vor einem wunderbaren Bild.
Du standest gerade in einer Tür des Nebensaals. Es war überall ein
ungemein zurückhaltendes Licht. Ich sagte, indem ich mir ein Herz
nahm: »Fräulein Spirk, dieses Bild hat Fritz Pollack gemalt.« Der
Traum ging noch ganz wirr weiter. Ich ging mit Dir die Treppe eines
großen deutschen Weinrestaurants hinunter, jemand ruft mich, es ist
eine mir bekannte Dame, die Frau eines meiner Freunde, die will
mich zwingen, mit ihr zu gehn (eine mir fast fremde Person). Ich
bin empört, laufe Dir nach, Du bist fort. Statt dessen kommt die

Treppe hinauf ein Zug polnischer Juden. Voran ein Riese mit ganz dünnem Spitzbart und papierener Haut. Er trägt eine runde Brille mit goldener Einfassung und einen überaus schönen Bischofsring am Finger. Er gefällt mir ungeheuer, macht [?] den Eindruck, daß Weisheit sich in eine sittliche Anmut der Geste umsetzt. Er sagt mit konzilianter Stimme zu mir: »Wohin, wohin, wenn Jesaja spricht.« Ich rufe nur, »entschuldigen Sie mich für heute«, und stehe mit Dir schon im Gang des Kino Minuta.

Aber das ist nur ein belletrisiertes Hundertstel meiner heutigen Träume. Liebste, jetzt bin ich ganz allein mit Dir. Hoffentlich wird eine Klause mit der Zeit angenehmer und nicht eine »Kammer der Temperaturwechsel«. Kein Glück ist ganz: Lebwohl denn.

Ich umarme, halte, küsse Dich, bin bei Dir Dein

Fr. W.

[Januar 1917]

Liebste, verzeih, daß ich heute nur sehr kurz bin. Mein Kopf ist beschäftigt mit einer Abrechnung mit Karl Kraus. Hast Du die Fackel gelesen. Der Mann tut mir aufrichtig leid. Er ist nicht böse, er ist nur so grenzenlos auf falschen Grund gebaut. Seine »Einheit« ist nicht naturgegeben, es ist die verzweifelte Einheit einer fixen Idee, die er selbst ist. Im Grunde ist er wie ein gehetzter Verbrecher, der mit dem Scharfsinn eines Verbrechers immer neue Konstruktionen um die im dunkel bleibende Tat baut. Sein ganzes Werk ein ununterbrochener Alibibeweis eines Menschen, von dem man gar kein Alibi verlangt. Es ist in ihm weniger Eitelkeit, als zu Selbstbestätigung sublimiertes Schuldbewußtsein.

Ich werde vielleicht über ihn öffentlich schreiben. In höchster Gerechtigkeit und über ihn hinaus. Ganz unpolemisch.

Vielleicht wird mein Aufsatz eine große Klarstellung sein.

Liebstes, verzeih mir diese Zerstreuung in solche [Ein Wort unleserlich] Du weißt aber, daß meine Aufgabe jetzt der Gerichtstag ist, allerdings anders als der Kraus'sche, der den Gerichtstag, den er im Grunde über sich hält, auf anderen Häuptern unbewußt demonstriert. Ich will u. werde vielleicht den dunklen Mittelpunkt des K. K. in mir[,] schonungs [los] in mir aufdecken.

Ich brenne auf den Brief über Deine Aussprache mit Hanna. Von allen Seiten höre ich, daß sie einen »glücklichen« Eindruck macht. – Ich bin so unselig fremd dem Ganzen.

Unterstütze doch meinen Vorschlag mit dem Verreisen.

Du Gutes, ich bin ganz tief bei Dir. Ich fühle es doppelt in bedrängten Augenblicken. Schrecklich ist es mir, daß Du an Deiner Mutter leiden mußt. Ich küsse Dich mit meiner Seele

Franz

[Wien, 16. November 1917]

Geliebte, daß ich Dir diese Tage noch nicht geschrieben habe, hat seinen guten Grund.

Es kam nämlich das Telegramm, das ich erwartet habe; es steht drin: Der bisherige Standort der 6. Qu[artier]abt[eilun]g: *Krainburg.* Ich muß also jetzt unwiderruflich hinfahren, obgleich ich das Gefühl habe, daß dort kein Mensch wissen wird, was ich will – und das Ganze auf Mißverständnissen beruht. Was soll ich aber tun? Ich fahre eben und werde das ganze austrinken: Ich habe ja eine ziemliche Gewißheit, daß ich sehr bald zurück bin. Gestern war ich wieder im Ministerium, der Attaché war neuerdings ganz empört, er behauptete, man hätte ihm fest versprochen, ich fahre nicht. Nun ist es aber nicht mehr abzuwenden. Geliebte, ich denke mit tiefem Gefühl und Heimweh an die Tage zurück, wo wir soviel Sorgen und Bedrückungen hatten, und wo es uns, ohne daß wirs hofften, bestimmt war, sie zu Ende zu leben ohne daß ich weg mußte. Auch für mich sind $\frac{1}{4}$ 1 Uhr und fünf Uhr sehnsüchtige Stunden, besonders jetzt, wo ich aus der Ruhe gerissen bin und tausend Unsicherheiten und Unannehmlichkeiten entgegengehe. – Warum denn machst Du Dir Vorwürfe über Dich? Du bist ja wunderbar zu mir, und ich wünsche Dich ja nicht gleichgültiger und lässiger. – Was Dich in

259

mir erschreckt ist die Krise, der Konflikt, die Energielosigkeit, mein Leben besser zu gestalten, den Trieb nach Zerstreuung und Betäubung zu töten. Aber in der letzten Stunde unseres Zusammenseins im Café am Sonntag war ich doch schon anders (Du hast es gefühlt) und habe meine Kräfte wieder geahnt.

Ich werde ja erst anfangen. Was mir bisher gelungen ist, war Zufall. Und wenn meine Willenskraft gesundet, so wird alles in mir stärker werden und auch Du wirst glücklicher und freier sein können. Der Pessimismus ist ja gar nicht *meine Natur*, sondern nur die Frucht von allem, was aus Schwäche in mir wider meine Natur geschieht.

Denke Dir, gestern hat mich der Blei am Nachmittag zur Frau Mahler mitgenommen. Es war wirklich schön. Ich blieb dort bis in die Nacht hinein, denn ich erfuhr sehr viel von Gustav Mahler – und fühlte, daß er alle meine Konflikte hatte. Es waren interessante Stunden, sie ist eine ungeheuer lebendige warme Frau, die wertvoll ist.

Liebste, ich fahre morgen oder übermorgen. Hoffentlich bin ich bald zurück. Natürlich wird die Qu[artier]Abteil[un]g nicht mehr in Krainburg sein, und ich werde Gott weiß wohin fahren müssen. Aber das macht nichts. Vielleicht werde ich etwas arbeiten können. Leb Du mir recht wohl. Mach Dir ja keine bösen Gedanken über mich und liebe Dich.

Inniglich umarme ich Dich

Franz

Triest 12/12 17

Geliebte, Du Arme hast wieder lange warten müssen – – – Gestern bin ich aber erst am Abend von meiner Expedition nach den zerstörten Gebieten wieder nach Triest zurückgekommen noch dazu mit einem unverwüstlichen Zahnschmerz behaftet, der solche Dimensionen annahm, daß ich zu einem Zahnarzt heute ging, der mir aber auch nicht helfen konnte, weil er behauptete, es wäre eine

Beinhautentzündung und müßte ausführlich kuriert werden. – Ich will Dir kurz mein Curriculum erzählen, denn ich glaube, Du wirst nicht viel aus meinem letzten Zettel erfahren haben. – Also am Samstag kam ich hier in Triest an, sah das Meer wieder, das jetzt auch vor meinem Fenster ist (ich wohne in einem herrlichen Hotel, ganz an der Mole, einer internationalen (einst!) Landungsbrücke aller Weltumsegelungsmöglichkeiten.) Am Sonntag war ich beim Statthalter, mit dem ich einen sehr langen hochliterarischen Diskurs hatte – bei dem ich zu meiner Beruhigung erkannte, daß meine hiesige Mission weder sehr dringend noch sehr wichtig ist. – Ich sollte mir vor allem das zerstörte Kriegsgebiet von Friaul ansehen. Ich fuhr auch gleich weg – und hatte jetzt eine sehr deprimierte Zeit zu bestehen. So viel ich auch vom Krieg gesehn habe, nichts ist so entsetzlich als diese Verwüstungen, als diese langsame Bahnfahrt durch die hundert hintereinander liegenden Stellungen von Montefalcone angefangen bis nach Görz. Denke Dir, *jetzt* ist alles noch unaufgeräumt, alles so, wie es gewesen ist. Eine ungeheure Fläche von bis auf den Grund zerstörten Häusern, zerfetzten Drahtverhauen, zerfransten Bäumen – überall eine Unzahl von Granatenhülsen, Blindgänger, unexplodierte Handgranaten, die zu zehntausenden herumliegen – auf den Anhöhen liegen noch viele unbeerdigte Leichen, Friedhöfe sieht man, die um und umgewühlt sind, ein Bild, das wie eine fürchterliche Narbe niemals vom Antlitz der Erde verschwinden kann.

In Görz war ich dann eine Nacht und anderthalb Tage. Diese Zeit ist eine von jenen mysteriös unverständlichen meines Lebens. Man kommt an einem ganz zerschossenen Bahnhof an (das sagt aber gar nichts von der Trostlosigkeit eines abgedeckten Bahnhofs), dann geht man durch tiefen Schlamm an Verhauen und Kasernen vorbei, die bis oben voll von Unrat sind und kommt in die Hauptstraße die Korso Verdi heißt. Nicht ein Haus steht, jedes einzelne ist buchstäblich zersiebt, jede Straßenlaterne ist abgekappt, tausende Ratten in der Größe von Katzen fahren einem über den Weg, man begegnet nur uralten Soldaten, die aussehen wie die schwachsinnig Überlebenden einer großen Pest. Ein Bekannter (ein tschechischer Dichter) war so nett und ist mit mir nach Görz gefahren. – Zuerst wußten wir nicht, wo wir übernachten würden. Wir dachten schon (nicht ganz zum Spaß) an die schrecklichen Kasernen. Dann bekamen wir ein Zimmer zugewiesen und erfuhren dabei, daß es ein Hotel in der Stadt gibt. Vorher hatten wir noch einige Abenteuer. In einem elenden Hof sahen wir den goldenen riesigen Galawagen des Erzbischofs. Wir setzten uns hinein und aßen Äpfel. Über einer Trümmerpyramide, die früher eine Kirche war, hängt ein Kruzifix mit der Inschrift »Sic dilexit deus mundum«. So hat Gott die Welt geliebt. Die Nacht in dem Hotel dann war eine der furchtbarsten meines Lebens. Die Fenster waren ausgebrochen. Im Flur liefen die Riesenratten herum. Es war nichts zum Heizen da. Um die Groteske zu vervollständigen hatten wir uns beide das einzige gekauft, was in Görz zu haben war, französischen Champagner aus der italienischen Beute. Den hatten wir auf dem Nachtkasten stehen. Leider trank ich davon, obzwar ich schon vorher Zahnschmerzen hatte, wurde nervenlebendig und mußte nun in dieser Umgebung eine Nacht der gräßlichsten Plagen überstehen, wo man weder zu liegen noch zu stehen noch zu gehen erträgt. Ich mußte fort daran denken, wie Du in Wien Zahnschmerzen hattest, und wie lieb und unegoistisch Du warst. Ich glaube ich hätte unter dieser Folter die Welterlösung geopfert. Der nächste Tag war ebenso furchtbar. Man sah überall tote Ratten umherliegen. Es war das absolute Bild einer mittelalterlichen Peststätte. Auf Bahren wurden halbverhüllte Italiener (Gefangene) vorbeigetragen, die bei der Arbeit tot umgefallen waren, lange Züge von entsetzlich aussehenden Kranken schlichen und trugen einander zur Bahnhofsruine. Der Zug kam und kam nicht und als er dann kam fuhr er eine Strecke von 20 km in 3 Stunden. Wir saßen in der Finsternis und der Wagen wurde von der Bora geschüttelt als wollten uns die Dämonen der zerstörten Stadt wieder zurückholen.

Liebste, ich habe in diesen Stunden immer Deiner gedacht, und Dich gerufen, fast aus Angst, als könntest Du mir aus dieser Hölle helfen aus Zahnschmerzen und Rattenpest.

Noch jetzt in Triest ist in mir dieses dämonische Gefühl, ich fühle mich gar nicht leicht und habe Heimweh nach Dir. – Ich kann Dir heute nicht mehr schreiben. Ich bin durch Aspirin usw. ziemlich verstört, was Du ja diesem Brief anmerken wirst. Morgen fahre ich nach Wien. Telegraphiere mir, ob ich Dich abends nach 9 Uhr einmal anrufen kann. Ich bin Dein und bei Dir

[Franz]

Feldkirch, den 18. Jänner 1918

Heimweh, Heimweh auf der ganzen Fahrt ununterbrochen. Ich dachte die ganze Nacht frierend im ungeheizten Wagen dieses gro-ßen Winterwunders 1918, das unsere Namen trägt. Du Große, Du Lebensspenderin, Hüterin des Feuers!!! Gott sei Dank, ich war un-gestört und die schmierige Stimme des Lothar griff nicht in mein Denken ein (Der fuhr Schlafwagen.) Außerdem fuhr der gleiche Herr mit meinem kleinen Koffer sogleich nach Zürich weiter, weil er scheinbar auf der Fahrt die Bekanntschaft einer Prinzessin Lich-tenstein gemacht hatte, die ihn in einen Sonderzug mitnahm. – Ich blieb hier, jetzt sehr glücklich, daß ich Dir schreiben kann, und al-lein bin!! Wenn Du nur wissen könntest, wie sehr voll Heimweh ich bin und voll Sehnsucht! Immer singt in mir das eine Thema (Trio glaube ich) von Pfitzner, das Du so schön auswendig spielst, und das unter Deinen Händen einen Trotz = Trommelwirbel bekommt. In diesem Thema ist so viel von Dir drin. Dein *Heroismus* ist drin, der viel wahrer und adliger ist, menschlicher und allumfassender, als der theoretische der paar Verwaltungsrat-Degenerees, deren Hohl-köpfe von schwammiger Rassentheorie ausgefüllt sind, die anzu-nehmen Du zu geistig, zu lebensvoll und liebesheilig bist. – Nein Du gehörst mir und bist meines Geistes, denn ich sehe die wahre Welt, die auch Du siehst. Ich weiß alles aus Deinem Gesicht und aus Deinem Leib – wie könntest Du auch meine Gedichte lieben, wenn Du meine Gesinnung nicht liebtest! – Schrecklich, daß ich jetzt ohne die Verlorenheit, die abendliche Versunkenheit leben soll. – Mit Menschen jetzt zu sprechen ist mir schwer. Ich bin immer wie ein Schlaftrunkener, den man aus dem Bett reißt und eine mathe-matische Aufgabe lösen läßt. – Ich fühle Dich in meinem Atem, »immer greifst Du in mein Gewebe«! – Du wirst mit hundert Menschen sprechen, täglich – wirst musizieren. Wirst Du mich, wenn Du mich lange nicht bei Dir hast, vergessen haben? Werde auch ich, wenn ich zurückkomme, ein *Fremder sein*? Denn Du lebst schnell, Alma, ich weiß es aus Deinem Musizieren. Ich werde Dir morgen gleich schreiben und telegrafieren, aber meine Worte werden lange brauchen, ehe sie zu Dir kommen. (15 Tage und länger). Wirst Du mich verlieren?? Wenn Du meine Schrift lange nicht siehst, Alma? Mit meinem ganzen Sein habe ich Sehnsucht und Heimweh. Fühle mich!

Franz

[Prag, 1921]

Meine Alma, daß Du gequält und sekkiert wirst, ist mir entsetzlich. Da gibt es aber nur eines: Fort! Und sobald als möglich. – Hast Du Gr[opius] schon die Abreise mitgeteilt?

Ich warte nur auf Dein Telegramm und fahre sofort!

– Meiner Mutter hast Du mit Deinem Brief eine große Freude gemacht. Sie ist ganz selig, ich bekomme die Antwort an Dich mit.

Alma, wenn wir in Wien sind, müssen wir *heiraten*. Das muß diesmal wirklich geschehen! – Dann kann Dich Gr. nicht mehr quälen und wird von der Realität endlich überzeugt sein. – –

Ich kann kein neugebornes Kind sehn ohne ein wehes Gefühl. Immer denke ich dann an Dich und an die schweren vergangenen Jahre. Du verstehst mich: Ich kann mit meinen Augen nicht hinsehn. – Ich liebe Dich in solchen Momenten mit einer wunderbaren fremden und heiligen Liebe. – Schreibe mir täglich diese wenigen Male! Wirst Du wirklich in 2–3 Tagen abreisen. – Ich habe hier gar nichts zu suchen, fühle mich wieder totunglücklich.

– Jetzt werde ich versuchen, bei G. Hauptmann einen Besuch zu machen. Ich tue es nur, ihm meine Bewunderung für Peter Brauer auszudrücken. – Ich habe große Hemmungen hinzugehn, weil er hochoffiziell umstrudelt ist.

Ohne Dich bin ich unaktiv und kraftlos! Du bist für mich die *Erde*. Ich ruhe in der Schwerkraft. – (Mahler hat im Abschied keine andere Erde gemeint.) – Es ist ein schwerer Schmerz, daß Du vor mir gefühlt worden bist.

– Vielleicht bin ich aber doch der Erste und habe jetzt nur interpretiert. – Ich sehe und weiß nur das Unsrige, Alma. In Wien werden *und müssen* wir jetzt heiraten: Trentini muß das machen. Ich bin ungeheuer brav und unsinnlich. Das wird wieder schrecklich für Dich werden.

Franz

[Santa Margherita Ligure, Hotel Imperiale], Samstag 17/2 1934

Mein Geliebtes

Heute sind die Tage des Zitterns endlich vorüber. Ich kann Dir gar nicht sagen, welch eine Marter das war, welche Visionen mich gepeinigt haben. Ich habe wieder einmal schrecklich gefühlt, wie tief wir verbunden sind – Hör mich jetzt einen Augenblick lang ruhig an. – Ich lese seit den letzten Tagen die Weltpresse, d. h. die englischen, amerikanischen, deutschen Zeitungen sehr genau. Es weht eiskalt zu Dollfuß herüber. Die Genesis der Ereignisse wird entgegen den offiziellen Auslassungen folgendermaßen dargestellt. Die Regierung habe die Kraft der Sozis gewaltig unterschätzt. Die Heimwehr sei es gewesen, die D. ununterbrochen gepiesackt und ihm schließlich mit Repressalien gedroht habe, wenn er nicht gegen die Roten vorgehe. (Zuletzt hat Starhemberg, durch Italien gestützt, diese Drohung offen in einer Rede ausgesprochen.) Die Rechtsregierung in Frankreich (Doumergue) kam und damit die Hoffnung, daß die Sozialdemokraten ihren mächtigsten Gönner verloren haben. Starhemberg und Fey sollen die Budapester Reise D[ollfuß][s] benutzt haben, um den Schlag gegen das Rathaus vorzubereiten. Sogar der Streiktag (Montag) in Frankreich soll vorgesehen gewesen sein, weil es keine telephonische Verbindung mit Paris gab. – Von diesem Plan hätten die Sozis Wind bekommen, seien aber nicht einig geworden, die Führer, so wird behauptet, haben jede revolutionäre Aktion abgelehnt. Als aber dann die Unternehmung der

Heimwehr mit der Waffensuche in Linz begann, sei das Pulver aufgeflogen, zu früh. Wäre der Putsch wirklich für die betreffende Stunde vorbereitet gewesen, so hätte sich der oberste Schutzbund General Körner keinesfalls nichtsahnend in seiner Wohnung fangen lassen. Dies ist ungefähr die Auffassung, der man in der großen Presse begegnet, ausgenommen natürlich der italienischen, die das Regime, das ja das ihre ist, verteidigt. Wie immer aber die Wahrheit sein mag, eines steht fest, die Regierung D. hat ihre Unschuld verloren, geht blutbesudelt in die Zukunft und mit der schönen Sympathie Europas scheint es vorbei zu sein. Man spricht in allem Ernst von 2000 Toten und sogar von mehr noch. Die hitlerfeindlichsten Organe stellen Vergleiche an und heben hervor, daß der deutsche Umsturz sich ohne Straßenschlachten vollzogen habe. Vor allem aber fragt man sich: Was soll geschehen? Österreich ist ungefähr zur Hälfte sozialistisch. Hinter der Heimwehr steht in Wirklichkeit nichts. Man hat die soz. Massen seit langem bis aufs Blut gereizt und ihnen immer wieder mit der Vernichtung der Partei gedroht, ohne ihnen das geringste *Positivum* als Ersatz zu bieten. Nun sind die Organisationen zerschlagen, denen diese Massen ihr Schicksal, ihre Jugend, ihren Sparpfennig anvertraut haben. Es ist der Schweiß der Armen, das muß auch derjenige einsehen, welcher ganz und gar vom Haß geblendet ist. Auch hier hat Hitler als *wirklicher Volksmann* gehandelt, das muß selbst ich zugeben, denn die neuen Gewerkschaften und Organisationen waren schon bereit, um die alten im Augenblick der Zertrümmerung aufzunehmen, und vor allem war die neue Idee da. Was gedenken aber die Herren vom »autoritären Regime« mit den heimatlosen, haßbebenden, tötlich erbitterten Massen anzufangen, die alles verloren haben. Wollen Sie vielleicht jedem Arbeiter als Ersatz für das Verlorene ein Gratis-Abonnement des Neuen Wiener Journals widmen? Es ist nicht nur die Gefahr sondern beinahe die Sicherheit da, daß diese erschütterten Massen dem Nationalsozialismus zufließen, der ja im hohen Grade sozialistische ja kommunistische Tendenzen vertritt. Haben das die Herren bei ihrer antimarxistischen Politik nicht bedacht, bei ihren ewigen Drohungen, die endlich zu einem Krach führen mußten? Was hat-

ten sie den Massen für das Verlorene zu geben? Antisoziale Haß—
orgien und auch das berechtigte Lamento ächzender Steuerträger ergibt noch immer keine politische Idee. Gespenstischer Patriotismus
mit k. u. k. Militäroperetten und Kaiser Franz Josef-Sentimentali-
tät?? Soll das am Ende der Ersatz sein? Kein Staat kann heute gegen
die Arbeiter regiert werden. Die Taktik Hitler-Deutschlands ist ein
ununterbrochen hysterisches Buhlen um die Arbeitermassen. Immer wieder (auch in Italien) wird mit dem Wort »revolutionär« ge-
rasselt und die »Reaktion« (in Deutschland Monarchismus, Kon-
servativismus) schon bitter bekämpft. Eine Politik, die Österreichs
Unabhängigkeit ehrlich verteidigen wollte, mußte wissen: Die Arbeiter Österreichs sind sozialdemokratisch, die Angestellten und
Beamten zum größten Teil national-sozialistisch. Die Mehrheit des
österreichischen Volkes besteht daher aus *Arbeitnehmern*, die unbe-
schadet der Nuance, in ihrem Empfindungsleben nicht desoziali-
sierbar und für verblasene Ideale zu haben sind. Es hätte daher für
Dollfuß nur zwei politische Möglichkeiten gegeben, entweder mit
den Nationalsozialisten zu gehen, die Unabhängigkeit Österreichs
zu opfern und zu verschwinden. Oder die Sozialdemokratie zumindest unangetastet zu lassen und sich ihrer zu versichern. Letzte-
res lag auf der Hand. Seit dem deutschen Umsturz waren die roten
Bonzen willens, ihre Seele um einen Pappenstil zu verkaufen,
wenn man das Geschäft nur richtig entriert hätte. D. hat aber nicht
das Mögliche sondern das Unmögliche gewählt, die Politik der
Heimwehren, die genau so blöd ist wie das Gesicht des St[arhem-
berg]. Der blutige Fasching von 1934 ist die Folge der haltlosen
Schaukelpolitik eines unseligen Jahres, wo entweder mit Habicht
gepackelt wurde oder die Roten Koalitionsanträge bekamen und
fern und nah keine feste entschiedene Linie zu spüren war. Das
Ende vom Lied ist ein gegen das eigene Volk mit schwerer Artille-
rie errungener Sieg, der ein Selbstmord ist. Jetzt erst *wahrhaft*
bolschewisierte Massen warten auf den Meistbietenden, der ihre
Rache vollstreckt. Und keiner von diesen famosen »Antimarxisten«
hat sich die Frage gestellt: »Was nützt es, das Rathaus zu erobern,
wenn wir nicht die Menschen erobern?«

*Trotzdem muß man sich augenblicklich rückhaltlos hinter Dollfuß stellen,
der nicht weiter geschwächt werden darf.* Sagrifizio dell intelletto. Vielleicht hilft Gott und das Äußerste bleibt abgewendet. Es wird mir
aber immer klarer, daß die Geschichte ein dunkles Eingreifen der
Übernatur in die Natur ist. Über Hitler steht ein günstiger Stern. Es
kommt gar nicht darauf an, daß eine historische Figur Recht hat
oder einen besonderen Wert repräsentiert. Atilla war ein rülpsender
Wilder und doch Gottes Zuchtrute. Es gibt Augenblicke, wo ich
mich zur Vogelschau erheben darf und dann bin ich so ruhig.

– Nach unserm Gespräch habe ich Reinhardt vergeblich in Mai-
land angerufen. Ich habe hinterlassen, daß er mir telefonieren soll.
Vielleicht kann ich mich morgen wieder konzentrieren. Du weißt
gar nicht, wie sehr ich minütlich sekündlich immer bei Dir bin, mit
Dir spreche ... Du auch?

Franz

Capri, [Hotel Morgano & Tiberio Palace], Montag 28 / 2 38

Mein geliebtes Almerl
Sollte es in Wien kalt sein, so tröste Dich damit, daß man jetzt in
den Zimmern von Capri friert, wie nicht ein einziges Mal im Jänner.
Es herrscht eisiger Winter hier trotz blauen Himmels. Dennoch ist
es voll und deshalb leider sehr lärmend in diesem Hotel mit den
dicken Grundmauern und den dünnen Zimmerwänden.

Ich arbeite viel. Vorerst allerlei kleinere Sachen. Zugleich aber
»ringe« ich ernsthaft mit meinem Stück. Ich habe leider schwere Hemmungen dem Stoff gegenüber mit seiner komplizierten Vorgeschichte
und seinem Anklang an Film- und Kolportagegeschichten. Es ist ein
qualvoller innerer Zustand. Zehnmal bin ich nah und hundertmal bin
ich der Sache fern. Wirklich beginnen kann ich erst bei vollkomme-
nem Glauben. Auch habe ich Angst wie noch nie, danebenzuhauen.

Die ganze lange Reise habe ich in Gedanken mit Dir gemacht,
mein Geliebtes, jede Station und auch Deine Ankunft in Wien habe
ich mir genau vorgestellt. Jetzt weiß ich nichts mehr. Hoffentlich
kommt schon morgen Dein erster Brief. Wird er ausführlich sein?

Bezüglich Österreichs habe ich, soweit ich mir's aus den Zeitungen kombinieren kann, kein schlechtes Gefühl. Die Welt scheint über die Massenreaktion in Wien und in gewissen andern Teil ziemlich erstaunt zu sein. Man hätte Österr. für nazistischer gehalten. Bedenklich aber scheinen nur manche Teile von Steiermark und Kärnten zu sein. Die Rede von Sch[uschnigg] war zweifellos ein großer Erfolg, das erhellt hauptsächlich aus dem gewundenen Schweigen der deutschen Blätter und aus der offenbaren Zustimmung des Westens. Vielleicht hat die ganze Affäre gute Früchte getragen und dem Antinazismus in Ö[sterreich] gezeigt, daß er gar nicht so schwach ist, wie er glaubte. (Dieses Selbstmißtrauen hat ja wahrscheinlich den Besuch bei H[itler] verursacht.) Anders kann man sich die polizeilichen Verordnungen gar nicht erklären, die den ganzen nationalsoz. Erfolg beinahe auf Null reduzieren. Im Grunde scheint der maskierte Vorstoß von Links viel realere Kraft gehabt zu haben. In den letzten Tagen beziehen die italienischen Zeitungen wieder heimlich die Brennerposition. Auf einmal spielen in Bezug auf Öst. die Worte »Independenza« und »Integrita« wieder eine große Rolle. Die ital.-englischen Verhandlungen wirken sich in diesem Sinne aus. Für 2 bis 3 Monate darf man wieder hoffen, wenn nichts Unerwartetes geschieht... Es ist sogar nicht ausgeschlossen, daß der Bräutigam M[ussolini] seiner Braut England und deren Anhang die Unabhängigkeit Ös als Hochzeitsgabe anbieten wird. – Verzeih, mein Geliebtes, aber ich *mußte* mit Dir reden, und all dies Zeug sagen, obwohl Du natürlich jetzt alles näher und besser wissen wirst ...

Was macht das hoffnungsvolle Annerl? Umarm sie von mir!

Ich warte – warte – warte – auf den ersten Brief. Du mußt viel schreiben! Mein Herz ist Tag und Nacht bei Dir.

Wo ist Dein Mund

F

Bitte grüße Hollnsteiner innigst!

Nachweise

Gedichte

Alle hier ausgewählten Gedichte wurden dem Band: Franz Werfel, ›Das lyrische Werk‹, hrsg. v. Adolf D. Klarmann, Frankfurt am Main: S. Fischer Verlag, 1967, entnommen. Erstdrucke bzw. Erstausgaben sind dort verzeichnet.

Erzählungen

›Der Tod des Kleinbürgers. Novelle‹. Erste Buchausgabe: Berlin − Wien − Leipzig: Paul Zsolnay Verlag 1927. Druckvorlage: Franz Werfel, ›Meistererzählungen‹, Frankfurt am Main: Fischer Taschenbuch Verlag, 2005, S. 129–179.

›Kleine Verhältnisse‹. Erste Buchausgabe: Berlin − Wien − Leipzig: Paul Zsolnay Verlag 1931. Druckvorlage: Franz Werfel, ›Meistererzählungen‹, S. 180–237.

›Die wahre Geschichte vom wiederhergestellten Kreuz‹. Veränderte Fassung des Neunten Kapitels von ›Cella oder Die Überwinder. Versuch eines Romans‹. Erste Buchausgabe: Los Angeles: Pazifische Presse 1942 (Privatdruck). Druckvorlage: Franz Werfel, ›Meistererzählungen‹, S. 429–460.

Essays und Betrachtungen

Die vorliegenden Essays und Betrachtungen wurden dem Band: Franz Werfel, ›Zwischen Oben und Unten. Prosa, Tagebücher, Aphorismen, Literarische Nachträge‹, Aus dem Nachlaß hrsg. v. Adolf D. Klarmann, München − Wien: Albert Langen − Georg Müller Verlag, 1975, entnommen. Erstdrucke bzw. Erstausgaben sind dort verzeichnet. Offensichtliche Satzfehler wurden stillschweigend korrigiert.

Briefe

Die hier ausgewählten Briefe an Franz Werfels frühere Geliebte Gertrud Spirk und an seine spätere Frau Alma Mahler-Werfel wurden dem Band: ›Das Franz Werfel Buch‹, hrsg. v. Peter Stephan Jungk, Frankfurt am Main: S. Fischer Verlag, 1986, entnommen.